DARK COMMERCE:
How a New Illicit Economy Is Threatening Our Future

暗黑經濟：
不法交易如何威脅我們的未來？

作者　路意絲・雪萊
Louise Shelley
譯者　潘勛

獻給「恐怖活動、跨國犯罪及貪腐中心」（TraCCCsters）過去和現在的所有同仁，花費這麼多心血打擊非法勾當；以及世界各地許多充滿勇氣採取行動的人。

目次

導讀

全球化犯罪抗制下之新興議題

馬躍中
德國杜賓根大學法學博士、
國立中正大學犯罪防治學系
教授兼系主任

全球化的犯罪抗制

全球化並沒有一個嚴格的定義，全球化是一種社會動態活動，地理因素對於文化、經濟、資訊等影響日益降低，在此過程中，經濟市場、科技、資訊、民族文化、行為價值觀被整合，並在全球傳播，因此全球化的概念，涵蓋了經濟學、社會學、法學、哲學、歷史學以及社會學的範疇。同時，全球化的概念並不屬於法律構成要件，而是經由經濟、社會、政治文化以及法律體系結構交互影響而成。

隨者全球化的到來，交通往來便利，通訊快速，伴隨著也使得跨境犯罪集團因法追訴不易加上科技的發展，跨國犯罪之變異也使得法律制度也難以規範，成為可罰性之漏洞，加上貪婪之人性，使得「非法勾當」有如星星之火可以燎原，近年來更如烈火般，一發不可收拾。

人類開始交易有形商品已有數千年的歷史，利益聚集之處往往招來災禍，非法商業行為就此而生，舉凡紡織日用品、毒品、人口、武器、野生動物、木材、魚類、古物和仿冒贗品，不法勾當遍布全球各領域。而在科技發達的時代，無形商品的出現，使消費者和組織損失數十億美元，不論是身份、銀行賬戶和電腦數據都遭到入侵。然而，不法交易並不是單靠犯罪組織就能辦到，藏在暗黑商業背後的，是國家、是腐敗的政客、是被合法僱用的律師、會計師、藥劑師及科技界人士們，有更多人涉入其中。

作者一開始就點出了「非法勾當」(illicit trade)與「違法交易」(illegal trade)之區別。兩者雖然都是全球化的產物，前者游走於違法邊緣；後者係典型的跨國組織犯罪，也成為世界各國共同抗制的對象。然而游走於違法邊緣的非法勾當，造成的危害更甚違法交易。

最近非常熱門的虛擬貨幣，雖然有其快速交易、去中心化等優點，但也成為詐欺、洗錢以及毒品犯罪的溫床。追求創新或累積財富的背後，隨著二〇二二年十二月虛擬加密貨幣交易平台FTX創辦人佛瑞德（Sam Bankman-Fried）涉嫌挪用客戶資金，並進行數位商品銷售的詐騙，FTX聲請破產保護，讓全球投資人血本無歸。美國檢方以電信詐欺、洗錢和詐欺等八項罪名起訴他，最高恐被判處一一五年刑期。

犯罪型態的變與不變

儘管非法勾當看似新興犯罪，然而確有與其相似之處。

從安隆案（二〇〇一年）、雷曼兄弟控股公司（Lehman Brothers Holdings Inc.）申請確產（二〇〇八年）以及加密貨幣交易平台 FTX 宣布倒閉破產（二〇二二年）。都可以從本書中得到印證：「非法勾當之成型，必須有其它社會要素加進來 - 銀行、國貿、網路及法律專業人士，給予消費者便利的消費市場，使得許多不法的交易可以進行販售，政府官員的疏通也很重要（本書第二六三頁）。」監控交易市場的金融監理機構未善盡監督義務，甚至給予背書，例如在二〇〇八年的次級房貨危機，對於有問題的「擔保責權憑證」（CDO），也給予 3 A 等級的優質評價。投資者相信專業機構的評估，卻因此陷於錯誤投資的，造成大量投資者的財產損害。電影「大賣空」（The Big Short）主要描述的就是發生在二〇〇八年金融海嘯前的故事。

經濟犯罪的早四千年前就有歷史記載，西元前一七五四年的漢摩拉比法典就有關財產犯罪的記載（第二九頁），直到現在，詐欺犯罪不外乎是「養、套、殺」之套路。本書也分析了不法交易的三個階段：從有形的財物到電腦協助的犯罪，進化到現今的與電腦相關的犯罪（第一五一頁）。進一步分析其犯罪手法，是同樣的套路，同樣是利用人性的「貪婪」；不同的只是隨著全球化的展，伴隨者快速交易的以及便利的交通往來，再加上近年來虛擬貨幣強調的「去中心化」，使得政府監理弱化，成為洗錢與詐欺犯罪的温床。

採取一致的策略，才能有效抗制跨國犯罪

跨國性的組織犯罪及國際恐怖組織已嚴重威脅國家安全以及法律安定。對於組織犯罪以及恐怖主義的挑戰，單一的內國刑法已經無法有效加以對抗，取而代之的是各國法律層面的國際或跨國的合作。採取相互能接受以及協調一致的刑法構成要件，而使得各國能有公認的法律標準。

近年來，為了有效打擊跨國犯罪，我國除了積極參與國際組織或著手將重要的國際公約內國法化。前者如為了打擊洗錢犯罪，我國以臺灣名義加入艾格蒙聯盟，我國雖然非 FATF 之成員[1]，仍接受相關洗錢規範的評鑑；後者如「聯合國反貪腐公約[2]」、「聯合國打擊跨國有組織犯罪公約」內國法化[3]。

在刑法全球化的影響下，為了有效打擊跨國犯罪，世界各國須採取一致的規範。然而，若干國際規範可能嚴重違背傳統刑法體系以及法律明確性，前者如法人犯罪問題；後者如英美法系對於洗錢刑法主觀構成要件之認定，行為人只要對違法所得來源「懷疑或相信」（Verdacht bzw. der Glaube），便滿足主觀構成要件。對於大陸法系的國家，尤採取嚴謹法釋義學的德國與我國，國際公約的規範也很難轉換成內國法。其次，一味的配合國際公約也會喪失國家主權。刑事法之規範，係國家對於本國刑罰權之行使，一律配合國際公約之規範，將使本國喪失刑罰權行使之主導權，刑罰權有無國家主權之表徵，如何調合，也是未來要研究的方向。

「法律美國化」（Armerikanisierung des Rechts）係指，以美國超強的國力完全可以支配現今的國際法，包含國際刑法。我們可以看到在二次大戰後，許多重要的國際公約都有美國法的影子，特別是對抗組織犯罪、毒品犯罪、洗錢犯罪以及恐怖主義。

刑法不能排除全球化的影響，針對跨國犯罪，為了提高洗法律安定性、明確性以及有效性，各國應協調出一致的刑事規範，以這個角度來看，應具有其正面的意義。所以各國在討論洗錢刑法時，應拋棄各國特有的法律文化，針對國際公約以及傳統釋義學之間的衝突協調出一致的立法規範。

非法勾當的回應：刑事制裁

非法勾當中的金融犯罪：看似市井小民個人財產損失，然而卻影響公眾對於金融體系的信任，對於非法勾當的回應即是刑事制裁：刑法對於犯罪之回應。刑事處罰須符合「最後手段性」（Ultima ratio），亦即，僅能針對最嚴厲的犯罪，才可以動用刑事制裁。從刑罰的二大目的：應報與預防，似乎可作為抗制犯罪之思考模式。針對上述「非法勾當」，除了根據其罪責，給予符合比例原則之應報刑；在處罰上也要達到刑法一般預防功能，以嚇阻跨國的法人或個人之非法勾當。在特別預防上，對於反覆再犯之行為人，如跨國的電信詐騙，刑法的抗制策略上，應引用德國法制上之「保安監禁」（Sicherungsverwahrung）制度；在法人犯罪上，刑事制裁選項應有多元選項，強化「資格刑」，例如禁止從事一定業務，才能有效遏止「非法勾當」。

其次，針對非法勾當，須完善法人犯罪之處罰，為當今熱門的刑事政策議題，唯有承認法人具備犯罪能力，才能有效遏止「組織體」的犯罪行為。本書在結論上，也強調犯罪學者對此議題研究的重要性，以及強化社會大眾的對於「非法勾當」的意識，也是抗制暗黑經濟的重要策略。如同本書強調：以教育手段抗制「非法勾當」與本人想法不謀而合。例如在法人犯罪之層面，強化法人內部之監控以及相關人員之教育訓練可作為犯罪預防的重要機制。

本書作者以生動的敘述，加上譯者流暢的翻譯下，使得讀書不必具有高度的法律或犯罪學的專業性，也可以理解作者的思路。同時，本書故事性強烈，引人入勝。本書不但適合社會大眾閱讀，也適合犯罪學和刑事法學者作為教學或研究上的補充資料。

二〇二二年平安夜撰寫於家中自宅

1. 有關艾格蒙聯盟以及 FATF 進一步的論述，可參考本書第六章洗錢犯罪之論述。

2. 聯合國反貪腐公約於中華民國一百零四年五月二十日總統華總一義字第 10400058151 號令制定公布全文八條；施行日期，由行政院定之。

3. 「聯合國打擊跨國有組織犯罪公約施行法」草案於中華民國一〇四年四月由案委員莊瑞雄、吳秉叡、蔡其昌等二十二人提案。參見立法院關係文書，院總第 1347 號，委員提案 17559 號。

致謝

為了寫作本書，我受惠於學者、業界人員、商業界人士及公民團體成員極大。十分幸運地，愈來愈多探討非法勾當整體概況和其中特定行業的論壇及大會在過去幾年舉辦，都幫助我更了解這個複雜主題。

為了這本專書，我閱讀的內容跨越平時涉獵的社會科學、商業及經濟、歷史、國際關係，包含很多對我來說是新領域的各種文獻——科學及公共衛生、環境研究和網路犯罪。我必須將閱讀範圍擴展到這些新領域，因為科學界、公共衛生界及環保界都已開始關注非法勾當的惡果。與社會科學界不同，這些學界並未將非法勾當的問題，強調為全球化、更加開放邊界和國際貿易崛起的惡果。他們也不曾懷疑問題會愈來愈惡化是法規造成的。他們透過測量物種絕種，有關鳥類動物及魚類族群數量銳減的數據，還有砍伐森林等棲息地的科學分析，以及繁多的公共衛生指標，來看待非法勾當。[1]他們經由資料探勘（data mining）及進階分析法（advanced analytics），觀察非法虛擬市集（online marketplace）如「絲路」（Silk Road）的成長。此類指標均指出，不法活動的成長，可能對地球產生無可挽救的衝擊，危害到人類健康。他們的研究分析，擴大我對非法勾當的理解，價值實是無法估量。

跨界研讀，對我理解商業趨勢至為關鍵，不管是虛擬市集，還是五花八門又持續擴大的贗品市場，皆是如此。[2]閱讀這些在黑市及全球非法經濟主題中廣泛而豐富的文獻，補足了我的研究。在此援引的讀物，對我完成這本書實為不可或缺的。[3]

現已有豐富又重要的文獻論及非法勾當的不同成分，始祖是奈姆（Moises Naim）所著的《誰劫走了全球經濟》（Illicit），書中專注於非法勾當的各色元素，比如毒品、人口及贗品販運。[4]我讀過很多專攻單項非法勾當的傑作：網路犯罪[5]、販運人口及毒品、環境產品的非法交易，或者非法交易的經濟學。[6]其他則聚焦在專幹非法勾當的網絡。[7]為了這本書，我讀過一些精闢的分析，他們甚至更專精，包括調查拉丁美洲的毒品買賣、中國的人口販運，以及奈及利亞的組織犯罪。[8]還有別的研究，其焦點放在歷史，分析大革命前法國的非法勾當、美墨邊界的走私，以及中國十九世紀的鴉片生意。[9]很多跨國性質的組織，比如聯合國、歐洲刑警組織、國際刑警組織，以及研究取向的非政府組織，都發表過以實地經驗為基礎、資訊豐富的著作。

我的很多見解得自學術界同仁，更重要的是來自業界中人，他們在現實中每天面對非法勾當。我很幸運，許多來自不同大陸的業界人士幫助我了解貪腐、非法網絡，以及疏通非法勾當的管道。他們當中很多人，是我持續六年間參與世界經濟論壇全球議程委員會（Global Agenda Councils），討論組織犯罪及非法交易、參加全球打擊跨國組織犯罪行動（Global Initiative against Transnational Organized Crime），和參與經濟合作暨發展組織（OECD，簡稱經合組織）的非法交易群時認識的。業界中人向我指點出個案，或者指導我上網找尋非常特定的詞彙，從而導引出極不尋常的見解。其中一個例子，便是我經由這類協助，才了解執法人員走進虛擬世界的黑暗面。由於這些見解及新資訊的某些確實來源必須保持匿名，我在註解裡通常援用新聞帳戶為來源。

為了這本書的研究，曾讓我前往遙遠的事件發生地。二〇一五年，我花上四分之一的時間，行旅中東及亞洲（中國、印度、馬來西亞及臺灣）；能夠成行，是因為我選擇成為卡內基基金會（Carnegie Corporation）初階卡內基學人。學人獎助金讓我有寶貴的時間可以做研究、寫作，同時由於喬治梅森大學（George Mason University）校長卡布雷拉（Angel Cabrera）以及沙爾政策與政府學院（Schar School of Policy and Government）院長洛澤爾（Mark Rozell）的慷慨，讓時間延長到整整兩年。我的思維及文風，因為在二〇一六年美國選舉前一個月住進洛克菲勒基金會轄下的貝拉吉奧寓所（Bellagio Residence），產生很大的改變。

前述很多地區對合法及非法經濟而言是關鍵的貿易樞紐，所以行旅到那些地方，對我分析非法勾當十分重要。我兩次前往南非到棲息地觀察犀牛，並與業界人員及學者舉辦討論會，試著拯救這種特殊又古老的生物。此外，我造訪非法貿易及洗錢的熱點，如法國、義大利、巴拿馬、土耳其及美國，在那些國家，可以在光天化日下瞧見非法產品的販售。我亦汲取了以往行旅前蘇聯及拉丁美洲的經驗。

為了準備寫這本書，我參加多場旨在解決非法勾當不同面向的會議，會議由歐洲、美國、中東等多國機構贊助舉行，比如歐洲安全與合作組織（Organization for Security and Cooperation in Europe, OSCE）、經合會議、聯合國、世界銀行、世界經濟論壇全球議程委員會集會、全球打擊跨國組織犯罪行動、《金融時報》、國際戰略研究所（International Institute for Strategic Studies, IISS）、北大西洋公約組織（NATO）、席拉庫拉人權及刑事司法國際研究所（Siracusa International Institute Human Rights and Criminal Justice）、慕尼黑安全論壇（Munich Security Forum），還有在馬來西亞及巴拿馬舉辦的國際反貪腐大會。我在很多這種會議上，遇見政治決策者、企業內專精於反制非法勾當的法務人員，以及焦點經常放在非法勾當被害人的非政府機構從業人員。

我要感謝讓前述團體運作順暢的許多人。比如盧納（David Luna）及經合組織的非法交易群。還有布列克威爾（Adam Blackwell）與拜恩（Christina Bain），近幾年我與他們二位在世界經濟論壇因非法勾當議題密切共事。我參與不少列表伺服（listserv）及團體，收到無價的當前資訊，其中包括調查及情報基金會（FININT）的列表伺服、全球打擊跨國組織犯罪行動，以及組織犯罪與貪腐舉報計畫（Organized Crime and Corruption Reporting Project, OCCRP）的定期刊物。此外，國際公認反洗錢師協會（Association of Certified Anti-Money Laundering Specialists, ACAMS）、反貪腐倡議團體（Anti-Corruption Advocacy Group）兩個組織的成員，都幫助我了解很多與非法勾當、貪腐、洗錢有關的複雜金融課題。

很多人閱讀過本書部分初稿，對此我特別申謝。包括羅特伯格（Robert Rotberg）、庫克庫勒夫特（Laurence Cockcroft），兩位協助改善我論及貪腐及非法勾當的章節；謝勒（John M. Sellar）、貝尼克（Frances Beinecke）、史克里亞賓（Raisa Scriabine）讀過並協助改善我在書中談到環境的思維及寫作；謝勒耐心讀完全稿，史克里亞賓讀了很多。克勞斯（Solvej Krause）讀過序章並提供極佳建議。盧日內那（Michael Loughnane）就非法勾當的生意面及虛擬世界的營運，幫了我大忙。柯瑞亞—卡布雷拉（Guadalupe Correa-Cabrera），還有長期幫忙我、貢獻良多的博士生助理帕爾多（Camilo Pardo）就改善我的拉丁美洲觀點，助益極大。柯波拉（Chris Corpora）讀過討論非法交易發展的部分。恐怖活動、跨國犯罪及貪腐中心的金納德（Kasey Kinnard）就改善我對犀牛角交易的寫作而言，極其珍貴。我媳婦妲絲（Dipanwita Das）提供印度貿易史的珍貴見解給我。我先生艾薩克森（Richard Isaacson）一讀再讀我寫的研究，幫我改進邏輯與行文。可以說是他一路相伴！

我在恐怖活動、跨國犯罪及貪腐中心擔任所長，中心所有同仁在那麼多領域給我的協助，價值堪稱無法估量。我們曾一起行旅全世界，舉辦的研討會不僅豐富了我的思維，還提供溫暖又支持的環境，讓我在其中學到非法勾當的眾多面向。我要向喬治梅森大學這個社群最近的成員致謝，尤其是中心副主任狄恩（Judy Deane）。

出版社編輯克拉漢（Eric Crahan）自著書伊始便與我為伴，鼓勵我把書寫成好作品，他幫了很大很大的忙。巴克（Cynthia Buck）校潤原稿，做得很出色。我另得向兩名匿名核稿人致謝，他們幫我改善最終定稿，最後成書。

序章

非法勾當徹底改頭換貌

自古以來，中東的黑、白兩道經商者便在販賣有形的商品了。因為經商者必須付款買貨，契約及貨幣隨著商業而開始發展。[1]商人與同樣做生意的人建立起交情。古代盜墓賊曉得自己來路不正的斬獲該交由誰處理，一如古美索不達米亞小偷也透過銷贓的人，處理自己偷來的私人財物。

然而四千年過去了，科技挾著網路、手機及經濟數位化，改變了貿易的基本面，黑道白道經濟皆然。隨著人們用電腦及手機上網購物、繳款、使用信用卡，大多數觀察家焦點都放在合法生意的轉型。這種新現象讓地方市集流離失所。市集、市中心或購物商城的功能，不再是肉眼可見的日常生活核心——他們正遭漠然的新科技虛擬市集取代。這件事對經濟、就業及我們的整個人生，衝擊十分深遠。但與此同時，極其重大的變化，也發生在非法商業之中。

過去三十年，形式最先進的非法勾當已打破所有歷史先例。舊式的非法交易續存，但與電腦及社群媒體綁在一起的最新型非法交易，其運作彷彿吃了大力丸一般。非法交易在經濟體各個部門都急遽發展。這種交易的數量或者地理滲透力，不因地區之別而有減損，原因在很多人由這種暗黑商業而獲利，不光是那些與傳統犯罪集團掛鉤的人。

過去，非法生意人要生產偽幣並從中獲利，現在他們靠的是非法金流，也就是非法賺取或轉匯的錢，還有加密貨幣，透過網路購買就能輕鬆取得。[2]

在這種非法商業的新世界裡，交易是漠然、匿名的，而且相形之下很短期間就能賺到巨額利潤，賣方、中間人、買方的問責性都很有限。數十億人使用網路，以加密軟體溝通；二〇一七年底，光是 WhatsApp 每月就有十五億活躍使用者。[3]新科技、通訊及全球化火上加油，讓最危險的那些非法勾當類型，很多都以指數成長——毒品、網路兒童色情影片在網上大量買賣；透過網路及社群媒體為本的廣告來撮合的性交易增多；還有瀕危物種買賣，目前其營業額總計已達數億美元。[4]

在虛擬世界——尤其在藏的最深的地方，也就是暗網（Dark Web），只能以特殊匿名化的軟體如「洋蔥瀏覽器」（Tor）才能進入——付款不再以國家背書的貨幣來進行。取而代之的做法是：顧客買東西時，使用繁多的匿名化數位加密貨幣來付款，其中以比特幣最為知名。此外，在這種不法世界裡，商品型態已然改變，很多不再是人們能用手碰觸或交易的。更確切地說，那些最惡劣的不法交易人，很多是購買以演算程式為本的商品，如惡意軟體、木馬程式、殭屍網、勒索軟體（不讓使用者取用他們的資料）還有垃圾郵件，行銷產品的邪惡供應商在開發中與已開發地區都有。[5]這些產品的經銷權及租賃也都能在暗網取得；暗網是受到限制取用的，主要用於黑道同夥之間分享檔案。[6]

這些虛擬產品偷走尋常百姓的身分資料、密碼，還有銀行戶頭裡的錢，對他們的傷害極大。目前受這些摸不著的商品牽連的損失，總計起來金額龐大。光是勒索軟體造成的損失，據估二〇一七年便達五十億美元，而在二〇一四年，除了個人以外，許多企業、機構身分遭竊，為連通位於自宅、醫院及其他重要場所受破壞的電腦系統取回資料，付出的代價總計達一百五十四億美元。[7]

新科技造就的犯罪改變，在七大工業國（G7）最明顯，但並非僅限於這幾個世上合計最大的經濟體。在偵辦電子犯罪時已發現他們打擊到世上絕大多數國家。最近一次網路勒索軟體攻擊當中，辨識出的受害人遍布一百八十九個國家。[8]美國受到的打擊尤其嚴重，原因在於透過新科技可以在網路交易，因此助長鴉片類毒品致死案件爆炸般成長；再加上經濟成長所需的新產品及發明遭竊；還有惡意軟體廣泛流竄，損壞電腦系統。

科技這樣轉型讓人大出意外，沒人料想過以下事項：全球資訊網（World Wide Web）幾乎無遠弗屆；數十億人使用社群媒體及加密電子通訊；替代付費系統的興起，還有暗網大舉剝削（暗網是全球資訊網的一部分，但只有使用特殊軟體才能連通，他容許用戶及網站操作者一直匿名或無法追蹤）。

網路普及一開始幾乎被解讀為向善的力量，我們假設更強的連結力與取用資訊更便利，可以促進繁榮和增進文化之間互相理解。這個假設很少受到質疑，並且隱含在世人設想數位轉型一貫保持的態度裡。大家很少認真思考數位經濟全球化的陰暗面，本書將對此進行分析。

大約二十年前，聯合國大會於二〇〇〇年通過《聯合國打擊跨國有組織犯罪公約》（United Nations Convention against Transnational Organized Crime），並沒有考量到網路對犯罪行為的重要性。[9]決策人物對伴隨新科技革命而來的犯罪活動巨大變化沒有準備。打擊全球發生國際罪行的公約，其架構設計者未料想到，非國家行為人、罪犯及恐怖分子，甚至是跨國科技大企業，財富及權力居然大增，他們都能挑戰國家制定、支持該公約的權力。[10]此外，聯合國成員國也沒預見到在龐大非法金流、境外所有人及匿名空殼公司（非法勾當與其緊密結合）助長下，貪腐日益全球化。[11]

只在幾年內，這種充滿威脅的新世界便成長可觀，而且一路上升。[12]因為暗網及加密增強了匿名能力，而科技公司控制進入他們資料庫的管道，要想認出形式五花八門的暗黑商業其幕後作惡的人相當困難。不法之徒經常是在國外運作，如烏克蘭，他們沒什麼執法能耐足以追蹤，入侵全球個人戶頭、犯下全球規模金融案件的網路罪犯。[13]多國合作執法行動想打破這些網絡，卻經常無法將這些毒瘤一網打盡。有個叫做「雪崩」（Avalanche）的龐大犯罪網絡（第五章將會討論），其一名要角在烏克蘭中部波塔瓦市（Poltava）遭到逮捕，但沒過多久，在烏克蘭極其腐敗的司法系統下，一位官員就釋放他，此後沒人再見過他。[14]

在這種科技助長犯罪的新世界裡，諸如此類的案例反射出鐵錚錚的現實，也就是即便展開漫長又昂貴的執法行動，掃盪交易非法商品的網路罪犯，經常只是收一時之效。這批犯人除掉了，邪惡網站或平臺很快就會遭更強大的犯罪集團所取代。暗網的網站「絲路」（第三章將談到）在兩年多一點的時間裡，就處理了十二億美元的交易，讓站主淨賺八千萬美元。[15]美國執法單位煞費苦心，二〇一三年終於拿下他，但很快就有「絲路2.0」及其繼承人取而代之；他們做的生意甚至更大。

網路競技場以外，成長最快的非法勾當，是會影響環境的產品。[16]全球人口日增，爭奪地球有限資源愈發嚴重。需求升高，導致價格上漲及供不應求，兩者經常助長黑市及地下市場，耗竭地球的野生動物、林木及魚類。犀角不法交易（在第四章討論）只是一個例子，見證一個代表性物種在惡人手中快速地被逼向絕滅。犀牛盜獵可以量化，極受關注，但其他很多正遭人類滅絕的物種，卻沒引起多少注意。事實上，各類多元的物種非法交易，大大助長世界第六次大滅絕。我們目前面臨「失能的天擇」（dysfunctional selection），我創出這個詞彙，是想解釋這種非演化的改變，反而導致不適者存活下來。達爾文描寫的天擇過程，導引過去人類六百萬年生活的演化，天擇出物種中最強大的成員，然而目前則背道而行，我們瞧見的是沒那麼強健的個體反而存活下來，如無牙象。無牙象是大象這個物種屈服於過度盜獵取走象牙的演化產物，母象比較不愛與其交配。[17]

目前全球社會管制的交易，不限於動植物，還包括漁撈、林木砍伐、汽車廢氣排放，甚至碳排放都有市場了。日本極道控制漁貨卸貨的港口，紐約黑手黨控制著富頓魚市場（Fulton Fish Market），而義大利的西西里黑手黨跟他們的紐約同輩人一樣，經營收垃圾生意。[18]這些非法企業有能力把獲利極大化，原因在易腐產品必須快速運輸到市場，而垃圾得在變臭、引來老鼠之前清運處理。全球人口不斷增加，一九七〇年起增加近一倍，來到大約七十四億——我們如今活在一個「時效性星球」（time-sensitive planet）上。[19]所以，人類存活所必需的商品——保育類樹木、魚及野生動物——其交易在非法勾當裡是成長最快的一種。[20]

未來世代將活在一個不僅生態多樣性降低，而且人類活下去所需的蛋白質來源也減少的星球。此外，一度壯麗的雨林等其他受保護林木地遭到破壞，已大為影響全球暖化。因此，這類非法勾當導致地球在未來更無法永續。

非法勾當成長，牽連到其他很多人類存活的必要元素。很多開發中國家水供應不足，大型城市尤甚，於是導致稱為「水黑手黨」（water mafias）的非法創業家崛起，這些人操控人類有水才能活的需求。[21]非法交易水權引發的影響，甚至比水黑手黨更惡毒。阿拉伯之春爆發前，敘利亞就發生這種事，第三章會加以討論。氣候變化以及極端乾旱，因「河岸管理權」這種非法勾當更為雪上加霜，驅使鄉下人口大批移往城市，由此導致的不穩定助長阿拉伯之春爆發。世上其他地區未來將面臨更多「氣候難民」。書中也將談到，氣候變化內含骨牌效應，引發其他更多暗黑商業產生。

歐洲造出碳排放市場，以交易碳排放許可，鼓勵各國及公司限制其二氧化碳排放，結果管理不良，搞出大筆橫財，供各色不法之徒享用，當中有銀行家、交易商、犯罪組織及恐怖分子，讓歐盟損失了五十億歐元——是歐盟主要成員國嘗過代價最昂貴的犯罪案件。結果便是不法生意人現在能很快偵測，並利用源自地球資源吃緊的金融商機，相形之下，負責治理的人經常沒能考量到自己設計出來的創新機制，既要能反制氣候變化對地球造成的威脅，又要能防止犯罪。[22]碰到某些場合，腐敗的官員甚至故意不去管水黑手黨的活動，因為他們從中收到好處。

對一般消費者來說，要準確評估一件產品來源合不合道德通常十分困難，原因是很多經濟部門的供應鏈依然欠缺透明性。消費者認定負擔得起的產品價格、短暫的出貨天數，比產品來源必須清晰、合乎道德來得重要，並讓自己變成非法經濟裡構成主要殺傷力的固定班底。無知、故意裝瞎、貪腐，都是足以解釋非法之徒目前能加速傷害環境的原因。未能預料並反制這些威脅，會讓地球更不宜人居，傷害未來物種活在世上的能力。

界定暗黑經濟問題

「非法勾當」(illicit trade) 究竟是什麼？這仍是國際社會絞盡腦汁想定義的新詞彙，因為不曉得它是什麼，已害得我們在對抗這個問題時白費力氣。

「違法交易」（illegal trade）的定義很明確，跟非法勾當並不同；非法勾當廣大得多。違法或犯罪交易，涉及到罪惡行為如毒品、人口及軍火買賣，目前是用《聯合國打擊跨國有組織犯罪公約》解決。執法單位有所準備，會撥出資源，應付這些對社會的威脅，但是對傷害沒那麼清晰、法律界定較不嚴謹的那些非法勾當，準備程度卻低得多。要一名職司偵辦人口、毒品買賣或打擊恐怖活動的警政署長撥出資源，積極尋找情報以得悉古馳（Gucci）、勞力士的贗品販子或者走私香菸的人，並將其繩之以法，只怕他要猶豫許久。此外，想監視非法勾當經常複雜得多，原因在那些勾當的違法本質沒那麼顯而易見。舉個例子，挾帶一枚最近出土的古錢幣，目前算違法生意。但這樣的古幣假使在一九七〇年之前便進入國際商業體制，就可以合法買賣。[23]既然商業有這類灰色地帶，那麼許多可能成為不法交易的案子，沒被列在執法優先事項，就不足為奇了，因為執法人員及檢方太常把事情看待成非黑即白。非法勾當的觸手設法遍及整個社會及政府，帶來貪腐、暴力及剝削，如此的影響力經常遭到低估或者無視，而低估、無視他們的人卻位居本來該有所因應的有利地位。

只是，非法勾當的要素就在我等周遭。電腦連上網就能碰到，或是社區居民到一般的地區市場買到販賣的贗品。這種現象直到今天還沒有眾所公認的定義，只是在國際政策圈子及媒體，使用「非法貿易」這個詞愈來愈頻繁。《金融時報》及《經濟學人》為非法貿易召開會議；《經濟學人》還運算「非法貿易環境指數」（Illicit Trade Environment Index），經合組織對此命題設立專案小組。自二〇一二年起，「世界海關組織」（World Customs Organization, WCO）一直出版其《非法貿易報告》（Illicit Trade Report），該組織稱自己的刊物為新典範，因為以往從未公開宣傳他花費心血在打擊跨境犯罪。[24]

我們該如何界定非法勾當的現象，以充分解釋在南轅北轍的環境中，有許多違禁物品經由各式各樣的手法進行交易？大約二十年前，非法貿易被界定為「跨邊境商業活動，提供違反進口、出口國家法律的商品與服務」，但此定義並不完備。[25]並非所有的非法貿易都跨越邊境。聯合國《預防、扼止及懲罰人口販運補充性議定書婦女及兒少專章》（Protocol to Prevent, Suppress, and Punish Trafficking in Persons Especially Women and Children）中特別說明，個別人等不必被帶過邊境，就可能成為這種犯罪的受害人。諸如此類的定義有其必要，因為在美國遭遇性剝削的女孩，大多數是美國公民；同樣的，印度人口販運的被害人大多數是印度公民。當年的定義，除了眾多局限，內容還乾巴巴且綁手束腳的，沒能掌握嚴重衝擊全球的現象。

所以，經合組織在二〇一六年便提供較為充裕的定義，以非法商業的種種後果為依據：「非法貿易涉及到一些被視為不合法的商品及服務，原因在他們被視為威脅到社區及整體社會。非法貿易對經濟穩定、社會福祉、公共衛生、公共安全及人類環境，都有負面影響。」[26]非法貿易可以在真實世界、虛擬世界及兩者混合的時空當中進行，偷來的財物在亞馬遜（Amazon）或eBay之類的網站銷售。

在這個廣大的框架裡，有著形形色色、門類繁多的商品和勞務，其交易經常受惠於貪腐。貪腐最常與明定為罪的毒品交易有關，只是，貪腐堪稱潤滑油，讓各種非法勾當運作順遂，即使在虛擬空間也一樣，我們在第三章當中會討論。沒有高階及較低階的兩種貪腐，非法貿易是無法遂行的，而跨國貪腐有利於非法勾當在全球成長。

非法交易有很多不同的次級市場，範圍由最窮凶極惡的（國家通常在此投入最多執法資源）到古老的贓物交易（經常得不到足夠的關注）。[27]有位學者提到還有其他兩種市集。一種「不定期銷售管制類商品，比如古董、動植物、侵犯智慧財產權的貨物，還有與地方風俗不合的東西」。[28]誠如我們在第二、三章所論，會興起這些商品的交易管制，是因為有科學證據，以及對文化遺產及地球多元物種能否存續的關注。這種市場，讓天然資源如林木、礦物及黃金可以不法交易，與高階貪腐關係密切。

另一個市場源自國家向大眾消費品課稅。[29]對這些消費品進行非法交易，讓國家損失不貲，原因在走私販子規避當地的貨物稅，使國家的必要稅收損失幾十億美元。[30]香菸、菸草及酒精的走私，數百年來一直是違禁走私的重心。我們會在第一章見到。

本書討論各種在真實與虛擬世界營運的非法市集，並大舉擴張管制類商品的範圍，從仿冒運動鞋、藥品到農藥都包含在內；他們傷害生命以及地球永續力的程度，遠比專利或版權持有人的金錢損失大得多。[31]

做非法勾當的人並非術業有專攻；他們抓住各種商機，使用現有交易管道把利益放到最大。

很多違禁品循著販售合法商品的管道，賣貨的是同一批人。[32]這便是「匯流」（convergence）概念，適用於虛擬及真實世界。很多暗網網站在相同平臺賣毒品、軍火及惡意軟體。[33]非法生意人無所不賣，但司法界對他們的回應，經常因太專注在毒品、人口或野生動物等單一領域而過於窄化，足以顯示官僚結構如何作梗，未能有力對抗非法交易。

違法商業經常與合法經濟有所重疊。仿製的音樂光碟與走私香菸，在歐洲的露天市集常與蔬菜水果一起販售。販運及偷渡的人口、電子仿冒品、香菸及違禁麻藥很可能都走相同管道。由東方而來，穿過杜拜、黑海及巴爾幹地區，再到由當地勢力不小的黑道組織「克莫拉」（Camorra）掌控的義大利那不勒斯（Naples）港。[34]類似貨品進入美國時，經常走由南而北的貿易路線，包括穿越中美洲、墨西哥及美南邊界的道路。很多國家及國際機構對每種非法勾當的回應都十分孤立，足以解釋全球為何無法有效地對付非法交易。

非法勾當與正當經濟的重疊，解釋了他不必然就是非正式經濟的元素。大企業身處高度競爭的全球經濟當中，投入或濟助非法交易，或許更有能力與人競爭。[35]因此，製造業、礦產開採、航海、運輸、漁業及林木公司，再加上銀行、房地產公司與金融機構，都已參與非法勾當，本書接下來的個案研究會予以證實。

正當公司參與不法經濟，確保很多非法勾當不會局限在黑市。有些製品如走私的古董甚至在高檔店面及拍賣公司裡銷售。非法交易也不必然隸屬影子經濟；灰色經濟被界定為「經濟體內，所牽涉的貨物、勞務以現金支付的那部分，因此得不報稅」。[36]某些不法商品、勞務仍有繳稅，比如買來的古董、銀行為販毒洗錢賺到的利潤，還有福斯柴油車，其廢氣排放系統故意造假，不被查知。[37]非法經濟也不限於現金，還涉及各式各樣的支付系統，如電匯、加密貨幣、預付卡。這種勾當裡，違法的往往是商品，而非支付系統。

貿易濫用可幫助掩蓋盜竊行為。交易經常沒發生，或者只有最少量的交易，卻喬裝成大得多的規模，讓大筆資金的移動看來名正言順。這種現象稱為「貿易洗錢」（trade-based money laundering）。[38]全球貿易系統經常遭到誤用，而方便了大型貪腐及瀆職濫權。[39]

本書組織

非法勾當大有油水，但專注於其動能及邏輯的財經專家沒幾個。他們或能提供統計數據、估計不法交易的營業額，但認真端詳過這種複雜商業運作方式的人數就更少了。奴隸制度歷史學者分析奴隸貿易經濟，毒品專家主要著眼毒品販運模式，科技研究者則端詳網路犯罪首腦搞哪些新行業。本書則認為，目前因為太多非法勾當匯流起來，不法商業已有共同的生意手法及難關，而與正當商業有別，誠如第五章所論。

本書第一部分提供當代非法勾當的歷史背景。第一章追溯非法商業的歷史，始自四千多年前古代文件記錄其起源，一直到十八世紀末的革命年代（Age of Revolutions）。商業支撐了帝國的成長，然而即便在古代，官員都很關心貨物的走私。海盜搶劫與時俱進，有些海盜行搶，既為自己也為國家，他們堪稱現代出現「網路私掠者」（cyber-privateer）這一類人物的預兆。

第二章將詳細檢驗革命時代過後到冷戰結束這段期間，逐漸複雜多元的非法勾當。現代非法勾當的三大要素：毒品、軍火及人口販運日益重大，不過是最近兩百年間的事。在此之前，最受青睞的貿易商品是紡織品，它才是非法勾當的重中之重。

第三章將分析冷戰結束之後，電腦崛起、個人電子通訊能力大幅擴張，讓非法勾當「典範轉移」。這段期間戰爭增加，一直是毒品、人口及天然資源買賣的主要推手，藉以交換軍火，支撐戰爭打下去。

第四章提供非法犀牛角貿易爆炸式成長的個案研究。納入這項研究的原因，不光是犀角貿易牽涉到這種迷人的動物，也是因為犀角貿易的動力，可以追蹤到一定的精準度，其他種類的非法勾當幾乎都辦不到。

第五章分析非法勾當的經營模式，呼應科技變化而演化。非法勾當與合法貿易一樣，營運時有生意邏輯：尋找商機目標、戰略結盟、不管哪種貿易，獲利空間值得就做。歷史及文化兩種傳統，塑造出合法、非法商品都使用的做生意手段。

第六及第七章揭露非法勾當之所以成長，是因為他產生很多受益人——很多贏家及輸家。要對地球及人類生命造成這麼大的傷害，不光是犯罪組織就辦得到的，人數遠多得多。藏在暗黑商業背後的，是國家、有實力的政客、商人及各階層政府裡的腐敗政客。他的推手，很多都被合法經濟僱用為律師、會計師、藥劑師及科技界成員，他們全都合力推動非法勾當以全球規模運作。

這本書以端詳非法勾當的未來作結。這種生意存在的理由五花八門，因此沒有單一解方，而光靠執法及法律行動來回應並不足夠。非法勾當鎖定了那些人類必須賴以在地球維生的資源，此時我們能改變當前的軌跡嗎？地球絕大多數國家簽了《巴黎氣候協定》（Paris Climate Agreement）同意其中的控管機制以限制碳排放，藉此想抑制氣候變化的程度。全球社會也準備就緒，要合作解決非法勾當，還有助長他成長的那些因素嗎？

如此的改變，要求的不僅是修訂貿易法規：我們必須控制世界人口，還有地球居民向這個星球的需索。我們必須重新思考金融體制，提供更多的透明性，重組企業界並專注在可問責性，另落實強力的反貪腐措施，與非法勾當的推手戰鬥。我們必須找到法子來控制那些邪惡的非國家行動者，他們一直是全球化貿易的主要受益人。我們是否真的要將非法勾當裡，有些領域除罪化或減少管制，以便集中心力解決那些對全球社會最嚴重的威脅？

很多新科技是由民間部門開發、持有及維護的。所以虛擬空間的管制，並非單由政府插手就能做，經常還需要民間部門的合作，而民間部門本質上對利潤的興趣，要比統治管理來得大。除非公私兩領域合作有成果，足以讓國家能管制科技巨擘，不然這種利益衝突，將使得削弱非法勾當愈發困難。沒有跨國協調的政策，導致政策分歧產生的惡果，將會局限政府管控非法商業成長的能力。

此中的挑戰很艱鉅，而想扭轉地球當前危險軌道的機會之窗正在關閉。我們將探索，取得有用技術解方的可行性多大；另外，我們使用一些與當前助長非法勾當擴張的相同科技，這些技術面的補救，有可能幫我們解決很多本書中指出的問題。能幫多少忙，還要等著瞧。我們能及時使用這些解方，來改變當前的軌道嗎？抑或我們只能眼睜睜瞧著另種傷害地球的力量，讓霍金（Stephen Hawking）的預言愈來愈可能成真：未來一百年，地球的居民，得去找其他星球找住處？[40]

第一章

非法勾當：由過去拉開序幕

商業隨著人類開始交易賴以維生的貨物，和提升生活的奢侈品而發展起來。早期發展出來的書寫，也是為了記錄及規範商業。[1]陸上和海上的貿易途徑發展，源自搬運值錢的貨品。擔當起商業領頭羊角色的社會，能夠斂聚到可觀財富。

隨著貿易無論合法或犯罪皆能致富，非法商業很早便在人類史上出現。商業成長創造新的賺錢機會，參與貿易的黑道白道都有機可乘。如此興起的新型犯罪，比如竊盜、走私及銷贓，早在近四千年前的美索不達米亞便列為犯法。[2]幾百年後，也就是在西元前十三世紀，愛琴海及地中海便留下海盜的紀錄，說「海上的人」打劫載滿商品的船隻。[3]

銷贓的演化

世上最早法律文件之一的《漢摩拉比法典》（Code of Hammurabi）約制定於西元前一七五四年，一百多年前由法國考古學家發現。法典鐫刻在石柱上，今天則陳列在巴黎羅浮宮博物館的醒目之處，裡頭有法條如下：[4]

假如有個自由人，買下或收受任何典當中的任何物件，而物件提供者是地位較低的另一位自由人，或者某自由人的奴隸，但沒人見證及簽約，那麼該自由人便在銷贓，應處極刑。[5]

《漢摩拉比法典》的嚴苛法律掌管巴比倫人的生活。由二百八十二條法律組成的短短法典，相較我們當代法律有限得多，其中很多條款在處理財產關係。這一點實無足為奇，原因在中東書寫文字之出現，其強烈動機便是記錄交易、保存契約，以及管制財產關係的需求。

由這個時期的考古發掘可知，美索不達米亞的居民擁有珍貴的家居物件、珠寶，以及其他值得一偷的東西。[6]所以，當時的極權統治者想保護的，不僅是他們子民的福祉，還有自己的財產。

今天跟古美索不達米亞不同，銷贓不再處死，只是這種行之已久的「專業」依然存活人世之間。時間快轉到西方的流行文化。布萊希特（Bertolt Brecht）與威爾（Kurt Weill）合著的偉大歌曲〈刀手麥克〉（Mack the Knife），已成為二十世紀最流行歌謠之一，由許多不同風格的歌手詮釋，所以很多人知道——如門戶樂團（The Doors）、史汀（Sting）、路易斯·阿姆斯壯（Louis Armstrong）、艾拉·費茲潔拉（Ella Fitzgerald）、法蘭克·辛納屈（Frank Sinatra）、巴比·達林（Bobby Darin）。[7]只是，大部分聽眾並不曉得邪惡的麥克是什麼人物。

麥克是《三文錢歌劇》（The Threepenny Opera）的主角，時空設定在一九二〇年代，德國卑鄙的黑道世界。麥克是職業小偷，有領袖魅力，與銷贓人廝混，而他們容麥克靠著偷來的東西賺錢。雖說銷贓人早在二戰前的德意志便已存在，但布萊希特跟他前輩作家一樣，靠著挖歷史來找靈感。比麥克更早的這種人物化身叫麥奇特（Macheath），是約翰·蓋伊（John Gay）《乞丐歌劇》（Beggar's Opera）裡，俊俏壞壞的主角，時空設在十八世紀初的倫敦，當時城裡犯罪猖獗，更是銷贓的全盛期。[8]一七〇〇年代初，銷贓是值得一做的專業，名作家笛福（Daniel Defoe）的早期小說名著《情婦法蘭德絲》（Moll Flanders）裡，女主角摩兒就把自己偷來的貨物，銷贓給她的「總督夫人」。銷贓這個問題在各色地點都冒出來，而且不曾消失。

銷贓也存在於當代生活。費城還沒縉紳化以前，我在那裡攻讀博士學位，當時我一位博班同學做的研究，用社會科學術語叫「參與觀察」（participant observation）。也就是說，我已逝的同仁克拉卡斯（Carl Klockars）花了十五個月的時間，與職業銷贓人「文生．史瓦基」（Vincent Swaggi）交遊，後者在費城「營生」達三十年。[9]雖說文生的貨品源源不絕，但他從沒發財，原因在他的生意無法可觀成長。

隨著電子商務的到來，銷贓人的生命改觀。誠如書中我們頻頻見到，虛擬世界助長非法勾當，來到空前未有的程度。他讓世上最古老的職業：銷贓及賣春，改頭換貌，方式前所未見。對文生．史瓦基來說，真不幸，他沒活到瞧見「電子銷贓」的興起，這讓贓物的銷售爆炸般成長。

網路買賣興起，警鐘幾乎馬上敲響——銷贓已然移師網路，在那裡，被察覺的風險很低，利潤則很高。研究指出，到了二〇〇七年，「用網路行銷貨品的銷贓人，其零售價每塊錢利潤在七到八毛，相較之下街頭銷贓的每元錢只賺到三毛……此外，執法單位很難找到網路賣家的身分，或跟蹤那人，鎖定及辨認出供應方的難度也很高。」[10]

網路銷贓對盜賊真是恩物。在過去，很多賣贓品的都是把他們從不同人那裡偷來的財物賣掉，比如麥奇特跟他手下把當日所獲，賣給倫敦銷贓人，或者是文生．史瓦基收取當地闖空門及強盜的贓物，再行轉手。但是，隨著有能力透過網路擴大銷贓，大企業變成職業盜賊更大的目標。二〇一六年，美國組織犯罪調查（US Organized Crime Survey）對全國零售聯合會（National Retail Federation）的研究揭露，受訪的零售業者裡，百分之五十八已由網路認出或贖回失竊貨物。[11]

加拿大溫哥華市斯米爾諾夫（Smirnov）一家正是轉型到網路銷贓的典範。留得米拉及伊夫真尼．斯米爾諾夫（Ludmilla and Evgeni Smirnov）夫妻並不如麥奇特與其同夥多彩多姿，也不像文生．史瓦基深深嵌在自己的社區。遭斯米爾諾夫夫妻檔行竊的被害人眾多，適足以說明在網路銷贓零售商品之猖獗。為了大規模銷售，他們必須大規模取得。他們在 eBay 上行銷接獲訂單後，至大型連鎖超市下手行竊，地點有溫哥華、波特蘭、奧勒岡，以及其他美國、加拿大太平洋沿岸等地。他們在 eBay 用「新月微笑」（Crestsmile）及「貴賓微笑」（Vipsmile）兩個名稱營運，主要專攻潔齒劑的交易，只是他們偷來的貨物還包括生髮劑、歐愛（Alli）減肥藥，以及車用安全氣囊。他們銷贓的標的市場是東歐及俄羅斯，兩地的網路滿是誇獎新月微笑有多好的頁面。[12]他們在網路銷售偷來的貨物，月入七萬到十四萬美元，很快就取得財富的象徵品：一臺淩志車（LEXUS）及溫哥華市兩處房地產，用的錢都是未申報收入。然而，他們在網路上留下線索，由「二〇一〇年三月到二〇一二年四月，這對夫婦共進行二萬七千七百五十件銷售交易」，這種交易等級，沒有電腦協助是辦不到的。[13]根本是吃了大力丸的麥奇特和史瓦基。

雖說他們在虛擬世界，但破獲斯米爾諾夫的銷贓營運，卻是老派監視警戒的成果。各超市面臨可觀損失，於是把維安的焦點放在潔齒產品大規模失竊。斯米爾諾夫夫妻拎了幾條這類偷來的商品坐在淩志車上而遭逮獲。

斯米爾諾夫線上銷贓營運失敗收場，並非孤例。很多案例裡，虛擬世界的非法勾當與真實世界有所重疊。這一點讓犯人的線上活動得以拆穿，否則網路世界得以匿名的特性，滲透不易。

古代非法交易的起源

隨著商業興起，與非法勾當相聯的問題很多，處置贓物只是其中之一。贗品商品、通貨的出現，還有走私及搶奪載運的商品，古代政府必須確保貿易產品是真貨，購買商品的是真錢，還有商品安全抵達目的地。[14]

走私

古代提到走私一事，可以由亞述帝國（Assyrian Empire）尼普爾城（Nippur）一位總督的檔案庫信件得知，時間在西元前九到七世紀。該帝國建立於西元前兩千年，幅員西起黎凡特（Levant），東到波斯灣（Persian Gulf）。尼普爾總督檔案庫的信件，提到走私販把鐵由安那托利亞（Anatolia）帶進來，而該地不在政府控制的專賣權之內。[15]走私販現身亞述邊界，走特殊道路搬運違禁品。[16]這些檔案文件透露，約莫三千年前，一個大帝國的政府就想設法管制貿易，建立專賣權、定價、商品管道，此外國家已在監視走私集團，還有他們用來規避控制的途徑。

贗品：商品及通貨

古希臘及羅馬的政府面臨其他對正當貿易的嚴重挑戰。因為國家必須認證其想賣的產品，於是煞費苦心，證明真品的商標機制，在古羅馬建立得很完善。二〇一六年，在羅馬帝國廣場（Imperial Forum）保存良好的圖拉真市場（Trajan Market）辦展，記錄了各式各樣的商標戳記，用來蓋在陶質及玻璃質的容器，確保他們是真品。[17]他們還認證藥材，確保個別消費者服用的，絕對是符合標準的藥。[18]

贗品的進口，至少可以回溯到兩千年前。偉大的博物家兼歷史學家老普林尼（Pliny the Elder, 23-79），他說：「人類真是大膽，居然學會仿冒自然，沒錯，還厚臉皮到挑戰自然的成品、事功。」[18]這句話意思很清楚，評論的不只是匠人的匠藝愈來愈好，還談到一個實在的問題：由印度進口的礦產及寶石，夾有贗品，包括綠柱石及蛋白石。[19]

有人賣贗品這個問題不光出現在西方世界。在阿茲特克帝國（Aztec Empire），有些奸商會賣可可豆贗品。誠實商人會依據產地，把豆子分開成堆。但搞鬼的會把次級豆子染色，甚至把毫無價值的莧菜糰子或酪梨種子塞進可可豆殼，再拿去販賣。[20]

仿冒貿易通貨，比起假造商品，甚至更廣更流行。假錢很早就在古希臘史出現，可追溯到西元前五五〇到六〇〇年。[21]在神壇及出土的市集地都發現過偽幣，而且在國庫已有紀錄。西元前四世紀，雅典流通的銀幣裡，已有可觀的偽幣，迫使政府得立法，因應假錢猖獗的現象。這些偽造銀幣，很多來自敘利亞，當地顯然是製造中心，但也有其他來源，有些源自阿拉伯、巴勒斯坦，甚至波斯。[22]這一點意味著非法鑄幣的國際貿易，地理分布很廣，還有對雅典經濟的衝擊。這類活動刑罰嚴峻。依古雅典法律，專門做偽幣的人得處死刑，而那些職司分析並標認偽幣的人，要是沒能查出來，要抽五十鞭。[23]

西元前三七五年，住雅典的古希臘人發展出新穎的法律解方，來解決偽幣。被抄沒的偽幣不予銷毀，而是依法用來祭祀諸神，交給神明之母（Mother of God）管理。[24]他們在那裡就安全，不能再用了。[25]這種聰明方法把偽幣趕出去不再流通，但是，為什麼神明較愛偽幣，勝過真錢？

古希臘人與偽幣打交道的經驗，絕非獨門專有。中華文明發展出紙鈔以前幾千年間便有鑄幣，不同時代的平民百姓都曾違法重製通貨；紀錄在案的贗品有銅質、鐵質及紙質。假錢是如此廣泛，以至於有人為這個主題寫了本專書。[26]

誠實做生意

科學進展有助於規範交易。第一個傳奇例子要追溯到古希臘。最早的科學原理之一，是偉大科學家阿基米德（Archimedes）在西元前三世紀發現的，他住在西西里島東部城邦的敘拉古（Syracuse）。國王請他判定，有頂要獻給神明的冠冕，是否使用了所有提供給匠人的金子，為了回答，阿基米德必須發展出準確的測量法，才能判斷出匠人是否曾上下其手。是否真如傳說所述，他赤身裸體跑出來大喊「我找到了！」我們不得而知，但他真的發現了浮力原理。[27]據此原理，「任何物體，全部或部分按壓到一種靜止流體（可以是氣體或液體），就會作用於一種向上的力（或稱浮力），而力的規模，等同於被物品排走的流體之重量。」[28]測量被冠冕排出的水量，再比對國王給匠人的金子數量，阿基米德發現國王被騙了。因此，為了斷定產品的可靠程度，導致這個世上一件偉大的早期科學發現。

運輸安全

地中海、中東及中華文明要想透過貿易而繁榮，一大要素便是貨品必須平安由產地運送到目的地。今天我們稱此為「供應鏈」。古時候，商品之運輸走海路，也走陸路。強盜打劫商隊，海盜攻擊海上商船，見諸文字紀錄已有幾千年。咸信寫在西元前七五〇到七〇〇年間的史詩《奧德賽》（Odyssey），詩中首度以文學提到海盜，而且不以中性詞彙看待海盜行為。在荷馬的故事當中，聶斯托（Nestor）說：「噢，陌生人，您是誰呀？……行旅是為了做生意，還是海盜般逡巡來去。」[29]這句詩提到海盜被視為貿易的對立面，是荷馬詩作中提到海盜而多次重講的其中一句話。對荷馬而言，劫掠這個元素似乎十分重要。[30]

海盜不僅取貨還抓人，而人在當時被視為財產。被抓的人會賣到奴隸市場，替海盜產出可觀收入。雖然據亞里斯多德說，奴隸是生命的天然要素，但大家並非都以正面的眼光，看待仲介奴隸的生意，原因在他牽涉到海盜行為。[31]誠如一位泛希臘化奴隸制度學者所寫：「海盜因其行為，已不被認可，再加上他們賣奴這個事實，適足以證實他們地位卑賤，加深別人對他們的譴責。」[32]

古希臘歷史家修昔底德（Thucydides）認為，最早努力想反制海盜的人，是克里特（Crete）的米諾斯王（King Minos），這位偉大統治者在西元前五世紀建立海軍。由西元前七〇〇年到三三八年，古希臘城邦科林斯（Corinth）的歷任統治者也認為，鎮壓海盜可以改善國家財政收入。故此，未獲授權的交易這個縱貫歷史反覆出現的主題，早在兩千五百年前，不同希臘邦國的統治者就高喊開打了，原因在他們想確保王國的歲入。[33]

克里特與科林斯仰賴海上貿易。走陸路做生意想安全運貨，碰到的挑戰並不相同，其中有些記載在美索不達米亞的楔形文字上。值得竊奪的商隊由眾多馱獸背著珍貴貨物組成，當他們穿梭於縱橫來回中東的多條貿易道路時會遭打劫。[34]來自阿拉伯灣的乳香、沒藥，在耶穌誕生圖（Nativity）中作為永垂不朽的贈禮，被送到羅馬帝國好些地方。[35]阿拉伯半島南部及美索不達米亞會被劫掠的其他商品當中，有寶石、雪花石膏、鐵，以及本想送去王室的紫色羊毛、布匹。[36]因為貿易及行軍道路經常重疊，國家便承擔起重大角色，保護這些商隊不受游牧民族劫掠。貝都因（Bedouin）人打從楔形文字記載開始，一直到十九世紀，都因打劫商隊而出名。但有些游牧打劫的，看出經商有賺錢的好處，便改行做起正當貿易。[37]

其他地區的商旅也面臨類似的部落劫掠挑戰。著名的絲路由中國延伸到君士坦丁堡，走那條路的商賈會碰到中亞凶猛的部族。漢朝政府因絲路取得可觀利潤，中國人便動用武力、締結條約及嚴厲報復行動，對掠奪商隊的中亞部族取得掌控。出於安全考量，商隊沒有武裝保護很少出行。[38]然而，因為各色貨物價值貴重，千百年來走絲路的人依然得冒險。當時一如現代，絲綢及其他紡織品，都是重要且值錢的國際貨易商品，下文即將討論。

搶劫商隊及船隻的人經常擁有很高地位，原因在他們替國家取得戰略資產。[39]雖然自古流傳的民間故事，都把焦點放在部族及游牧民族對商隊的威脅，但正史卻透露，伊斯蘭以前的中東，大多數已確定的搶劫事件，犯人都是總督。[40]相同的原則適用於海上。很多海盜行為都是國家資助的，現存的古代紀錄認出來的民間海盜船，數量很少。[41]

古代之後

所謂的古代持續了大約一千五百年，才進入下一階段。但是中間過渡的那幾百年裡，非法勾當的形式，或者加諸其上的刑罰，並沒有根本上的改變。前文所提的相同活動，在不同地點皆有發生紀錄。史籍所載的證據提到，西元五世紀東南亞有海盜活動，但當地海盜行為可能早於這個時間點。西元四一四年，有位佛教僧侶記錄麻六甲海峽（Malaccan Straits）及南海的海盜案例（南海地區目前競爭劇烈）。中國水手記錄到相同現象。由十三世紀到十六世紀，大型船舶載著多達三百人，攻打中國及朝鮮海岸。[42]所以，五花八門的地區都碰到海盜的挑戰，海盜行業對那些能分到劫掠品、販售不法取得商品的人，真是油水豐厚。

偉大的社會史學家蒂利（Charles Tilly）在他啟迪心智、討論建國及製造戰爭的專文裡，分析匪幫與海盜有多重要。他寫道：「羽翼豐滿的國家經常委託私掠船，有時僱用匪幫，來攻打他們的敵國。」揭露政府曾運用犯罪分子遂行政治目的達數百年。[43]海盜代君主動用暴力，影響政治、經濟的發展。海盜行業在地中海維持下去，規模龐大，貢獻財富及權力給跟那些這一行緊密掛鉤的家族。城邦國家如摩納哥，其源起便是這類行當的收益。蘭法蘭科（Lanfranco）是統治摩納哥的格利馬迪（Grimaldi）家族的奠基者，他就是透過海盜業讓家族致富。[44]他並非孤例：

義大利和法國海岸仍殘存防禦工事的大宅，其興建靠的是從事海盜得來的財富。研究非法勾當輸家贏家的著述裡，一再出現這個洞見。

海盜勾當撐了千百年，直到一八五六年才被列為不法。當時《巴黎會議關於海上若干原則宣言》（Paris Declaration Respecting Maritime Law）禁止有牌的民間行動者使用武力。簽約國不僅包括海上強權如法國及大不列顛，還有海軍實力較弱的國家如普魯士。但是，宣言並未把主權國家豢養的船隻遂行的活動列為非法。這項例外對現今仍有重大影響。[45]

過去政府參與海盜行為、攻擊商隊，並未隨時間而消逝，因為現代就有可供類比的事——網路攻擊。在古代及較為現代的時候，大量財富集中在商隊，還有載運大量值錢貨物的船隻。今天，珍貴的資產保存在網路空間，比如銀行資訊、信用卡、個人資料，以及新式科技。但是，既然鑑古而知今，那麼很多在網路世界執行攻擊的人是國家的打手，就不足為奇了，他們鎖定了這種新式的財富存放載具。

我們稱為「網路海盜」（cyber-buccaneers）的那些人，可說是在十七世紀加勒比海海上營生、打劫西班牙船隻的海盜之後代。[46]對其他人來講，「網路私掠者」（cyber-privateer）一詞或許更貼切。私掠船源自十三世紀，那些海盜集團取得國家授權，得攻打隸屬敵國的船舶，通常發生在國家交戰時，但不限於此。[47]網路私掠海賊一詞，讓我們回想到德瑞克（Francis Drake）的時光。

對西班牙人而言，德瑞克是海盜（綽號惡龍），但對英格蘭都鐸王室而言，他可是卓越探險家，為王室服務。德瑞克是繼麥哲倫之後繞地球一周的第二人，但他的功能是二元的，透過海盜行為而服務英國王室。[48]天主教歐洲以懷疑目光打量新教徒德瑞克，為他的海上搶劫勾當帶來一抹宗教色彩。

今天，強梁下手的標的已經改變，但大型網路攻擊的贊助人，一如既往，經常還是政府。政府有能力透過代理打手發動攻擊，取得珍貴貨物，希望從中獲利，便授權網路罪犯從事非法商業，換取他們為國服務。俄羅斯有些最強的網路罪犯被捕之後，都取得相當於「免服刑出獄」卡，交換他們為俄國政府服務。今天「海盜」的雙重角色，具體展現於二〇一六年五億個雅虎帳戶遭竊一案，美國司法部指控，該罪行係俄國間諜及駭客所為。[49]

仿冒在中世紀歐洲，是驅趕不散的難題，仿冒者遭定罪之後會嘗到酷刑，例如在沸油中活活煮死。[50]相形之下，在中國及其他亞洲地方，抄襲被視為誇獎榮寵，因此仿冒問題除了貨幣領域外，未遭遇相同的責難。

在這個歷史階段，狩獵成為統治菁英階級的享樂活動，跨越廣大地帶，由不列顛群島到印度，都是如此。[51]第一批保護動物不受盜獵的行動，是為王公貴冑的打獵特權著想，並非出於保育考量。雖說帝王打獵殺了很多野獸，但必須確保動物能孳養生息，在絕對君權制度的幾百年間，保存了很多物種。[52]

當時帝王及貴胄把持著龐大土地，想進入那些土地的資格森嚴，尋常百姓闖入些統治者的林苑，得面臨嚴重懲處，刑罰甚至比打獵還殘酷。傳說中劫富濟貧的羅賓漢（Robin Hood），便是在王家林苑偷獵一隻鹿以後，才進雪伍德森林（Sherwood Forest）當起好漢的；獵鹿是叛國罪，得處死刑。[53]

文藝復興以前，非法商業除了與盜獵及海盜有關的以外，大多以城市為基地，因為鄉下社區整合進貿易路徑的完善程度，並不如最近這幾百年。詐欺犯可能徘徊於鄉下市集，走私人會在牛農群中走來走去，但非法勾當主要是發生在城市、河濱及海岸的現象。[54]今天的鄉下地區，即便是最偏僻的，最近也都整合進非法勾當了。部分要歸功於新科技及通訊的成果。這種散布到鄉下地區的狀態，代表著貿易地點已由過去幾百年乃至數千年，發生極劇烈的轉移。

一五〇〇到一八〇〇年

現代世界的基礎，是在文藝復興後那幾百年間在歐洲打下的。那幾個世紀裡，人類開始以可觀的規模遷徙，起因在貿易及殖民的擴張。殖民的社區，尤其是少數族裔群體的飛地（今天經常稱為「散居地」），就疏通白道、黑道生意，尤其關鍵。

這段期間，我們看到很多現代非法生意的特色崛起——其多元多變、暴力、對政治經濟的衝擊，還有助長發展的貪腐。那幾百年間，贗品躍升到重要地位，非法金融流動隨著非法運輸及商品銷售出現。威權政府經常對非法行商祭出嚴酷刑罰。

歐洲人發現新大陸以後，美洲整合進全球貿易，尤其在他們被殖民之後。帝國在很多區域擴張，而貿易在帝國的成長扮演核心角色。歐洲以外的帝國，比如由北非延伸到中東的鄂圖曼帝國（Ottoman Empire），仰賴貿易及商業稅捐來鞏固並維持統治。鄂圖曼治下雖然嚴刑峻罰，但走私販子開出優渥價碼導致走私猖獗。[55]由歐洲政府特許的貿易公司擴張，遍及亞洲。據德高望重的印度貿易史學家喬杜里（K. N. Chaudhuri）表示，西班牙、葡萄牙貿易商的到來，加速印度洋的貿易，減少「印度與中國的內向性」。[56]

第一波全球化引發的爭議一如今日。「十八世紀世界貿易的成長，不僅把遠方市場整合起來，還刺激非法勾當、人民反叛，以及改革派的爭辯。」[57]在這幾百年間，歐洲經濟最先進國家的主流意識形態是重商主義（mercantilism），他提倡國家對其經濟體的管制，而加強國家力量。然而這些新規矩、王室專賣權的創設，以及加徵高稅負，都促使走私及違禁品大為成長，原因在於人民想用更便宜的價錢取得商品。

很多歷史學者長期忽略的，便是在文藝復興到革命時代這段期間，非法貿易已經多元化。[58]即使在工業革命之前，很多歐洲人已擁有可支配的資本，而且打算用來買走私商品。[59]在法國，包括很多消費者喜好的產品，比如鹽、菸草、酒、蜂蠟、蠶絲、皮革及造紙業設備，非法貿易蓬勃發展。[60]

有種別具意義的非法勾當，一路將觸角伸往地中海以西。西班牙加的斯（Cadiz）、塞維亞（Seville）兩城，是「前進美洲的橋頭堡」，據偉大學者、研究地中海世界的布勞岱爾（Fernand Braudel）指出，兩地詐財行為也很猖獗。他解釋：「加的斯人人都認識走私販跟夾帶貨物的人，他們是因時局艱難而墮落的紳士，專精於不老實地由海外把金銀錠或值錢貨物運送回來，有時甚至只是菸草，而且他們並不掩飾自己的行當。」[61]這兩處同樣也是把大量香菸偷渡到現代法國的重要地點，本書後文將會談到。

一七〇〇年代，英國是世上貿易首席強國，走私貨品到英國極度普遍，以至於衛理公會（Methodist Church）的創辦人衛斯理（John Wesley）曾於佈道時指責購買非法進口品。他明白表示，繼續參與走私的人，是別想獲得救贖的。[62]衛斯理的布道解釋，那些參與非法勾當的人，損及國家財政，結果也傷到自己。[63]撇去這個論調在宗教上的重點，此情況今天仍一再重複，尤其對消費者喜愛但課稅很高的商品如香菸及酒精，還有一些對電腦及手機課徵高昂進口稅的社會。

假幣偽鈔及不法金流

不法商業經常有假錢相伴。在十八世紀的歐洲及一七六九年後的俄羅斯，各國開始仰賴紙鈔跟長期公債，來支付他們一直擴張的軍隊還有廣泛的帝國計畫。「雖說官方間諜及警察都很留心，設下嚴刑峻罰，但印鈔票對不法分子跟政府都一樣便宜又快速。檔案庫資料顯示，印刷業者、走私犯及使用者組成盧布偽鈔的龐大網絡，住俄國的各大族裔、宗教及社團人士都有參與。」[64]這些網絡與正派商業網絡整合起來，由歐洲延伸遠至沙皇帝國的極邊陲。[65]

這類型的非法金流預示著蘇聯崩潰後，數十億美元由前蘇聯國家出逃，主要流往西歐。這些非法金流網目前也整合到服務正派商業的金融網。

非法勾當的政治層面

走私行為並不僅限於功利、可以消費的物件。舊體制下的法國是思想中心，但也箝制宗教及知識意見。十六世紀，走私、販賣神學家如路德、喀爾文及伊拉斯謨書籍的人，可是會綁上木柱燒死的。接下來啟蒙思想的書籍也被查禁。舊政權出於精心算計而想控制這些強大思想。學者司彭斯（Caroline Spence）解釋：「一七八九年，源自新啟蒙派的經濟『科學』見解，與來自底層走私販的反抗匯聚起來，合力推翻舊政權。」[66]

走私與建國

走私還可以建立國家。[67]一五〇〇年代，兩大海上強權威尼斯與鄂圖曼帝國有雙向貿易，販賣軍需品如鐵、馬匹及武器，即便兩國明文禁止跨國交易這些商品。[68]這些重要物資，唯有在官員合謀下，才能違法搬運，而官員不是收了錢裝聾作啞，就是疏通這些生意，總之他們有助於這些國家取得該區域的競爭優勢。

安德里亞斯（Peter Andreas）另指出非法貿易對建國有多重要。在《走私者國度》（Smuggler Nation）書中，他指出美國自殖民時代起，便建立在不同商品的違禁貿易，包括軍需品、消費者商品及奴隸。[69]獨立戰爭期期，走私幫助美洲殖民地人士撐持他們與英國作戰，由於英國禁止軍火及火藥出口到殖民地，美國人能贏得那場戰爭，這些從加勒比海走私的物資至關重要。[70]

走私與反抗

獨立革命前，走私也是美洲殖民地人士反抗英國統治的一種反抗形式，尤其是反對英國王室規定的課稅政策。[71]麻塞諸塞總督估計，一七六七年《歲入法》（Revenue Act）通過，向進口消費者產品加稅，挹資維持英國軍隊，接下來八成三的波士頓茶葉、紐約及費城的九成茶葉，都改由非法進口了。[72]

很多社會地位高的人都參與其中。約翰．漢考克（John Hancock）是簽署《獨立宣言》最著名的人，他由因走私致富的叔叔湯瑪斯．漢考克（Thomas Hancock）撫養成人。檢方在法院指控約翰．漢考克也參與走私葡萄酒。替他辯護的便是後來當上合眾國總統的亞當斯（John Adams），而後判定罪證不足。諸多判決書反映殖民地的反抗心態，陪審員經常開脫走私者，一如漢考克的案子。

波士頓茶黨（Tea Party）十分著名，將大量茶葉從碇泊的船上丟進海中，明目張膽挑戰英國的統治，但在此之前，沒那麼露骨的反抗行為就很明顯了。不論用過去還是當代的任何標準，殖民地的非法貿易都算很廣泛。法國、荷蘭及西屬西印度群島的船隻，載進殖民地的不法貨物不只是茶而已。非法商品的貿易還因貪腐而助長，英國海關官員由王室拿的薪水很寒酸，為增加收入，便由殖民地船主收賄。「革命爆發前那些年，英國掃盪走私，引發暴動、抗議，海關官員及線民會被塗柏油黏羽毛。」[73]英國政府估計，每年有超過七十萬英鎊的非法貨品——當時是很可觀的金額，今天看來也不算微不足道——帶進北美洲殖民地。[74]

西班牙及葡萄牙在南美洲的殖民地，走私獲利及反抗也見諸史載。黃金的走私持續不退，宗主國的干涉少有成功。推動這種違禁品交易的，一邊是前王家鑄幣廠官員，而在政經光譜另一端的則是奴隸。[75]巴西來的船隊大規模參與走私菸草：來自新大陸的非法菸草出口量，據估是合法出口的兩到三倍。[76]十七、十八兩個世紀，極南方布宜諾斯艾利斯附近的港口，已經是進口商品進入殖民地的大型走私集散地。[77]直到今天，黃金仍大規模由哥倫比亞及秘魯走私出來。二〇一七年，一宗聯邦案件讓一個秘魯走私販遭定罪，他運送打劫來的黃金到美國，價值數億美元。[78]巴西現今是非法「白菸」（white cigarettes）的重大出口點；白菸指的是在生產端完全合法（本案例在巴拉圭），但存心想走私出去。

以參與非法商業表達政治異議，在十九世紀大為成長，原因是亞洲對殖民統治的憎恨也滋長了。[79]公民賣力奪走國家必要的稅收，把規避法令當成反對殖民統治者權威的手段。個別人等進口軍事相關設備，此時透過走私來反對國家權力，變得愈發露骨。但是，就算沒進口軍用、發動戰爭的東西，走私也減少國家的稅收，故此也有助於更大的政治目標。

法國大革命之前，走私規模很大，全法國都有許多人參與，他們抗拒威權君主壓榨人民的課稅。[80]然而，這種走私遭到殘酷鎮壓，一七三〇到一七八九年間，估計有三萬名走私販被帶上法國法院，量刑嚴峻。[81]所以，君主對貿易的經濟控制，變成法國威權力量的首要象徵。的確，有位歷史學者主張法國大革命不是始於衝進巴士底監獄釋放政治犯，而是「更早之前兩天，巴黎海關大門遭焚毀」，說法令人信服。[82]

伴隨非法勾當的國家與民間暴力

伴隨非法勾當的暴力行為，民間跟國家都會動用，也不算新鮮事。不法之徒在海上陸上動武遂行自己的非法營生。[83]然而在這段期間，國家對付人民犯法的暴力等級，較少人知道。

有位歷史學者把法國大革命之前隨非法菸草貿易而生的暴力，描述為今日墨西哥毒梟的歷史先例。跟今天稱頌毒梟的歌曲一樣，當時在法國有人為曼德蘭（Louis Mandrin）寫歌，他違犯國王的菸草生意壟斷權。當走私侵犯到君王的特權時，追捕走私販子，就像今天對付毒梟。有些人對今天菲律賓總統杜特蒂（Rodrigo Duterte）大舉殺戮毒品販子感到驚駭，他們真該看看法國國王對另一種上癮物質：菸草，擁有專賣權時期的歷史。舉個例子，看看一七三三到一七七一年間，單是法國東南部一個司法轄區祭出約九百項判決，就可知道國家回擊之嚴峻，「一百六十二名男子，粗估為判決件數的五分之一，被判處死刑，其中六十五人車裂而死，另九十七人絞死。」[84]

與非法勾當相應而生的暴力，不光發生在西方。十六世紀中葉，中、日之間以及中國與東南亞之間，發展出可觀的非法貿易。亞洲商人及葡萄牙人涉足這些暴戾橫生的貿易樞紐，中國朝廷暴力及非法貿易都想節制，於是派出「欽差大人」來約束走私。[85]三百年後的中國朝廷以相似的方式來伸張權威，對付鴉片勾當，這個主題將在下一章討論。

移民的散居地

隨重商主義時代出現的現象，是愈來愈多人為促進商業而移民。這種搬家堪稱不易，遷徙之後，他們在新地點變成少數族裔，而且早已定居的社區經常不歡迎他們。[86]

如今大家很留心移民的散居地扮演現代非法貿易的角色。[87]象牙的運輸，將可追溯到殖民時代的非洲巴基斯坦移民社區，與在印度次大陸和更遠的東南亞地區貿易網絡的連結。[88]非洲人設置在歐洲的經商社區，促進兩地區之間的人口販運及人蛇偷渡。[89]但外籍商賈區一點也不新鮮，自古就有；當時商人在中東地區搬遷，販售他們的貨物。[90]

移民的散居地無論在非法或合法貿易上的跨國連結，在十八、十九世紀成長更可觀，這是人口流動伴隨殖民主義及國際貿易增加的結果。[91]很多屯墾民對自身利益的重視遠高於殖民主。在十七世紀，猶太商人便使用「遠親網絡，範圍廣及荷蘭共和國、英國及英屬加勒比地區」，定居英國殖民地的荷蘭屯墾民動用他們在尼德蘭的接洽人，藏匿自己貨物的最終目的地，繞來彎去，避免繳稅。[92]這樣不實的交易申報，在過去是非法交易的關鍵元素，今天亦然。

紡織品貿易：歷史個案研究

紡織品是最有油水的貿易商品之一，由歷史來審視其非法商業，可以說明本章當中討論的許多概念。西元六世紀，僧侶在拜占庭皇帝查士丁尼（Justinian）指使下偷竊中國蠶蛹的傳奇故事，預示了現代對智慧財產的偷竊。接下來歐洲人培養蠶蟲，打破中國壟斷蠶絲，削弱中亞及中國的經濟力量。[93]進一步削弱這種貿易的，是匪幫攻擊商隊，劫走沿亞洲絲路走的珍貴絲綢。

非法商人也想打破與紡織品貿易相關的壟斷。新大陸之發現，導致很多珍貴商品由殖民地出口到歐洲。黃金流入西班牙及葡萄牙，還有很多食物，今天成為歐洲膳食的主食。但這段期間最珍貴的的出口品，你可能聽都沒聽過，那便是胭脂蟲紅。胭脂蟲紅是種染料，取自活在仙人掌的昆蟲而製成，產出鮮豔飽滿的紅色。[94]胭脂蟲紅一五二〇年送到西班牙後，往東、西方流動。在墨西哥發現它的六十年間，胭脂蟲紅便成為中亞傳奇地毯的染料，那些產品經常冠上「布哈拉地毯」（Bukharan rug）的名稱。[95]

十六世紀末，英國人派了幾十支突擊隊到加勒比地區尋找胭脂蟲紅。[96]前文提及的德瑞克便是位製布業者的兒子；他襲擊船隻不僅為了黃金，還想找那種需求極廣又珍貴的布匹染料，而胭脂蟲紅只存在新大陸。西班牙人把持著胭脂蟲紅的專賣，限制其出口。[97]雖說有德瑞克等人的盜劫行動，胭脂蟲紅依然遭西班牙人壟斷控制達二百五十年，要到仙人掌及昆蟲在十八世紀末被偷運到海地才告終止。[98]對打破國家壟斷而言，走私真是珍貴的工具。

十四世紀末、十五世紀初，英國工廠老闆用假貨跟支配紡織品生產的威尼斯人競爭。據研究地中海世界的大學者布勞岱爾說，一五七〇年以後，北方船隻及商人把大批假貨送到地中海，南方紡織品很精美，但仿製品也很巧妙，數量大到泛濫市場，甚至還蓋上眾所推崇的威尼斯印章，以便使用如此的「商標」，在威尼斯一般市場銷售。[99]這種說法，讀來真像現代的義大利報導，來自中國的贗品流入該國，造成重大經濟損失，還讓義大利品牌聲譽受損。[100]厚顏無恥地把這些精緻仿製品標誌為「威尼斯製」，預示著很多現代贗品生產者的肆無忌憚，存心讓自己生產的商品產地標記不實。大約五百年前，義大利早已面臨自己優良紡織品的傳統受到贗品的挑戰，引發嚴重的政、經惡果。義大利的經驗說明本章兩大主題，即仿製行為的成長，以及走私對各國政治福祉有多重大。[101]

一五〇〇年到一八〇〇年間，棉布、布匹、刺繡材料及染料的不法交易一直以驚人規模進行，影響深遠。英國人成功地挑戰了威尼斯人，但接下來自己也碰到進口品的問題。維多利亞與亞伯特美術館（Victoria and Albert Museum）位在倫敦，展覽畫作，聲譽卓著。二〇一七年九月，我前往該館欣賞南亞藝術展。當時館內展出各色漂亮的印花棉布（chintz，精心彩印的織品，由印度進口），十七、十八世紀用在製作時尚服飾及居家用品之上。[102]展覽宣傳上明言，這些紡織品被大舉走私進英國，以滿足消費者需求。

法國也碰到來自東方的紡織品挑戰。在這個全球貿易遠為容易的新時代，薄棉印花布（calico，產自印度、昂貴奢侈的印花棉布，用於服飾及居家裝潢）在法國懂得時尚的人心目當中風靡一時。結果便是要求大筆歲入來維持其宮廷的法國王室，對老百姓追求的絕大多數商品都課徵重稅，這種受喜愛的紡織品自不例外。對薄棉印花布設限，有部分動機是想保護當地產業。自一六八三年推行並持續了七十三年，法國對印花棉織品的進口禁令並不成功，需求量這麼高，國內又充斥著願冒重刑之險走私薄棉印花布的人。[103]十八世紀的法國，被政府官員處決或射殺的薄棉印花布走私者，達一萬六千人之譜！[104]新一波著眼於非法勾當的優秀歷史學者之一的卡瓦斯（Michael Kwass）寫到這段時期的法國，談及兩種受限重重的商品，即菸草及薄棉印花布的販售，「衍生鎮壓及抗暴的惡性循環，撕破公共秩序，邊疆省分動盪不穩，再結合其他種集體行動，在法國大革命之前，便大大搖撼了君主制度。」[105]

走私貨進出北美殖民地根本是家常便飯。蠶絲及其他奢侈品由歐洲直接進入北美殖民地，違反英國王室的要求，也就是殖民地一切加工品要由英國進口。[106]

本章析論到一八〇〇年為止，但接下來一百年間，可看見走私紡織品原料持續不斷，該行業具有戰略重要性。安德里亞斯的《走私者國度》開闢一整章，講「血腥棉布及封鎖下的走私販」，內容是美國內戰期間北方想封鎖南方港口，以阻止棉花出口。棉花對英國紡織業是重要商品，也是南方邦聯（Confederacy）重大的收入來源，邦聯還指望棉花「擔當政治經濟武器」。[107]十九世紀棉花的走私讓戰爭得以持續，一如毒品、武器、石油及古董充當今日戰爭的資金重大來源。[108]

由過去拉開序幕，時至今日，販運人口的非法勾當，都還在紡織品生產的各個階段中持續著。紡織業勞力供應鏈的每個環節，都需要販運而來的勞工，始於來自烏茲別克之類國家的童工採摘棉花，到成衣生產的縫紉、組裝、熨燙等必要過程所需的人手。[109]這個問題是全球性質的：從美國到歐洲熱點如義大利，到印度次大陸（尤其是孟加拉），到約旦的自由貿易區，到中國及南亞，都是如此。[110]人口販運在生產贗品的地點更為猖獗，那些地方對供應鏈的控制更為薄弱。非法勾當總是相伴而生。

結論

非法貿易史，同時也是國家及統治者興起、想規範商業的歷史。過往一如現在，貿易的本質及其法規，都是最教人在意的事，原因在於經濟體仰賴商業來發財，而統治者及政府由徵收貨物進出口稅取得歲入。所以，盜竊、仿冒及走私商品，對國家都造成傷害，做這些事的人，都受到嚴刑處罰。我們對歷史的研究顯示，從漢摩拉比的時代到十八世紀結束，都以死刑懲治從事非法貿易的人，而一如今日，法外私自殺人是司空見慣的事。

啟蒙思想及道德哲學興起，貿易變成令人關切的課題。著名的蘇格蘭經濟學家兼道德哲學家亞當．斯密（Adam Smith）十八世紀出生在海關官員家中，他處理了以下問題：要建立壟斷，規範貿易，國家的權利是什麼？即便斯密出身英國「法治」傳統，不贊同走私販子違反他們國家的法律，但他強調非法商業裡，有罪的是國家，而非公民。斯密寫道：「假如國家法律沒有將其定為一種本不應該如此的罪行，那麼走私販本來各方面都會是優秀公民。」英國法律遵循這種觀點，對販運非法商品被逮捕的人，只處民事而非刑事處罰。[111]但是，我們由本章的歷史分析得知，這段時期的法國君主觀點極不相同，並不把走私者看成優秀公民。法國的法規讓走私者變成罪人。

兩派觀點之間的緊張關係今天仍然存在。非法貿易及其從業人員受到處罰，純因某種國家政策已然建立，還是因為牽涉到更重大的課題？國家是否該投入大量資源在抓捕，非法勾當中影響嚴重的這些人，並處以重刑呢？

現代非法貿易及走私，與這段歷史所知的，型態已大不相同。現代最普遍的是毒品、人口、野生動物及天然資源。今天的非法勾當已能削減生命的存續能力，以及關係到地球能不能再住下去。我們目前面臨的挑戰，真那麼嚴重到必須更改我們談論貿易時的道德哲學基礎嗎？現今全球貿易與其法規之間強烈的緊張局勢，這一點意味著，我們形成過去幾百年知識框架的重要元素，正遭逢新現實的挑戰。

第二章

現代非法勾當的形成：由一八〇〇年到冷戰結束

現代非法勾當的起始很近，只由美、法革命算起。在革命時代以前那一百年間，非法生意經常幫忙反抗獨裁統治者的一方。非法勾當的政治角色在革命時代結束後兩百年間仍舊持續，原因在殖民戰爭加劇、兩次世界大戰開打，而共產革命又影響到很多地區。

倒是非法商品在一八〇〇年以後改變了。有位鑽研違禁品的學者說過，人們在不同時期走私不同產品。[1] 十八世紀啟蒙思想影響所及，不僅是人們對統治的態度，還影響了人性。若是沒有某些啟蒙及宗教思想家的著述，奴隸貿易很可能還是一種重要的正當商業。非法的人口交易雖遭禁止但仍持續到今日，只是目前稱為人口販運（human trafficking）的這一行，影響到的世上人口比例，遠比過去幾千幾百年要小得多。毒品要到十九世紀中葉才變成重要的違法商品，當時，這種非法麻藥導致兩次鴉片戰爭在中國開打。跟現代非法勾當連結的關鍵商品，即毒品與人口，變成違禁商業的重大成分，僅僅是最近兩百年的事。

這段時期為當代非法商業打好地基，目前在網路世界最為興旺。若非過去兩百年間，科學及科技非凡的成長——引領一切的，是啟蒙思想家強調科學理性——全球社會不會面臨商業這麼激烈的變革，不管黑道白道生意，都轉向虛擬市集。[2]這段科技進展、科學發展的偉大時代，包含工業革命、達爾文對物種演化的研究、二十世紀初物理學發生偉大革命，接著電腦運算及通訊科技的發明，將當代生活改形換貌。由於科學及科技的這種革新，湧現不少新法規，保護很多種類的生意，但也大大膨脹交易變成非法的產品數目；智慧財產及古物取得保護了透過法律架構，保護陸地、空域、水域以及住在地球上的物種；也出現反對傳統武器、大規模毀滅式武器以保護世界的架構——這些措施都獲採用了。這些發展肇因於有必要延續生命及這個星球，同時還促進創新。

這兩百多年間，非法貿易的中心移動來去。這頁歷史篇章伊始，英國作為海上大國的角色，以及海軍軍力的優越，讓他成為跨越全球合法、非法商業的關鍵仲裁者。隨著美國經濟力量成長，他變成愈來愈重要的勢力，不管黑道、白道生意都一樣。這個時代結束的時候，非法勾當的地理焦點再次轉移，當時亞洲國家，尤其是中國，變成世上合法、非法產品的主要出口國。亞洲國家因貿易致富，目前則是提供重要市場，供各式各樣非法商品販售。

十九世紀大局觀

十九世紀，歐洲殖民力量支配了大片的全球土地，助長非法商業的擴散，被殖民的人群則把抵抗建制貿易，視為一種反外來統治的抗議。殖民宗主國煞費苦心分割、征服其遼闊領土，讓非法勾當的成長更加猖狂。探險及發現這兩種工具，讓歐洲國家得以測繪他們的領土。殖民宗主國為方便統治設定的人為疆界，經常割裂社區，只有利於統治者，而非被統治的人民。一戰結束時，殖民列強在印度、非洲以及前鄂圖曼帝國的軍事行動當中，這一點肯定很明顯。當地居民傳統的貿易道路被這種疆界割斷，殖民對此毫無尊重之意。[3]這些邊界是殖民主義的遺緒，在今天的東南亞、印度次大陸、東非、拉丁美洲和加勒比，依然是重要的非法貿易地帶。十九世紀建立的非法貿易路線，現在則被用來搬運貴金屬、毒品、違禁品及人口。[4]

上癮類製品，比如在中國用鴉片，在非洲用酒精，而在加勒比如香菸，讓歐洲各殖民帝國取得當地產出的資源，足以建立殖民時代的政權。上癮物質的交易，不僅促進殖民統治者的宰制，還把貿易由傳統商品，轉移到有害人類生命的產品。[5]

歐洲列強並非唯一的殖民主子。式微中的鄂圖曼帝國掌管遼闊的領土，由北非延伸到伊拉克。該帝國歷史的最後幾十年，隨著中央官僚系統對邊陲領土失去控制，自古至今都有的走私問題，變得愈發突出。[6]這段期間的不法商業，替現今同樣的問題打好地基，即走私穿越地中海，以及中東與歐洲之間。巴爾幹國家原為鄂圖曼帝國領土，目前則用來把毒品、武器及人口，由土耳其走私到歐洲。[7]巴黎有次發生恐怖攻擊，據說槍枝就是由巴爾幹夾帶進去的。[8]鄂圖曼時代，由北非到歐洲南部地中海岸的商路，已重獲啟用，而運輸毒品、人口及香菸。

鄂圖曼帝國式微的那幾百年間，歐洲列強取走埃及與希臘的古物，他們盜取這些國家的遺產，預示今天的文化財產非法交易。拿破崙征服埃及之後，捲走大量古文物，今天塞滿在巴黎羅浮宮的展覽廳、儲藏室裡。十九世紀初，埃爾金爵爺（Lord Elgin）賄賂鄂圖曼派在雅典的統治者，以便把偉大的帶狀大理石雕由帕德嫩神殿取走，轉送到英國去，今天石雕展示在大英博物館裡，以「埃爾金石雕」（Elgin Marbles）聞名。《時代》（Time）雜誌把他列在十大「不當取得貨品」榜。但當時把石雕由希臘取走不算非法。[9]要到一九七〇年，聯合國教科文組織的《禁止及預防非法進口、出口及轉移文化財產所有權公約》（Convention on the Means of Prohibiting and Preventing the Illicit Imports, Exports and Transfer of Ownership of Cultural Property）獲得採納，古物的非法交易才首度遭禁。[10]

尋寶獵人重新在中東尋找埋藏起來的雕像、錢幣、指環、徽章之流，目前各地滿目瘡痍。那些東西可以走私給古董交易商、在網路或透過拍賣公司銷售。而執法力量不足以相挺教科文組織該條公約，對阻擋打劫文物，不讓腐敗官員、犯罪及恐怖網絡取得資金，實在無能為力。[11]

歐洲對殖民領地的宰制，不光在文化財，還有野生動物。歐洲的行政官員，把非洲社區的打獵列為犯罪，但當地人打獵主要為了生存。他們罰款、監禁，甚至射殺某些非洲獵人，但同一時間卻保護「歐洲運動獵人」的權利。為何某些非洲社區一直進行非法打獵，原因之一在此，他們抗拒政府或私人地主想保護野生動物的方式。[12]今天他們重獲自己傳統土地的控制權，便輪到自己來剝削土地了。

人口交易不再合法：重大變革

誠如我們在埃及法老王墓的畫作及雕塑上看到奴隸的描繪，《漢摩拉比法典》談到奴隸制，還有古巴比倫（西元前五〇〇年）用楔形文字寫的販奴合約留存迄今，奴隸制可上溯到幾千年前。這種非法勾當的本質，在一八〇七年發生深遠變化，當時，英國自人類有史以來，首度推動全球應致力於禁止奴隸貿易。

啟蒙思想，以及法國大革命「自由、平等、博愛」的理想，對歐洲人思維產生巨大影響，導致在十九世紀終止奴隸制，他不再是合法生意。英國十九世紀初將奴隸貿易列為非法，他揚棄了亞里斯多德的「奴隸制乃自然」的觀念，甚至英國自己偉大的啟蒙思想家洛克（John Locke）的想法也一樣；洛克替奴隸制長久存在找藉口。[13] 接著英國以高昂國家開銷動用優越的海軍戰力，強迫其他國家跟進效尤。[14]

這段時期以前，奴隸貿易在很多地區都屬合法，經常獲得國家批准。此外，奴隸制廣獲接納，很多人可以接受，以至於奴隸販子經常還是由王室取得執照來營運。[15] 奴隸由各色來源取得——購買自非洲、戰爭時俘獲、海盜捕獲船隻時將船員當成奴隸賣掉。人類是在世上很多地區買賣的高價商品，運送到南美、北美及中東。[16]

歐洲啟蒙思想，改變了對奴隸制的理解。到了一七八〇年，在英國裡，奴隸制經常被「有系統地貶抑為反理性、自由、自然律、道德，最重要的可能是牴觸基督教的信仰及國家榮譽」。[17] 富影響力的宗教領袖、衛理公會的奠基者衛斯理宣稱，每個奴隸持有人、奴隸販子、商販及投資於奴隸財的人，都沾染上罪惡。[18] 廢奴並非透過奴隸叛變而達成，而是不受奴役的群眾史上首度動員來鏟除奴隸制。[19] 這場運動的關鍵，是貴族威伯福斯（William Wilberforce），他繼改信之後，以通過廢奴法為畢生職志。偉大經濟學家亞當·斯密審視歷史長河，認為奴隸制是不可能廢除的。然而斯密對奴隸制的前途看走眼了，因為他高估經濟力的影響，而低估宗教、哲學思想對人類行為的改變。當初英國的宗教信仰，就廢除奴隸貿易而言，與今日在美國，以宗教為基礎的運動，奮力與現代新型奴役搏鬥，兩者是一樣的。

英國廢奴產生的衝擊，遠超這座島國的邊界。當時英國不僅是殖民強權，帝國土地廣及全球，更因為他主宰海權，能影響很多國家。[20]所以在一八〇七年，美國部分也是反映英國壓力，通過聯邦法律，禁止美國人參與非洲奴隸貿易。[21]美國奴隸販子由交易人口賺進大筆金錢，沒多少人熱中於遵守那條法律。所以，雖說通過了反奴隸法，美國依然「既是非洲奴隸的非法進口市場，又帶頭到外國港口販賣奴隸。」[22]西班牙及葡萄牙的船舶，受迫於想對伊比利半島船隻找碴的英國海軍壓力而龜縮，美國船隻則繼續販賣奴隸。[23]紐約法院的法官，讓處決奴隸販子變成不可能的事，儘管聯邦法律明定，犯此罪要判死刑，但只有一名奴隸販子遭到處決。有個出身羅德島的退休奴隸販子還晉身國會議員，意味參與這個非法勾當，社會並不引以為惡。[24]

英國財政及外交施壓是不退讓的，以確保一八一四到一八一五年舉行的維也納會議（Congress of Vienna）上，包括荷蘭、瑞典、葡萄牙及西班牙在內的幾個國家都採取反對販賣奴隸的措施。[25]但這些明令禁止經常跟美國狀況一樣，象徵意義大於實質。

為鎮壓全球販奴生意，一八〇七年之後，英國動用其龐大的海軍資源，每年斥資國家收入的百分之一點八來遏制這種貿易，長達六十年。[26]現代已開發國家提供的開發援助款，據經合組織估計占全國收入的百分之零點三二。[27]十九世紀英國為廢奴的開銷，接近現代國防開支（二〇一三年為百分之二點三），比起援外開發高得多。[28]

一八四五年，有位英國海軍艦長奉令到西非洲海岸，阻止奴隸貿易，他寫到執行廢奴政策有多困難：

我們來了，來到大千世界最悲慘的一個駐紮地……試著做不可能的事……就是鎮壓奴隸勾當。我們認為這裡的事件完全是場騙局……在本地僅值幾元的區區一個奴隸，到了美國可賣到八十鎊或一百鎊，人會用盡各種手段，來規避最嚴格的封鎖。[29]

這位艦長的感想、評論，今天很多在美墨邊境、想擋下毒品及偷渡客的執法人員，或者想擋下移民潮進入歐洲南部的歐洲官員，一定心有戚戚焉。當時一如今日，不成比例的利潤，提供巨大誘因，讓人口交易持續下去。

英國投注全部海軍及資金在減少奴隸交易的成果上差強人意。英國廢奴以後，非洲還是賣出三百萬名奴隸，據估三分之二走非法路線。一八〇七年以後六十年間，有七千七百五十艘販奴船遭擄獲，其中八成五是英國下令的結果。為了不在西非遭查獲，「當地奴隸販子不得不把他們的奴隸保管在遠離海岸的地方，等候消息告知某地可私下做交易，或者希望監視他們的英軍船艦能升錨離開。」[30]

英國煞費苦心想鎮壓奴隸貿易，始於大西洋，焦點在非洲的西海岸。但他的鎮壓行動，後來擴大到阿拉伯海及印度洋，接著到紅海。[31]大不列顛在西非廢止奴隸交易，讓該地區的重大出口品變成違法，那時當地與歐洲的貿易，有九成是奴隸。[32]禁止奴隸交易，對西非菁英階級的經濟打擊嚴峻，「西方的歐洲慈善家費盡唇舌，說服非洲人別再做奴隸貿易，改去做別行生意。」他們提議做別的貿易商品如鹽、靛青、稻米、咖啡及棕櫚油。但這些項目的利潤與販奴生意的營收相比，真是微不足道。[33]慈善家的提議以二十世紀的概念比擬，就是用作物生產來取代現在的毒品生產。

一八二二年，英國展開行動，查禁阿拉伯海的販奴行為，與馬斯喀特與尚吉巴（Muscat and ZanZibar）蘇丹磋商，持續幾十年打擊東非的販奴行為。然而，一位該地區的歷史學者仔細看過交易紀錄後，結論說這種行動不過是裝裝門面，原因在販奴勾當以兩個方向持續進行。童工奴隸由印度海德拉巴德（Hyderabad）出口到坦尚尼亞，還理直氣壯認為這對孩子們的福利有益。「即便一八七三年簽訂廢奴條約之後，奴隸仍以可觀規模由東非往東販運達二十五年。」[34]

今天尚吉巴島上仍有一座紀念碑，悼念奴隸貿易的被害人。當年奴隸被看管在地下洞穴裡，成交後再運往非洲其他地方及阿拉伯半島。遺址入口有牌子寫道：「奴隸在惡劣的條件下遭看管，很多死於窒息及飢餓，數量怵目驚心。」[35]

尚吉巴奴隸貿易能持續下去，其關鍵如很多地方一樣，便是貪婪及利潤，兩者壓倒所有法律及公約。英國人雖然對廢奴誇誇其談，在坦尚尼亞及印度卻未能執行其廢奴法，原因在他們想減少負責維持統治當地的菁英不滿，而當地菁英受益於奴隸貿易。[36]共謀及維持秩序這兩種主要論調一再出現且持之久遠，我們將在本書論及的各種非法勾當中看到。

為進一步限制非洲奴隸貿易，整個十九世紀都在努力推動更多法律。到了一八三九年，英國已經跟幾乎所有海權國家簽署雙邊協定，允許彼此在大海上，只要懷疑船隻在運輸奴隸，彼此都可搜查及抄沒。另與非洲國家磋商條約，禁止販奴勾當。[37]一八六二年，英美兩國之間簽訂條約，同意鎮壓非洲奴隸貿易。[38]後來，比利時王利奧波德（King Leopold）殖民剛果，殘酷奴役當地人激起眾怒，為資回應，一八九〇年在布魯塞爾召開國際反奴隸制大會。很不幸，那次大會焦點放在奴隸制存在久遠，而非奴隸交易，另外在改變對剛果人民遭剝削及大舉殺戮，幾乎沒有作為。[39]

跨大西洋奴隸貿易，並非十九世紀唯一的販賣人口活動。來自中國的非技術工「苦力」，其交易的根本是欺騙及強迫。雖說苦力嚴格來講不算被奴役，但由華南出口到美國等美洲地點的苦力，受害於極端的勞動剝削。[40]

毒品貿易的崛起──「行商逐利一切合理」

拉丁美洲及亞洲的傳統文化裡，麻醉藥品使用達千百年之久。直到十九世紀中葉，毒品還不是非法商業的可觀元素，只是當時中國方面臨國人濫吸鴉片，而禁止該毒品進口，引發與大英帝國的戰爭。

英國人對鴉片生意的態度與對奴隸交易迥異。相形鎮壓奴隸貿易這項代價高昂政策係由宗教情懷強烈、基於英國廢奴運動所推動，跟中國做鴉片貿易，則是獲得提倡，能增進英國財政利益的。賣鴉片的非法勾當變成重要的「發動機」，為十九世紀的英國王室產出歲入，原因在英國最重要殖民地的印度，其關鍵出口品便是鴉片。英國想擴大鴉片市場，以抵消殖民印度高昂的行政成本。鴉片販子藉由這種生意賺得肥滋滋，足可證明合法生意與國家批准的犯罪活動兩者之間的密切關係。[41]

葛旭（Amitav Ghosh）打頭陣的小說三部曲，把這種國家贊助的鴉片生意寫得栩栩如生。第一部《罌粟海》（Sea of Poppies）專寫那個時代，英國人用他們強大的海軍艦隊來搬運毒品。接下來兩冊著重英國人努力想保有權利，把印度所產鴉片賣到中國而打的兩次戰役。[42]鴉片由罌粟提煉，在十九世紀，罌粟這種植物的關鍵來源在恆河河岸，而非阿富汗田野。[43]巴基斯坦喀拉蚩市當時還是英屬印度一部分，是毒品走私的中心，今天依然保有此項聲譽。[44]

這種不法毒品貿易的根源有四：一、清廷禁煙；二、中國官員腐敗；三、中國國力衰弱；四、世界強權的英國對此有政治、經濟利益。[45]當時一如現在，毒品生意遠不只是犯罪活動。大規模暴力伴隨著這種貿易，而高昂的利益同時鼓勵其查禁與擴大。

一六四四到一九一一／一二年間，中國清朝統治者注意到吸食鴉片的惡劣影響，一八三九年把鴉片進口列為非法，派欽差大臣林則徐前往終結這種貿易。對英國人來說，印度生產的鴉片可以換得市場行情高的中國商品。[46]禁煙之後，英國人靠賄賂中方官員，把鴉片裝箱走私進中國。白銀走私出中國，幫忙購買鴉片，此時中國的財政儲備為之枯竭。[47]這種非法勾當預示著現代毒品生意與非法金流掛鉤。大規模毒品走私從一開始，就與貪腐及其他非法勾當為伍。

一八三九年，欽差林則徐把大量鴉片倒入虎門海中，以示抗議英方的貿易活動，引發的戰爭讓人回想到一七七三年，美國革命志士把茶葉倒入波士頓港。[48]二十世紀美國「向毒品宣戰」，其先例為十九世紀的兩次鴉片戰爭，第一次由英國人在一八四〇年發動，一八五六年又打了第二次。[49]

一八四〇年，後來四次擔任英國首相的格萊斯頓（William Gladstone）還是年輕人，他譴責第一次鴉片戰爭為「不公正兼大錯特錯」，多年後，第二次鴉片戰爭展開，他依然持反對意見。[50]偉大的中國史學家費正清（John King Fairbank）描述鴉片貿易的特點為：進入現代，維持最久、最有系統的國際犯罪。[51]費正清有先見之明，但他沒能活得夠久，瞧見更近、現代，毒品生意在拉丁美洲、北美洲、非洲、阿富汗及巴基斯坦等地有多明目張膽。

一八五六到一八六〇年的第二次鴉片戰爭，美國人與法國人加入英國陣營，一起攻打中國人，強迫讓鴉片貿易合法化，在中國開放口岸。[52]參與鴉片貿易的一位美國要角叫德拉諾（Warren Delano），他是小羅斯福總統（Franklin D. Roosevelt）的外祖父，在波士頓「羅素公司」（Russell and Company）擔任高級合夥人，他認為「行商逐利一切合理」。[53]德拉諾做非法勾當，絲毫不影響他女兒以初涉世名媛的身分打進上流社會，後來嫁入顯赫的羅斯福家。[54]

今天中國人的意識仍受兩次鴉片戰爭的影響。二〇一五年六月我前往中國一遊，人家帶我去中國瀕臨太平洋岸的臺州「警察博物館」，當地在杭州市以南車程數小時處。眾多有關犯罪預防的展覽品當中，有個發展完好的歷史部門，焦點放在英國毒品走私對中國造成的重大傷害。兩次鴉片戰爭在展覽中，被視為中華國族的虛弱時期，而指揮清朝水師與英國人作戰的提督則被描繪成大英雄。給現代中國人的教訓很明顯——毒品危害的不只是個人生命，還有政治安全及國家穩定。這門教訓，其他很多國家到近幾十年才學到。

中國的鴉片貿易史，以及幕後的龐大勢力，預示著現代毒品勾當的很多面向。撇開其利潤及暴力，毒品勾當在當時一如現在，都有貪腐相伴。清廷統治力本就日益衰弱，官吏腐敗更令其雪上加霜。此外，鴉片貿易也不是獨立現象。第二次鴉片戰爭期間，由北京紫禁城擄掠來的東西，大大增加西方收藏的偉大藝術寶藏，而中國官方則極欲取回。[55]

大英帝國等其他殖民列強在十九世紀，都提供毒品給政治和經濟較弱的國家。毒品貿易可控制人群這種政治功效，或可解釋為何國際對毒品的反應那麼晚才出現。唯有到一九〇九年、兩次鴉片戰爭結束幾十年後，第一次針對鴉片毒品貿易的國際會議：上海「萬國禁煙會」（Shanghai Opium Commission），才告召開。一九一二年在海牙會議通過的《國際鴉片公約》(International Opium Convention) 規定，簽約國各造不得出口生鴉片或加工鴉片。這份公約締結的禁令，終結掉很多國家的一大歲入來源，也讓大多數把毒品行銷當做國家政策工具的行為就此結束。一九二五年《國際鴉片公約》發展出進一步機制。唯有到一九六一年，國際社會才發展出公約，控制鴉片以外的其他麻藥。[56]

歷史上，都是強國把毒品行銷到他們宰制的殖民地。相形之下，今天大多數麻藥由開發中國家生產，大舉行銷到已開發世界最富庶的國家。[57]

科技創新

現代非法商業中產出營收最多的兩種，一是產銷贗品，二是智慧財產的非法銷售，他們隨著工業革命，才崛起為主要的非法勾當。

隨著十九世紀下半葉製造業、運輸及武器的創新加速，發明家及他們的公司都急著保護他們可以賣的新產品不被偷竊，以及隨後不受商業剝削。他們害怕失去自己的智財權，當然理直氣壯：珍貴的發明經常被偷，商人靠著複製及販售他們非法取得的貨色大發利市。安德里亞斯在《走私者國度》便指出，美國非法取得重大發明（經常由英國，比如軋棉機），而他們對美國新經濟的成長至為關鍵，一如查士丁尼治下，拜占庭帝國於六世紀偷盜蠶蟲，對經濟有可觀助益。[58]

十九世紀末期，休閒旅遊增加，數百萬人參加在英、法等其他工業中心舉辦的世界博覽會，會中展示製造業、科學及科技的進展。然而，參展人這麼多，這些博覽會也提供很多大好機會，供複製發明品所用，導致發明家及生產者可觀的財務損失。國家財政利益，最終壓倒各國吸引外國旅客的欲望。結果導致多國政府不想展示最近的創新，拒絕參加維也納預計在一八七三年舉辦的國際展。為確保有人參與、吸引展覽方，須發展出新的法律框架保護創新人士。

「奧地利特別法保障一切參展外國人及其發明品、商標及工業設計，於期間得到保護。」這種暫時措施，獲立法起草跟進，而登峰造極於一八八三年，當時由十一國簽署《保護工業產權巴黎公約》（Paris Convention for the Protection of Industrial Property）。雖說很多國家目前是制定於一九六七年的跟進法律簽署國，但巴黎公約很多條款流傳逾一個世紀。[59] 一八八六年，一個附約在伯恩（Berne）獲得通過，提供保護給文學及藝術作品。這是最早攸關版權的法律協議，迄今仍然重要。[60]

十九世紀時知識產權遭竊取後，小偷還生產及販售他人心血的問題，預示著今天發明家及設計者面臨的挑戰；今天，更多產品能夠透過網路和駭客入侵電腦系統取得。為此很多博士生想為自己研發出來的發明品尋求專利，在攻讀博士期間，都拒絕把論文放到線上。[61] 駭客偷的不只是現有發明品及科技，還有尚未面世之創新產品的計畫。這項挑戰在虛擬世界未興起以前，大家想都沒想過。[62]

十九世紀的科技進展也對地球上的生命產生重大影響。船隻變得更快速，武器科技更為先進，危及鳥類及哺乳類生命。十九世紀末期，每年捕殺逾五百萬隻彩色鳥兒，只為用鳥羽來裝飾仕女帽。第一個大眾野生動物保護運動、美國的奧杜邦學會（Audubon Society）便是因應這種大規模殺戮而發展出的。世人意識物種多樣化的價值並廣為傳布，促使第一條環境保護法在二十世紀初立法成功。[63]但到那時，某些如旅鴿（passenger pigeon）之類在北美曾四處可見的物種，已經被逼到絕種了。[64]

十九世紀最有錢賺的產業便是捕鯨業，因作家梅爾維爾（Herman Melville）的著作《白鯨記》而名垂不朽。隨著船造得更好，捕鯨人很快就把各大洋的鯨魚捕到幾乎消失，導致這個一度很賺錢的行業崩潰。[65]大眾對此的反應和殺戮鳥兒來裝飾女帽不同，十九世紀鯨類的消失並未改變環境意識。要到一九四六年才簽訂《國際捕鯨管制公約》（International Convention for the Regulation of Whaling），這是二十世紀較廣泛的環境保護行動之一。[66]

軍火

十九世紀中葉，另一種重要又持久的非法交易崛起，它與科技成長及工業革命有關。新的生產方法增加軍火的產量及購買力，推動軍火交易成長。在整個十九世紀的發展過程中，軍火數量增多，價格又降低，愈來愈容易上手，讓國家想維持管制武器變得愈發困難，而且軍火的合法交易，還有非法商業的成長相伴左右。

打從一八五〇年代起，很多不同宗教、族裔及地理背景的個人參與祕密軍火交易。誠如一位歷史學者描述：「小型軍火的非法走私，催生出製造廠、商人、走私販、反抗軍及革命人士的網絡，跨越帝國、國家及宗教疆界。」[67]

有些參與軍火交易的人是當地士紳。德州人同情一九〇〇年代初的墨西哥革命，便用美製軍火幫助武裝革命戰士。[68]有個特別引人入勝的例子發生在德州邊境城鎮，走私販把武器儲放在當地郡立監獄，接下來再把他們往南送過邊界。[69]美製武器目前依然跨越南方邊界，但收貨人乃是販毒組織，而非革命志士。

隨著時間發展，武器生產從歐美擴散，其他致命的網絡也發展出來，[70]很多還撐持到今日。在阿拉伯中東發展出來的非法槍枝交易，導致土匪行搶、更多犯罪以及匪幫，阿拉伯人憎恨的土耳其及波斯統治為之削弱。一九〇〇年初，英國一份調查記錄了這種武器交易，評論說道，這種生意可能產生深遠影響，導致「無法治療的失序」——鑑於今日很多阿拉伯地區及北非的狀態，這種觀察真可謂先見之明。[71]

二十世紀

二十世紀發生的兩次世界大戰、反殖民強權的獨立抗爭、多起區域性政治衝突、大批人死亡、整肅及種族屠殺，凸顯出這個時期格外地暴力。這種暴力伴同巨大的政治變化而生：殖民主義終結、法西斯主義興起導致二戰，還有共產主義變成強大的意識形態及治理體制，但無法供應其公民的消費需求。醫學、科學及科技的偉大進展，延長人類壽限，引領新的全球化時代，而且革新地球居民的通訊；大規模行銷引導的時代裡，全球消費主義散播極廣。

非法生意在二十世紀也變寬了。運輸及通訊的改善，把偏遠地區整合進國際貿易路線，非法生意亦不再是主要見於都市的現象，同時變得較不倚賴海洋及港口。

戰爭與衝突創造出短絀，讓消費者跟戰鬥員一樣，都參與到非法生意裡。黑市及違禁品貿易不僅盛行於戰爭歲月，就算在戰後，只要消費物資無法取得，依然如此。[72]當然，武器的非法交易可以武裝戰鬥員。

獵捕野生動物，以及買賣石油、寶石、礦物及林木，變成世上很多地區資助武裝衝突的中心要務。事實上，資源戰爭已變得更加常見。[73]這問題並不新鮮，但二戰後時期已然升級。[74]相形過去幾百年，二十世紀的非法生意很少與建國綁在一起。

多國實體如國聯以及接下來的聯合國之興起，就鎮壓非法商業扮演重大角色，尤其在婦孺及毒品交易。[75]自一九六一年《麻醉品單一公約》（Single Convention on Narcotic Drugs）開始，聯合國出力打造響應架構，打擊跨國犯罪及非法勾當。[76]以這項公約及隨後的法律框架，對付範圍極廣的跨國非法生意、罪犯及助惡的人。

新型非法勾當

新型非法勾當，是科技進展和各項禁止多種貿易的新法規，兩種力量結合下的產物。新科技造出新商品如輻射物質及有毒廢棄物，還有網路讓新的非法勾當出現更加擴大。國際社會創造出很多新工具，反制非法生意的蔓延，包括許多條約，來對付瀕危物種的交易（《瀕臨絕種野生動植物國際貿易公約》〔Convention on International Trade in Endangered Species of Wild Fauna and Flora, CITES〕）、含氯氟烴物質的交易（《蒙特羅破壞臭氧層物質管制議定書》〔Montreal Protocol on Substances That Deplete the Ozone Layer〕），以及可供大規模毀滅武器組件的交易。[77]在一九八〇年代承認把有毒廢棄物倒在開發中國家，會影響及傷害其健康及環境，接下來也制定很多處置限制。[78]

戰禍及非法交易

世界戰爭、區域衝突及內戰都會導致非法生意。二戰期間，走私及非法貿易如燎原之火。社會各分子都參與了，包括平民百姓，他們那麼做是為了活下去。還有軍方菁英及反抗軍戰士，他們由非法市場購買軍火。最近公布一本二戰時給英軍間諜的手冊，其中便提供該如何走私違禁武器的指南。舉個例子，大型金屬油桶區隔開來，一邊儲油，一邊放武器。漁獲桶也用來當武器的運輸容器。[79]

二戰結束，很多走私及非法貿易也告終，但國際社會還在試著取回二戰被竊走、經常非法交易的珍貴藝術品。二〇一五年電影《名畫的控訴》（Woman in Gold）描述的，便是一個家族長期努力，想追回納粹時代被偷走的一幅克林姆（Gustav Klimt）名畫。取回畫作後，其繼承人以一億三千五百萬美元售出。[80]二〇一六年八月，尋寶人在波蘭進行龐大的挖掘行動，想鎖定一火車他們認定的珍貴物品，他們很肯定，自己能找到二戰期間消失的失竊藝術品及黃金。[81]

二戰以後那幾十年，爆發多起向殖民列強爭取獨立的戰爭。在印度，雖說有些人延續甘地的非暴力抵抗條徑，但其他反對英國統治的人，則是從美國走私武器進來。印度的例子絕非獨一無二。[82]

非洲殖民時代的抗爭及後殖民的衝突，導致犀牛大批喪生，原因是宰殺這些動物換錢，有助於發餉給戰士及購買武器。諷刺的是：實行種族隔離的南非政府據指控，曾動用犀牛角來資助鄰國的軍事鬥爭，一如過渡給曼德拉（Nelson Mandela）的非洲民族議會（African National Congress, ANC）統治之後進行的調查所揭露。一九九四年昆雷班調查委員會（Kumleben

Commission of Inquiry）深入「據指控南非違法象牙犀角交易」一案後，發現可觀證據指出，南非國防軍（South African Defence Force, SADF）可能在一九七〇年代參與殺戮及走私犀牛與其他動物。而且，遲至一九八六年，南非國防軍可能還在資助安哥拉的「爭取安哥拉徹底獨立全國聯盟」（National Union for the Total Independence of Angola, UNITA）。另外，南非防衛軍還資助莫三比克全國抵抗運動（Mozambican National Resistance, RENAMO）與莫三比克解放陣線（Mozambique Liberation Front, FRELIMO）作戰；後者是馬克思派政黨，支持南非民族議會（目前是南非執政黨）。[83]

抵抗外來統治只問結果不問手段，也讓非法活動理直氣壯，走私販及其活動名正言順起來。隨著一九四五到一九六〇年間，亞、非洲有三十幾國脫離歐洲列強而獨立，殖民主義結束。[84]有些國家裡，殖民統治後都過了三代，但殖民時期的走私準則依然健在。

馬克思派反抗軍、爭取自主權的少數族裔還有農民嘩變，繼殖民鬥爭之後興起。這些團體當中，很多靠著非法毒品及軍火買賣來資助自己。好比霍布斯邦 (Eric Hobsbawm) 寫的《原始的叛亂》(Primitive Rebels)，這些戰鬥員經常是貧窮的鄉下人。後殖民時期，這些新匪幫一如獻身社會反抗的歷史先輩，經常是尋常百姓眼中的英雄。[85]大家對走私及販售違禁品持正面態度，有助於解釋他們在後殖民時空仍四處可見。

二十世紀後半葉的戰火，發生在天然資源豐富地區的頻率極高，比如中、南美洲、非洲及東南亞，那些地方有充裕的動植物種及林木可供走私，賺到可觀利潤。由此助長的非法勾當，正削弱地球生命的永續生存力。一份《保育生物學》（Conservation Biology）研究指出，一九五〇年到二〇〇〇年間，超過九成的武裝衝突，都是在境內有生物多樣性熱點的國家當中開打的，而且超過八成直接發生在熱點地區之內。[86]這種現象的環境惡果，隨著很多物種若非絕種就是登上《瀕臨絕種野生動植物國際貿易公約》清單，變得愈發明顯。

毒品交易資助許多二十世紀末期的戰爭衝突。哥倫比亞及秘魯，便是提供麻藥販售資助地方戰事及恐怖分子集團的早期例證。事實上「涉毒恐怖主義」（narco-terrorism）這個詞，還是一九八三年秘魯總統貝朗德（Fernando Belaúnde Terry）所首創的。[87]接下來，毒品貿易與資助戰爭之間的關係，只變得愈發明顯。隨著二十世紀過去，毒品交易幫忙融資的戰火，發生在阿富汗、哥倫比亞、中美洲，而且與發生在南非的大型都市暴力，關係愈發緊密。

共產主義及共產轉型

共產體制，以其一黨統治、中央國有及計畫經濟，助長非法經濟的興起。二戰以後那段時期，共產統治的領土，由太平洋延伸到歐洲東部，含括的廣大領土有中國、蒙古、前蘇聯及東歐。但是，共產主義並不局限在這片遼闊的土地，因為一些在拉丁美洲（古巴）、非洲、東南亞（寮國及越南），還有東北亞洲（北韓）的國家，都出現共產統治者，或是共黨官員擁有主要政治影響力。某些人口眾多的國家，其下轄行政單位也有接受共產統治的。在印度，東北岸的孟加拉邦及印南的喀拉拉（Kerala）邦也由共產黨統治數十年。這些邦裡，很多共有非法經濟的型態與俄羅斯及中國相似，而且與兩國的不法經濟聯盟。

毛澤東治下的中華人民共和國及史達林治下的蘇聯，威權統治程度之高，限制國家控制以外的經濟活動。隨著史達林死於一九五三年、毛澤東死於一九七六年，兩國和共產盟邦國家的威權控制開始鬆動。接著影子經濟及非法勾當大行其道。[88]

閃避法規變成共產社會的核心特色，原因在於公民尋求當地生產量數不足的消費物資，此外，中央計畫經濟的焦點放在軍事生產，而非民用生產。公民長期面臨基本消費物資短絀，只能積極參與黑市及不法交易，到那些市場採買食物、衣著，以及其他不時處於供應短缺的物資。國營企業的經理人經常要發展很多機制納入非法貿易，以取得必須的原物料，達成由中央計畫者設定、經常不切實際的生產目標。蘇聯的非法商人在地下工廠裡生產商品，違法銷售，儘管這種非法創業要面臨死刑也一樣。[89]共產國家的非法勾當，與破壞性顯著的貪腐高度相關，這個問題延續到今日。

共產國度發展出來的不僅是非法的平行經濟，還有與此相關的心態。中國及蘇聯有很多人以自己能夠規避法律而自豪。俄語裡的「狡詐」一詞，含意是正面的，而且大家都仰賴他們的個人關係網。[90]非法交換的文化撐持下去，而且整合到主流文化裡。[91]

交易中心

二十世紀末葉，隨著領先的亞洲國家承擔起比例愈來愈大的國際商業，交易的中心轉移到亞洲。[92]中國自毛式共產主義轉型後，發展成主要工業生產國和國際商業的參與者。一九八〇年後中國工業成長，很快便加入日本及南韓（後兩國二戰後的成長，讓他們改頭換貌成工業國家，也是國際貿易的主要參與者），而隨著一九九〇年開放經濟以後，印度也大規模參與國際貿易了。

非法貿易總是與合法商業結伴。所以，雖說在此之前的歷史，我們主要把焦點放在歐洲的非法勾當，但二十世紀後期，就得多加分析非法交易在亞洲的興衰起伏。非法交易僅占全部生意的一小部分，但目前已知的每種暗黑商業，都出現在亞洲，其中很多還整合進全球供應鏈。誠如接下來對麻藥、人口、野生動物、魚類及贗品交易商的討論，可以清晰得知，亞洲現在是非法交易的重中之重。

新科技革命的種子

科技創新是美國及其他已開發國家二戰後時期的特性，形塑出嶄新而高漲的國際連結力，實為前所未有。

一九七三年，美國「國防先進研究計畫署」（US Advanced Research Projects Agency, DARPA）展開研究計畫，想發展出方法及技術，把不同種類的網絡連接起來，以改善遠端存取及電腦對電腦的通訊。[93]後來這套系統在獲授權使用者（一開始是軍方，後來是科學界）之間使用，為了能撐過核子攻擊，並未向大眾公開。[94]這套系統隨後開放給廣大一般使用者，但法規尚未就位完備時，問題浮現了。這項科技獲使用者採納之快，其開發人員始料未及；他們建造基礎結構時，沒把安全當成主要考量。[95]

唯有一九九三年以後，也就是下一章討論的時期，我們才看到民間公司進入這個競技場，建造出他們自己的網路。[96]造出電腦運算的科技界從沒想到，這種科技發展規模會擴大成一種通訊方法，觸及全世界數十億人。[97]

結論

最近兩百年的非法貿易與其歷史淵源已有不同。非法勾當變得更多元、更分散，也對人類以及同居地球物種的生命更有害。這個時期一如既往，非法貿易絕非是只由犯罪分子獨攬的活動。相形之下，被禁止的生意能持續下去，原因在他仰仗社會上的不同組成——生意人、政府官員、專業人士及消費者。有些政府官員插手進來，可能是因為貪腐，但另一些官員那麼做的原因在於，與非法勾當共謀有助於維持秩序及當地權力菁英的穩定，一如殖民時期的東非便是如此。

政治思想，以及國家政策，對於判定什麼叫非法勾當有所助益。本章已指出，啟蒙運動的道德準則，有助於查禁奴隸制度。較晚近的時代，共產意識形態致力於中央計畫及國營經濟，將國家控制以外的貿易全列為犯罪，龐大的黑市及次級經濟因而出現，以滿足消費者需求，取得必要及想要但無法得手的貨品。規避體制的後遺症，目前還存留在許多後共產及轉型中國家的貿易作風當中。

改變貿易政策並將某些商品列為非法，造成國家及區域經濟發生嚴重斷裂，是十九世紀已然發生的現象。中國的禁鴉片政策嚴重影響到印度，因為鴉片是殖民統治時代極重要作物之一。[98] 同樣的，英國立法禁止奴隸生意之前，奴隸本是非洲重大出口品。禁奴對當地經濟體衝擊劇烈，尤其在西非，導致許多王國最富利潤的出口品自此沒了收入。即便持續非法進行奴隸出口，但這種交易遭禁的結果之一，便是經濟走下坡。時間來到更晚近，毒品成為許多開發中國家的重大出口物資。

殖民主義界定了十九世紀和二十世紀許多光陰，那一百多年間，很多被殖民人士運用消極及暴力手段抵抗異國統治者。以走私貨物而避不繳稅給遠方的統治者，變成一種非暴力抵抗的手段，一如在北美殖民地獨立之前的所作所為中見到的。而想藉由武力從遙遠的殖民主子取得獨立，還要武器彈藥，經常得透過非法交易取得。現代非法貿易一如歷史先例，擔當多種功能，不光是取得想要的消費者商品而已。

二十世紀後半葉，最有油水的非法勾當便是毒品生意。隨著時間演進，五花八門的非法毒品日益猖獗，量愈賣愈大，地點也延伸到地球最偏遠處。鄉下地區耕作毒品標誌著非法勾當一大轉型。誠如布勞岱爾所述，非法貿易一度主要是城市或海洋現象，但是，把鄉下毒品生產區域如南美的安地斯山區及亞洲的阿富汗整合進入全球麻藥供應鏈，讓偏遠鄉下地區都進入全球非法經濟。[99]

二十世紀國際商業管制日益嚴苛的，並非僅限於毒品及交易婦孺。二十世紀是科學創新的大時代，科學及科技的成長對非法生意的型態及定義都有巨大影響，這項事實在探討非法貿易的文獻裡卻鮮少提及。科學及科技有助於現代商業的興起，但這些發展也培養了法規變革的動力。[100]

二十世紀的科學已幫助人類了解物種滅絕、空汙、食用汙染食品、陸地林木砍伐殆盡、海中過度漁撈的代價，因此而增加的知識導致很多法規用來管理這些項目的交易。保育、農業科學、生物學、大氣物理學、醫學及化學等方面的研究，提升我們對地球永續的了解，貿易禁令隨之擴張。二十世紀初，有些殖民宗主國便開始推動保育及約束交易，因為他們終於了解到人類的干預對脆弱的生態系統造成多大傷害。[101]誠如前文提及，因貪婪需索鳥類彩羽來裝飾仕女帽，導致數百萬隻鳥兒死亡以後，鳥類維權人士便尋求讓禽鳥能夠活下去的保護。

到了二十世紀末葉，民間部門為了保護自己的設計及產品不被仿冒，開始加入各項行動，想控制非法生意。例如音樂及影片遭未付費盜用及流通，還有科技創新經常被競爭者竊取及複製。

十九及二十世紀全球貿易的擴張，容許不法商品得以與正當經濟使用相同的途徑移動。二十世紀末尾，貨物、人以及金錢的流動都變得更容易，呈現了過去幾百年便很清晰的貿易趨勢。但二十世紀的結束與二十一世紀的開始，標誌著過去數千年來非法貿易的突然斷裂，因不法商人的科技能力，許多新種類商品的交易，在虛擬空間中呈指數擴張。

第三章

我們何以至此？冷戰後非法勾當擴張的動力

很多人以全球化的結果解釋非法勾當在冷戰後的成長[1]「離經叛道的全球化」（deviant globalization）一詞創造出來，用以指稱非法生意成長速度比正當的同型生意還要快。[2]然而，全球化只能解釋非法勾當成長的部分因素，因為合法、非法生意共存已有幾百年。近幾十年，黑道經濟受到這一波全球化浪潮很多重大指標所推動，比如全球競爭加劇、人／貨／錢更容易流動、國界威力減弱，再加上網路及社群媒體這些新科技。後冷戰生活的這些特點，已助長合法及非法兩方面的國際貿易。

當代世界很多地區政治不穩及貪腐現象十分嚴重，既削弱合法生意，也讓非法生意之興起成為愈來愈普遍的問題。對今天世上很多人來說，參與黑道生意既是謀生存活之道，也是脫離險境的方法。[3]

這種不穩定肇因有四：一、共產國家轉型麻煩叢生；二、區域衝突升高；三、非國家行動者，包括犯罪分子及恐怖分子，其角色日益吃重；四、近來有數千萬人流離失所。[4] 動用經濟制裁以遂行政治目標，也助長非法貿易之興起，原因在於遭制裁國家的企業會投入走私以規避控制。[5] 伊朗走私原油，而俄羅斯在入侵克里米亞以後遭受制裁，乾脆把克里米亞及烏克蘭境內的頓巴斯（Donbas）變成走私販的天堂。北韓核武計畫及國家運作，部分資金靠的便是由國家支持走私貨幣、毒品、野生動物肢體及香菸。[6]

以下對敘利亞及稱為「絲路」的虛擬市集個案研究，都佐證今天非法經濟造成的某些重大挑戰。戰亂地區以及虛擬空間，是這種問題最集中的兩個區域，但很不幸，黑道生意營運的地區，遠不止於這兩個。不法經濟目前存在於各大陸，參與者的範圍，上自企業與金融界的菁英，下至經濟的最底層——種植毒品作物的農人，還有遭販運的勞工在商業漁船上以受虐狀態工作——再到消費者，有人知情有人不知，都因購買暗黑商業的產品而參與進來。

敘利亞：由一種非法交易變成多種非法交易的骨牌效應

敘利亞戰亂死傷慘重，據估已有四十七萬五千人喪生，一千四百萬人受傷或流離失所。[7]

此事始於二〇一一年的阿拉伯之春（Arab Spring），但並非人民起而反抗威權領袖這麼簡單。相形之下，局勢動盪另有重大起源：因為乾旱頻傳，中東地區夙負盛名的肥沃月灣（Fertlie Crescent）式微，人民由鄉下地區大舉出走。

一九七〇年代，敘利亞當今總統巴夏．阿塞德（Bashar al-Assad）之父哈菲茲．阿塞德（Hafez al-Assad）沒構想好就推動施政，想讓國家達成農業自給自足。《科學人》（Scientific American）最近解釋道：「似乎沒人考慮過，敘利亞是否有充足的地下水或雨水來栽種那些作物。農人靠著鑽井取用國家地下水儲備，來克服水源短缺。」[8]隨著能取用的水變少，人們鑽井更深，想尋求更難取得的水源。

二〇〇五年，巴夏．阿塞德總統為了處理缺水，下令把無執照開挖新井列為非法，要付費才能取得執照。[9]只是在極度腐敗的環境裡，新開挖是擋不住的。那些有錢行賄的人繼續挖得更深。水權有非法交易，更因貪腐而惡化。但這種解旱之道，就算行賄也撐不下去。曾經是傳奇的肥沃月灣，乾旱都在繼續，剩下的水在地底那麼深的地方，以至於鑽取不再有利可圖。

敘利亞七成五的大麥產自受乾旱影響地區。[10]缺乏作物的情況下，住沙漠農耕區的人逼不得已，只好大批遷徙到城市。二〇〇二到二〇一〇年間，也就是巴夏．阿塞德掌權後沒多久，敘利亞便以快到難以置信的速率都市化。二〇〇二年美國入侵伊拉克之前，敘利亞城市居民為八百九十萬人;到二〇一〇年,數字變為一千三百八十萬。鄉村出走的這約莫五百萬人當中,近一百五十萬人是為了逃離乾旱。[11]敘利亞在十年之間便成為世上都市化最高國家之一。[12]但是這種人口住居轉型,發生在一個貪腐、治理惡劣的國家,不在乎公民及其福祉。

近期才到都會區的移民,聚集在敘國城市周遭違法發展的定居地。阿塞德政府忽視的這些社區,特徵為欠缺基礎設施、犯罪率高、沒有公共服務、居民失業;最後在阿拉伯之春期間,他們變成「不安蔓延的心臟區」。[13]

敘利亞逃旱難民的故事,未因阿拉伯之春的爆發而終止。相形之下,那場起義抗暴只是骨牌效應的開頭。敘利亞人離開鄉下地區,只是更長旅途的第一站,而旅程經常走上更為悲劇的路徑,原因在這些鄉村到都市的難民,當時必須逃離內戰破壞。很多人走危險、穿越土耳其的走私路徑前往歐洲,還有人搭上不安全的船隻,航經波濤凶險的地中海。為疏通這股人口流動(又稱人口「交易」),一整個非法產業興起。一些人出售他們剩餘的值錢物品,以便付費給能把他們全家送到安全地帶的偷渡主。另一些貧困的人甚至賣掉他們的腎給富裕的買家,籌錢把一家老小送到安全區。[14]其他人則預付了部分偷渡費,抵達時還欠偷渡主錢,於是經常被迫在歐洲工作於奴隸般的環境當中。

敘利亞戰事持久未決,導致人間重大苦難,人命及基礎設施損失龐大。跟世上其他很多國家一樣，敘國的戰亂，部分是由非法勾當資助的。走私毒品、人口、石油及古物，偷運香菸等其他違禁品，都提供資金以購買武器、發糧餉給戰士，由阿塞德的政府軍到各路反抗軍、恐怖團體，各造皆然。由敘利亞走私獲利的人，包括政府官員、不法分子，以及「努斯拉陣線」（Al-Nusra）、伊斯蘭國等恐怖分子。[15]今天的非法勾當，若是由非國家行動者，或暴虐的集權領袖，如阿塞德等來執行，會摧毀國家，致人於死，令區域動盪不安。這就是當今世上最凶惡的暗黑商業現實。

敘利亞個案的重大教訓

後冷戰時期，區域戰火滋長，敘利亞個案是最糟糕的例子之一。最近幾十年，中東、非洲、拉丁美洲及亞洲這些地區最重大的糾紛、衝突，以及俄羅斯與烏克蘭之間的衝突，很多都是由非法勾當提供資金的。[16]研究指出，這些戰爭會拖長的因素是貪婪，而非心中不滿，因為交戰方習慣由走私、銷售違禁品而取得利益。[17]

戰火可以因缺乏資源而點燃，但他們也造成破壞環境的惡果。「橫跨全中東和北非部分地區，內戰、為買槍盜獵，還有難民亟需食物及柴火，正在殘殺剩餘的野生動物，摧毀他們的棲息地。」[18]伊斯蘭國進攻到敘利亞，不僅導致古蹟遭掠奪，最後一批瀕危鳥類隱鸇（Northern bald ibis）也被殺光了。[19]

資源耗竭及氣候變化，實居敘利亞戰亂的核心，這些因素未來依然是驅使人類流離失所的重大力量。個人及家庭會繼續付錢給偷渡主，只求把他們非法送到並不歡迎他們的土地。為了支付自己的運輸費用，確保自己能活過偷渡過程，在目的地活下去，很多人也參與黑道經濟的不同要素，以求生存。這種參與者經常處於非法經濟的最底層，直接承受執法行動的打擊。[20]

隨著地球平均溫度升高，氣候條件變得更飄忽不定，氣候變化的惡果變得愈發明顯。氣候變化助長乾旱，導致能用在農業及人類飲用的水減少；而水資源稀缺接著便成為非法移民的驅動力，比如敘利亞人大出走到歐洲。[21]

在非洲，大量人口可以說是徒步走出薩赫爾（Sahel）地區。非法移民及龐大人口流亡，也正發生在孟加拉灣，當地是氣候變化衝擊的初始地點。[22]在當地，海平面上升威脅到地勢低窪土地，部分孟加拉地區及該區域其他地點，一年中已有部分時間不能居住。跟薩赫爾地區一樣，被淹沒社區的居民只好找偷渡主幫忙，幫他們逃往可以生存下去的地點。

非洲、亞洲已辯認出的危機，有助於解釋為何流離失所的問題正快速惡化。聯合國難民事務高級專員辦事處（United Nations High Commission for Refugees, UNHCR，簡稱聯合國難民署）二〇一八年判定，全世界難民數目來到六千八百五十萬（或每一百一十三人有一人），比起十年前的三千七百五十萬來得多。[23]過去一整年間難民數大幅成長，全球因戰禍、迫害及氣候變化而流離失所的人數已創下新高。[24]很多難民就住在故居附近的難民營，他們在那裡碰到五花八門的剝削，十分脆弱。

愈來愈多流離失所的人，目前住在非正式的居住地，一如在敘利亞所目睹的。管理拙劣的城市及巨型城市，在開發中國家日益擴大，是欠缺可耕地及飲用水的惡果。國家未提供必要的服務，此時沒管道取得維生基本要素的人，被迫愈來愈仰賴非國家行動者。提供飲水及日用水源的水黑手黨，在亞洲及拉丁美洲的都會區很猖獗，足以顯示非法勾當興起於人類連生存必備條件都沒有的地方。[25]

敘利亞難民鋌而走險，大規模移往鄰近國家或歐洲，已在目的地國家產生嚴重的政治及經濟危機，他們並未準備妥當以接受這幾百萬離鄉背井的人。收容國及其他多數歐洲國家的反應，是竭力想遏止移民偷渡，因為他們不想再收容任何非法移民了；移民要融入，會造成嚴重的社會、經濟及政治挑戰。然而仍在進行中的非法移民只是個兆頭，二十一世紀接下來幾十年，還有龐大的人潮蓄勢要移動。

科技與不法交易

虛擬空間的不法交易一開始只是傳統非法勾當的網路版。然而很快就添加了前所未聞的產品到非法商業的法寶庫裡：無形商品，比如前文提過的惡意軟體、勒索軟體及殭屍網，而他們的價值，端賴擁有網路技巧之非法創業家的聰明才智。新科技容許不法交易者用加密形式來通訊，要想撕裂他們的網絡、查知他們預定的交貨、追蹤贓款，變得很困難。[26]最近加密貨幣的興起只會增加破解犯罪網絡的難度。[27]

今天，隨著歐盟及美國的生意約有百分之七在網路進行，而且網路購物持續成長，犯罪分子有充裕的機會可以快速擴大他們的活動。[28]目前買家可以買到鴉片類產品、害人的藥物、其他贗品及性服務，一切透過網路進行。

另一個非法勾當的樞紐是暗網，他藏在網路最深處，唯有透過特殊軟體如洋蔥瀏覽器才能接觸。[29]商販在暗網上設法規避執法單位的偵查，販賣最危險的品項：麻藥、軍火、兒童色情影片，還有削弱電腦系統的惡意工具，容許用戶駭進金融戶頭。此外，核武裝置及生物武器的零件，也廣告求售。[30]他造成的傷害不限於已開發地區，比如暗網上賣的惡意產品，就影響過幾乎世上所有國家的電腦。[31]

很多人想到虛擬空間的惡行，就把他跟蘇聯繼承國的網路犯罪人士聯想起來。但北美洲合法科技天地的才智之士，在暗網裡可跟任何人一較高下。創辦絲路的是個美國人，而下一個很成功的暗網網站AlphaBay，其創設者則是加拿大人。[32]

絲路：匿名線上市場及加密貨幣

線上違法交易有些重要的開發人，比如美國人烏布利希（Ross Ulbricht），他化名「鬼見愁海賊羅伯茲」（Dread Pirate Roberts），這渾名借自小說及同名改編電影《公主新娘》（Princess Bride）的虛構角色。他開發出第一個巨大虛擬市場，販賣非法商品。已開發國家的網路賣家經常沒有前科。[33]事實上，鬼見愁海賊羅伯茲還曾升到美國童軍（Boy Scout）裡等級最高的「鷹級童軍」（Eagle Scout），很少人有這個成就。他從沒接觸過毒販及毒癮人士的世界，所以無法想像透過絲路這個自己創造的虛擬毒品市集，造就多大苦痛。[34]

不法虛擬市場的經營者及創造人，營運時不受社會限制。烏布利希跟很多非法虛擬世界的創新人士一樣，自物理學博士學程輟學；他科技能力很強，但與人互動的能力則發展得較差。[35]他做傳統合法生意，或許會因欠缺人際技巧而失敗，但是在匿名、不講人情味的虛擬世界，他能風騷一時。

烏布利希的目標是創造一個毒品市場，最後能導致其合法化。他的自由派哲學，促使他想開發一種不受國家控制的交易模式，避開繳稅及法規。[36]鬼見愁海賊羅伯茲認為，自己提供一個更理想的市集，在那裡風險更低、麻藥品質更好，伴隨毒品走私而起的暴力沒那麼顯著。很不幸，有些買家因在絲路上購買的毒品而死。最後，烏布利希還多次雇用殺手服務，以便自己的生意運作能獲利（雖然並不確定那些殺人事件是否真的發生），偵辦他活動的執法單位也來到暗網黑道世界。

大規模網路兒童色情影片很早就在虛擬空間發展，但比如絲路的大型虛擬不法市集，要等亞馬遜、eBay 創辦十五年之後，才有人設立。[37]鬼見愁海賊羅伯茲二〇一一年二月創設絲路，他在此之前花了幾個月在暗網上寫程式碼建立他的網站。[38]他以往沒有行銷任何東西的經驗，用一則網路部落格貼文宣布絲路開張會把客戶帶到暗網，而暗網沒有廣告或搜尋引擎。[39]鬼見愁海賊羅伯茲眼見自己生意如指數般成長，便多元化其麻藥產品，還擴張到軍火買賣、有害金融與電腦系統的軟體產品（特洛伊木馬、間諜軟體及惡意應用程式）。[40]絲路營運全盛時期，買家與賣家之間每個月交換訊息六十萬則。烏特利希透過絲路網站收取銷售傭金。兩年出頭的時間裡，透過加密貨幣比特幣，處理十二億美元的交易，他淨賺八千萬美元——對一個待過社會邊緣的人，真是富有到難以想像了。[41]可惜他從未能享受新近取得的財富，在執法單位長期賣力偵辦之下，絲路二〇一三年七月遭關閉。對某些犯罪分子而言，在執法功能完善的國家運作真是不走運，在虛擬世界搞大規模非法生意還是有諸多風險的。絲路的商品仍透過郵件寄遞，留下可以追蹤的痕跡，這是導致烏特利希被逮的因素之一。鬼見愁海賊羅伯茲跟大多幫他在全球營運該網站的員工，是在很多不同已開發國家被警方捕獲的。[42]

嚴酷的下場等候著鬼見愁海賊羅伯茲。一如判刑法官所述，他或許抱持解放派哲學，但他的行為跟任何大毒梟如出一轍。[43]法院判他兩個無期徒刑，外加四十年不得假釋，上訴法官維持此判決。

法官描述他的行為十分正確。烏布利希並未創造出一個較不暴力的世界，讓人在其中販毒，反而是他自己那幾年賣毒時變得暴力了。他多次用比特幣僱用殺手，想殺掉競爭者，還有他認為偷他加密貨幣的人。[44]

此外，絲路也沒能避開伴隨組織犯罪而生的貪腐。兩名來自美國祕勤局（US Secret Service）及緝毒署（Drug Enforcement Administration, DEA）的幹員，目前正因絲路而服七年徒刑。看到絲路販賣產出巨大財富，還有其支付系統隱姓埋名，祕勤局幹員向鬼見愁海賊羅伯茲行竊比特幣。**DEA** 幹員提供偵辦的內線消息給烏特利希，幫他躲開偵查，這名執法人員為此收到大筆比特幣酬金。[45]本案或許是第一次因偵辦虛擬世界，讓聯邦調查員犯下嚴重貪腐罪行而下獄。他也證明，貪腐可以由實際世界走進虛擬。隨著人類把行為模式轉移到網路空間如違法虛擬市集，貪腐並不會消失。

中心主題

與絲路網站相關的犯罪行為形式，與我們在真實世界了解的犯罪十分相似。網路犯罪以很多類似的方法運作，因為犯案的是真實世界的歹徒，以新科技為手段來經營。他們只是把自己犯罪與貪腐的做法，轉移到新領域而已。

絲路眾所矚目的原因，在他乃是網路第一家販售毒品、軍火等非法商品的超市，但接續他的網站甚至規模更大。抓到鬼見愁海賊羅伯茲之流的犯罪頭目，不一定能消滅犯罪問題。相形之下，除掉這些大咖或許還為其他犯罪分子提供成長及晉升的機會。自從二〇一三年絲路遭關閉以來，虛擬市場的非法毒品交易案件量成長三倍，營收則成長兩倍。[46]絲路一被執法單位除掉，約一個月後就被絲路 2.0 取代，這足可顯示，只要賺錢動機強大，複雜程式可以在短時間內完成。[47]絲路 3.1 在二〇一七年夏天被破獲。這類非法虛擬市集一代比一代更為活躍。另一個網站

AlphaBay，由二〇一四年營運到二〇一七年中才被執法單位抄掉，站上條列三十五萬種非法毒品、商品及服務，比起絲路關閉時的一萬四千條多了二十倍以上。[48]這種非法虛擬市集的可觀成長，讓其產品及服務，能被全世界更廣的客戶購買取得。

誠如我們在第五章會談到，網路罪犯還購買及租賃新型產品，比如惡意程式，這種新創造出來的虛擬商品會剝削電腦系統，傷害個人連上網路的帳戶。網路罪犯不光交易資訊及商品，還創造一大批新產品，足以造成龐大傷害。正如合法的科技公司會僱用電腦程式人員，做出新軟體、產品來銷售，科技狂如鬼見愁海賊羅伯茲在平行的非法世界裡，運用他們的先進電腦及程式知識，創造害人的新生意。他們不光交易商品及資訊，還是非法創業家，創建、啟動並經營犯罪生意。

非法創業有個惡果，便是二〇一四年的時候，據估有一千七百六十萬名美國人（也就是年滿十六歲以上人口的六分之一）身分被偷。因為能把被害人的銀行戶頭搬個精光，並買賣被害人遭竊的個人資訊，助長油水豐厚的金融犯罪。[49]愛沙尼亞是高科技中心，二〇一六年有一群由當地營運的網路罪犯遭判刑，他們用惡意軟體進行金額數千萬美元的詐欺案，感染了上百個國家中四百萬部電腦。[50]這些案例都反映科技能造就的不對稱傷害：一小撮罪犯就能對生活於全世界的幾百萬人造成負面衝擊。

科技經濟的非法創業家，跟合法經濟裡的同儕很像，絕大多數是男性，通常很年輕，他們代表一種新的安全挑戰。冷戰時期置身核武按鈕之後判定是否發生核子攻擊的，是成熟的大人；相形之下，今天常是不受節制、罣固酮驅策的青少年或甫成年的人，靠著發動破壞極大的網路攻擊就能削弱全球安全。[51]

然而，透過這種新科技幹非法勾當的人，並非全部都追逐個人利益。包括俄羅斯及中國在內的某些國家，要不是直接僱用，就是指使犯罪行動者，投入網路犯罪，破壞其他國家的金融及政治，還有選舉、公司企業，傷害其公民。駭進創新公司的電腦系統，偷走智慧財產或個人資訊，誠為另種新型非法生意的例證，對金融影響甚巨。[52]據估二〇一五年就有五億人的個人紀錄遭到竊取，不僅是犯罪分子所為，還有國家撐腰的駭客。這個數據或許還低估了，因為很多公司不想透露自己電腦系統遭人入侵。[53]

後冷戰時期，非法生意成長的推手

前文談及後冷戰時期，非法生意原爆點的兩個個案——敘利亞及虛擬絲路——只凸顯過去三十年間非法商業已然大為惡化的部分理由。除了科技革命，過去三十年間還有其他重要變化，也深遠地轉變非法勾當，並協助其成長：人口持續增加，包括年輕人激增；收入不均擴大；中產階級大為膨脹，尤其在亞洲；性別不平等揮之不散；共產國家轉型，以及非國家行動者如跨國犯罪分子及恐怖分子的興起。

人口成長

人口成長一直集中在開發中國家，那些地方貪腐盛行，開發所需的資金經常被偷走，搬去海外。在非洲、拉丁美洲、中東及南亞，年輕人數目大增（三十歲以下人口很多）。青年數目這麼多，必須受過教育才能取得有限的正當職業，但教育經常闕如，年輕人常常只能在不法經濟裡找到工作。[54]然而，那種工作甚至更艱辛，原因在工人沒有工作安全及福利，還可能遭剝削。此外，因為他們做合法體制外的工作，還可能面臨國家的處罰。雖然有這麼多負面因素，在不法經濟裡替有組織的犯罪集團或網絡工作，依然很吸引人，原因在工作可以很快領現，又取得歸屬感，這些動機驅使年輕人加入恐怖團體。

收入不均以及中產階級崛起

近些年，收入不均劇烈擴大，國家內部及各國之間皆然。自一九八〇年起，很多國家當中，世上新增的財富都集中到頂端百分之一的人手裡，甚至更多集中在頂端百分之零點一。[55]用更淺顯易懂的說法，這世上最富有的八個人擁有的財富，等於世上最窮五成人口的總和。[56]自二〇〇八年金融海嘯以來，收入不均的趨勢只有更加重。統計貧富數據的一百零三國中，超過一半的趨勢為近年來益發不公平。[57]

財富不均，在政治及經濟上都造成惡果。隨著社會愈來愈兩極化，公民反擊既有權力結構。這一點可從二〇一六年時，離鄉背井、日子經常很艱困的美國中產階級，大致上對既存政治秩序投下反對票明確得知。巴西、俄羅斯及南非都爆發可觀的抗議。[58]

當世上幾十億人之中，還有很多活在極端貧窮及不安全裡時，二〇一六年底全球中產階級已達三十二億人，這個數字還以每年一億四千萬人在成長。中產階級成長大多在亞洲，主要是印度及中國。[59]中產階級的消費，提升很多項目的需求，包括更好的食物、都市住宅及家具。很不幸，這種需求的增加，對天然資源造成強大壓力——不該抓光現存的魚類族群，來滿足升高的食用需求，保護林的樹木也不該砍伐以大肆因應新住居、家具需求。

在經濟日益極化的世界，身價兆億的菁英經常投入吸睛的消費，買下一度僅屬於摩訶羅闍、帝王及國王的財物。在亞洲，他們想要一度是王室地位象徵的象牙及犀角。亞洲菁英追求傳統藥補等產品，以改善自己的人生，逼得犀牛、鮑魚、野人參快要絕種。[60]世上其他地區，有錢人追求塞滿瀕危動物的私人動物園，或者融資給戰爭的鑽石。[61]

性別不平等與非法勾當

將女人排除在權勢高位之外的問題黑道白道都有。黑道經濟裡，女人擔當領導的案例十分罕見；就算她們有角色，也是輔佐性質。她們變成搬送毒品的工具、不法所得的遞送人，還有洗錢的卒子。女性唯一出人頭地的領域，在販運人口：有些女人一度自己是人蛇，搖身變成蛇頭，擔當推波助瀾的角色，招募並剝削其他女人和女孩。根據聯合國資料，二〇一〇到二〇一二年間，因販運人口而被定罪的犯人中，二成八是女性，相形之下，因其他重罪而定讞的女性，只有一成到一成五。[62]

一九九〇年代初期，由前蘇聯販運的女性增加，人口販運受到前所未有的關注，但這個現象，目前被認定成更廣大的全球問題。[63]女性及女孩私下被買賣，不僅送到娼妓業，還做家事服務、強迫婚姻及勞動。在某些開發中社會，販賣女孩，有助於一家支付家計所需，比如食物、男孩的教育，家族成員的醫療所需。[64]透過網路、「深網」(Deep Web)、暗網及社群媒體販售女人、女孩，助長人口交易大增。[65]

女性在工廠裡常被剝削，尤其在自由經濟區，現有的勞動保護經常闕如或者遭到忽視。[66]但這種說法自始就未能傳神表達女性被關在那些設施裡受到的苦難。美國人口販運而曾起訴的最大案件發生在美屬薩摩亞，揭露了這些女子遭受的痛苦。那家成衣工廠老闆李壽吉（Kil Soo Lee）及手下經理人用不給食物、毆打及狠話威脅，來增加他大宇薩（Daewoosa）工廠的產量。工人試著由當地社區取得食物，這位韓裔老闆報復她們，把她們關在有圍籬的廠房裡，叫人毆打這些越南女工。[67]這樁罪行導致李壽吉被下獄，刑期四十年。[68]

共產社會轉型

一九九〇年代以前，東歐、蘇聯、蒙古、中國、部分非洲、南亞和東南亞，以及拉丁美洲地區，是由共產黨統治。共黨一黨專政，實施中央計畫經濟、限制私有財產。他們共有的現象，便是消費者商品短絀。這些社會裡的大多數，每天為了活下去，黑市、違法、規避體制是核心要務。即使共產體制已在東歐及蘇聯崩潰，這種意識仍存留下來。

共黨統治轉型麻煩重重，大大助長當代非法貿易的範圍及威脅。後蘇維埃國家權力真空、貪腐橫行、邊界缺乏管制，再加上強大犯罪團體的崛起，都導致一九九〇年代各種非法勾當猖狂不已。[69]最令人擔憂的是大規模毀滅性武器（weapons of mass destruction）的買賣。前蘇聯有大批核武及輻射物質、生物武器庫存等，若是落入不對的人手中，會造成人類存在與否的安全威脅。[70]自從蘇聯倒臺數十年以來，核原料的竊盜、販運，輻射廢料保管得宜與否，一直是反覆出現的問題。[71]

還有其他種麻煩的非法勾當源自轉型中的共產國家。中國是現今的世界工廠，大量仿冒品由當地流出。而在俄羅斯，新一批盜賊般的菁英缺乏環保良知（土地及資源長期國有的惡果），盜砍西伯利亞的大片森林來牟利。[72]很多網路犯罪源自東歐及前蘇聯，部分原因在於查抄既有企業（第五章將討論更多），科技創業精神又受限，擁有成功事業的人，會因為暴力及法律系統的惡行而失去生意。[73]

由共產轉型的國家，不僅是非法交易商品的來源國，也是他們的消費國。中國及越南顧客靠著食用瀕危物種，和展示愈來愈有絕種之虞的犀牛、大象身上採來的犀角、象牙，以炫耀新富。[74]

非國家行動者的崛起：犯罪人士及恐怖分子

▼跨國犯罪分子

跨國犯罪分子及貪腐官員也名列全球化的主要受益人，加速國際非法勾當的成長。這不只是因大眾媒體而普及化的現象。[75]組織犯罪分子在很多國家參與政治過程，不光靠著賄賂政府官員、議員及資助政客，還親身出馬競選地方、州級和全國性公職。[76]在某些國家，從政有個額外誘因，便是官員有不被起訴的豁免權。[77]

傳統組織犯罪團體，比如義大利黑手黨和克莫拉（Camorra）、日本極道以及中國三合會，都已快速調整以因應全球化世界的可能性，敏捷有才地跨國搬運商品及金錢。然而，還有很多較新近的跨國犯罪團體，自創始時，這方面的技能就十分卓越。[78]後蘇聯集團就是全球邪門生意的領導者，在販運人口及虛擬空間方面尤然。

跨國犯罪在後蘇聯國家中迅速崛起。這些團體及他們的貪腐同夥在大規模民營化國家資源時，斂聚到可觀資本，讓他們能以優惠價格買下政府財產，把自己安插到經濟體內。[79]他們爬上高位要職，並非獨一無二。近幾十年在阿富汗、巴爾幹地區及北非發生的戰禍，只是在眾多助長強大新犯罪組織集團崛起中，少數值得一提的例子。[80]的確，犯罪權力結構已成為和平之敵，[81]在阿富汗，龐大的毒品貿易與國家領導層掛勾，讓一種非法作物變成經濟的核心元素。[82]全盛時期，毒品占阿富汗全國生產毛額約三成。[83]

犯罪集團合作的方式，是合法行為人辦不到的。舉個例子，牙買加人及土耳其人在倫敦麻藥市場上合作。[84]俄羅斯人遠赴哥倫比亞，建造潛艇來協助毒梟，在佛州邁阿密機場附近的脫衣俱樂部建立並維持關係。[85]這麼多元的犯罪集團通力合作，就算以好萊塢電影標準而言也嫌太過誇張，可是在現實當中十分盛行。

▼恐怖分子

自二〇〇〇年以來，恐怖主義愈來愈演變成全球問題。「新型恐怖主義」與早年由國家撐腰的那一種並不相同，發動的攻擊規模大，受害者更多。[86]新型恐怖分子使用假的證件穿越國境，靠著非法勾當來支持他們的組織。[87]恐怖分子使用假證件護身，犯下大規模屠殺。[88]

一些物件由其原產地賣到遠處，也讓恐怖分子取得資金。非法取得的敘利亞古物如錢幣、楔形文字板、指環及雕塑作品，接續被賣到歐洲藝廊，在拍賣會，或者在網路兜售，反映出合法與非法經濟兩者間永遠都有牽連。[89]海洛因賣到俄羅斯、歐洲及其他地方，讓阿富汗恐怖分子取得資金。

伊斯蘭國及努斯拉陣線向運輸經過其控制土地的人、貨課徵稅金。據一位退休高階約旦軍官表示，這兩個恐怖集團早上打仗，下午宣布停火，以便向離開遭戰火蹂躪土地的難民及蛇頭勒索金錢。[90]向軟弱的難民榨財，比攻城掠地還重要。根據由伊斯蘭國取得的文件，他們向貨物及勞務課徵的稅率為一成到三成。[91]被課稅的貿易商品包括仿冒的香菸、藥物、手機、古董，還有因抵達當地的外國戰士而取得的外國護照。[92]

在歐洲，伊斯蘭國招兵買馬而來的人就以小規模非法交易及犯罪勾當來籌錢。[93]較輕微的非法商業對恐怖分子特別有吸引力，因為市場競爭較少、法規較鬆、飽和度沒那麼高，比起軍火及毒品走私，不會碰到那麼多查緝阻攔。叫得出名號的恐怖分子及他們網絡裡的成員，很大比例都有前科。[94]德國專家指出，三分之二的德籍外國戰士，都曾因盜取財物及暴力遭判刑定讞，近三分之一犯法六次以上，反映出他們過往都有重罪。[95]在荷蘭，叫得出名的外國戰士幾乎半數皆曾有罪定讞。[96]類似的模式在歐洲其他國家都曾發現。

當今非法商業的範圍及影響

二〇一四年，聯合國毒品和犯罪問題辦公室（United Nations Office on Drugs and Crime, UNODC）估計，跨國犯罪的年營業額在一點六兆美元到二點二兆美元之間。[97]這些數據比兩年前所估計的高出許多，當時全球經濟猶陷於衰退，網路犯罪也還沒升級到當前水準，只是他的份額依然穩定。聯合國專家當時評論：「這麼龐大的不法資金，是官方援助開發金額的六倍以上，相當全球GDP的百分之一點五，或全球商品出口金額的百分之七。」[98]然而，這些數據還屬低估，原因在貪腐削弱了呈報時的準確性及範圍。共謀的邊境防衛隊及海關官員，可以不呈報這些交易。網路犯罪呈報率一直壓低的另個原因，在各公司選擇不把自己損失的數據分享出來，因為這類報導會傷害他們的商譽，因此流失客戶基礎。

不法經濟的分布並不平均。在開發中國家最為流行，而在開發程度較高國家，虛擬空間的暗黑經濟則更為重要。因為不法經濟的商品經常匯流，也就是走相同生意管道、由同樣的人轉運、讓生意人取得規模經濟，要把黑道生意個別領域的利潤區分開來，甚是困難。

只檢驗不法商業的營收，會低估他的代價。把幾千億美元轉給犯罪分子、恐怖分子、反抗軍及貪腐官員，會提升那些人個人財富及權力，而沒考量到社會福祉、民主原則及經濟永續成長。這種勾當動搖全球及區域的穩定，危及我們的未來。說得更確切些，暗黑經濟的營運，就猶如不對稱威脅。它增加貪腐、減少政府收入，且企業因暗黑生意招致的損失，會減少創新需的資金。購買毒品，還有品質較低劣或危險的藥劑，也招致健康成本大增。捕捉動植物非法買賣，讓地球喪失物種及生態多樣性。

因此，看待諸如此類的數據時，必須帶點戒心，原因在那些對抗不法生意的人，很多都有其內在利益，藉著彰顯問題的嚴重性，確保大家關心、金援他們的事務。二十年前，聯合國估計全球毒品營收為四千億美元（或全球貿易的百分之八，比起鋼鐵及汽車國際貿易的金額更大）。[99]但今日則把毒品營收定在三千二百億美元，占全球貿易的份額也小得多，可是事實上據估計，近年全球有百分之五的人口嘗過毒品。[100]競爭激烈再加上數據報告更完善，或能解釋毒品營收下降的現象。[101]然而更為可能的原因，是二十年前藉由抬高毒品的禍害，以便當時還在開發的《聯合國打擊跨國有組織犯罪公約》能獲得更大支持。

另三種列為重罪的非法勾當，即販運人口、走私及軍火交易，要估計其獲利及傷害程度，也極為棘手。國際勞工組織（International Labour Organization, ILO）的強制勞動新指數認為，被害人達二千五百萬。國際勞工組織數據包含被販運的人口，但沒估算人口販運的營業額。[102]在亞洲、拉丁美洲及非洲的開發中國家，人口買賣的營收金額，可想而知要比西歐及美國來得低；西歐及美國人口販子由買賣娼妓取得的利潤最高。[103]已開發國家人口買賣獲利較多，並非顯示出現更多被害人，毋寧是較富裕社會裡，人口買賣的營利要多出許多。

販賣人類器官經常被視為人口販運的副項目，二〇一四年其盈利金額推估在八億四百萬到十七億美元之間。[104]非法器官移植的金額這麼高，反映的是買賣過程的高成本，而非手術總量。

全球人口販運獲利多少，沒有可靠的估計值，但是在二〇一五年難民危機高峰，歐洲刑警組織估計歐洲蛇頭產出金額在四十七億到五十七億歐元之間，據估五萬名不法分子參與這種勾當。[105]

小型槍械及輕型武器的非法買賣，比起其他主要跨國犯罪活動的利潤較少。二〇一四年營收據估在十七億到三十五億美元，或占合法武器買賣的一成到兩成。[106]鄂圖曼帝國時期的走私途徑找到新用途，歐洲遭恐怖攻擊時所用的武器跟毒品走的幾條巴爾幹路徑相同。[107]據估計，比利時非法武器市場賣的貨色，九成源自巴爾幹。[108]

入口網站也助長武器買賣。二〇一四到二〇一六年間，比利時與法國發生恐怖攻擊，調查已顯示，某些恐怖分子在網上向東歐供應者購買武器。[109]歐洲網路上銷售的槍枝零件，讓犯罪人士及恐怖分子得以重組報廢武器。[110]

警方很少關注的犯罪活動，占非法交易的大宗。贗品在不法商業裡占比最大。經合組織指出，全球仿冒及剽竊產品（經常稱為「假貨」）的交易，占比高達世界貿易的百分之二點五；二〇一三年假貨的買賣金額，總計為四千六百一十億美元，比起五年前的兩千億美元（占全世界進口金額的百分之一點九）要大為增加。[111]相形之下，歐洲海關貪腐率低、效能高，然而二〇一三年進口商品裡，高達百分之五是假貨，總值達八百五十億歐元（約一千一百六十億美元）。經合組織的估計值，可能大大低估了假貨這個全球問題，原因在於他們仰賴各官署集纂的海關資料，許多來自開發中地區，而開發中地區貪腐程度是出了名地高。[112]很多開發中國家的海關官員以高價出售海關職缺是司空見慣的事。接著聘僱人員在受賄取利後，允許非法商品進出國家。

全球香菸走私據估讓各國付出幾十億美元的代價。這種非法勾當不盡然列入仿冒品項下：有些列在其他類菸草製品交易，有些則在非法交易「白菸」（香菸在國內合法產製，但用意是讓人偷運到其他國家）。單是在歐洲，非法香菸的年銷售額據估在七十八億到一百零五億歐元之間。在中東、非洲及澳洲，總金額可能較少，但非法菸草貿易的成長率則更高。[113]新科技助長這種交易，網路上就有這些產品的管道；新的社群媒體容許不法商人輕易地在臉書、推特上聯絡，還有透過加密社群媒體如WhatsApp。烏克蘭人為了送菸，連無人機都用上了。[114]

隨著稀缺資源的競爭愈形激烈，他們變成犯罪團體的通貨。犯罪團體利用其稀缺，為自己牟利。天然及環境資源犯罪，因此名列成長最快的非法勾當種類。聯合國環境署（United Nations Environment Program, UNEP）及國際刑警組織估計，二〇一六年非法交易魚類、林木、野生動物、礦物及廢棄物的金額，在九百一十億到二千五百八十億美元之間。這些犯行年成長在百分之五到七，也就是全球經濟成長率的兩到三倍。[115]天然資源遭戰爭破壞，以及將其商品化並注資到戰爭，造成的傷害特別大。「二戰以來，世上很多戰亂發生在生物熱點（生物熱點的界定標準為在當地至少有一千五百種植物；據估全球有三十萬種植物，即占其百分之零點五），而這些珍貴地點已失去其原始植被的七成以上。」[116]這些產品的買賣日增，正破壞地球的存續能力。[117]稀缺資源是新式非法經濟的眾多重大元素之一，且非法經濟威脅到人類的未來主要原因也是如此。

環境製品這種非法勾當，以林木及礦物買賣最有油水可撈。盜伐林木由大企業進行，他腐化了個人及犯罪集團，每年產出的營收在三百億到一千億美元之間。[118]不法木炭生意，係索馬利亞「青年黨」（Al-Shabaab，第七章將予討論）資金來源之一，因砍伐樹木而助長土壤流失。生態多樣性豐富的雨林，其林木遭盜伐，這種勾當衍生的代價，不光是賣掉樹木而產出的金錢，還有因人為毀林，造成林中物種無法存活的損失。比如過去十年間，與人類DNA相同程度達百分之九十七的婆羅洲紅毛猩猩大批死亡。[119]

非法採礦，包括金礦，乃是下一個最有油水的領域，營收推估在一百二十億到四百八十億美元之譜。[120]盈利巨大的程度，讓哥倫比亞在二〇一六年達成和平協議之前，哥倫比亞革命武裝力量（Revolutionary Armed Forces of Colombia, FARC）這個恐怖集團由非法黃金買賣賺到的錢，比起一度是他金雞母的毒品還要多。[121]聯合國曾報告，由剛果民主共和國（Democratic Republic of the Congo, DRC）開採的金礦繞道杜拜，用來資助恐怖活動。[122]

鑽石應該是世上最出名的寶石，之所以會變成「血鑽石」，是因為扮演資助安哥拉、獅子山及剛果（Congo）戰亂的重要角色。[123]由多國政府、民間社團及鑽石業合力制定的「金伯利流程」（Kimberley Process），期遏止血鑽石的流動，自二〇〇〇年起推行，目的是想讓鑽石供應鏈取得控制，確保鑽石不會提供大量資金給反抗軍。[124]該流程並未達成預期目標。參與戰亂的集團依然取得授權，可以出口鑽石。此外，追蹤個別鑽石的機制仍然不足。[125]

鈳鉭鐵礦（Coltan）是生產手機的關鍵元素，與開採此礦相關的虐待工人工作條件，迫使不少人要問：「我該怎麼才能找到一支不沾滿鮮血的智慧手機？」[126]在哥倫比亞，鈳鉭鐵礦工被哥倫比亞革命武裝力量脅迫到礦場工作，而在剛果民主共和國，童工及販賣來的勞工，經常是被叛軍逼著做工的。[127]非洲礦工到森林找鈳鉭鐵礦，食物不夠，就獵殺罕見瀕危靈長類如大猩猩以存活下去。[128]其結果便是，非法開採一種礦產品，導致另一種地球無可取代資源的滅絕。

非法野生動植物交易據估年營業額在七十億到二百三十億美元；目前全球物種面臨大規模滅絕，幹這一行的人是幫凶。這個問題，我在序章中稱為「失能的天擇」。[129]非法、未呈報及未管制（IUU）的漁撈據估年營業額在一百到二百三十億美元。由不法捕魚導致的大多數傷害，都是大企業所擁有的船隊幹的，漁業公司在中國甚至是國營事業。假如當前的漁撈行為進行下去，那麼全球百分之八十六的魚群便有過漁之虞，這個問題將在第七章進一步討論。[130]

不法廢棄物處理，因二〇〇〇年代初期美國電視影集《黑道家族》（The Sopranos）描寫一個美國黑手黨家族而聲名大噪。沙普藍諾（Tony Soprano）家族堪稱社會流動的個案，動用暴力來進行垃圾處理生意，直到擁有中上階級的財富。據聯合國估計，現在非法、未呈報且未登記而處理的有毒廢棄物及電子垃圾（遭丟棄的電子設備，如電腦及電視機），所產出的營收每年近一百八十八億美元，金額之大，即便有野心的犯罪家族如沙普藍諾都想像不到。[131]這些有害製品經常倒在開發中國家，導致其他惡果。舉個例子，電腦硬碟傾倒到西非，存在裡頭的資料遭當地網路罪犯利用，遂行詐騙等其他線上犯罪活動。[132]這顯示骨牌效應正發生：一種犯罪活動導致另一種。

能源這種資源，也是非法勾當獲利極豐的一環，經常與戰亂相連。伊斯蘭國占據領土的高峰期，藉著把石油透過鄰國偷賣出去，年收入五億美元。[133]二〇一五年以來，多國耗費心血反制這種勾當的方法是轟炸伊斯蘭國控制的石油儲存設施，尤其在俄國介入這起衝突之後，導致嚴重又持久的生態破壞，大致上遭殃的是平民。[134]因此這一行的代價不能只以金錢來衡量。

其他非國家行動者由非法石油銷售獲利，經常讓戰禍連綿不解。[135]在奈及利亞盛產石油的尼日河三角洲，犯罪集團與貪腐官員掛鉤，盜賣石油導致戰亂頻仍，叛軍染指輸油管線以便獲利，又造成重大的生態破壞。[136]二〇一六年初，民兵炸毀多條阿吉普（Agip）油管，「致使數千桶石油汙染奈國南部巴耶爾薩（Bayelsa）州的河道、農田及漁場。」[137]

俄羅斯入侵烏克蘭以後，頓巴斯（Donbas）產的煤、俄國產的石油天然氣，在衝突當中扮演關鍵角色。當地犯罪集團透過詐騙及不法銷售能源，在烏克蘭東部戰亂中獲利頗豐。[138]墨西哥大型武裝犯罪集團「洛斯哲塔斯」（Los Zetas）因為能偷油販售，與石油銷售的連結愈來愈緊密。[139]利比亞境內油氣走私收入，被用來挹注給戰鬥成員，而煽動戰亂；突尼西亞也因非法出口的石油動盪不安。[140]

黃金、寶石走私，也是暴力衝突的資金來源。緬甸人大多信佛教，喀欽（Kachin）族是基督徒少數族裔，他們的戰亂資金來自販賣翡翠到中國的不法所得，並由貪腐橫生的軍政府、毒梟及隸屬軍方的公司所控制。[141]

傷害環境的暗黑商業，與戰亂及消費者需求的連結最為密切。但此類損及環境的勾當，也可能源自全球競爭及企業想方設法靠著罔顧防制氣候變化法規以增加獲利。

舉個例子，福斯汽車（Volkswagen）蓄意搬弄其柴油車的廢氣控制軟體，目前面臨刑事官司。檢方揭露，福斯高層存心隱瞞公司所產車輛的排碳量過高，「氮氧化物是容許排放量的將近四十倍」，以便讓福斯能在美國賣車。福斯的前執行長已遭美國司法部以詐欺罪起訴。[142]福斯蓄意銷售瑕疵車的問題，在歐洲甚至更顯著；福斯全球共賣出一千一百萬輛，其中八百五十萬輛集中在歐洲。這些車輛銷售可能導致歐洲人死亡率上升。[143]福斯在美國被罰了一百八十億美元，公司高層全遭撤換，[144]接下來則是逮捕與認罪。比平時處罰企業行為不檢，要嚴重得多。[145]

暗黑商業也讓地球的人造資源及歷史文物受損。聯合國安理會在二〇一四年便認定，文物的非法貿易是恐怖主義的資金來源。[146]伊斯蘭國參與古文物盜賣，讓這個現象受到矚目，但其他很多人在伊斯蘭國插手之前，早已非法買賣古董文物，即便在敘利亞境內亦然，目前只是跟恐怖組織唱雙簧而已。[147]

最早非法買賣古文物的並非恐怖分子。黑手黨便曾靠此牟利，土耳其、希臘、南亞及拉丁美洲歹徒也靠此賺過錢。近幾十年，很多偷來及走私的物件曾透過頂級古董商販賣，也成為美國等國法院許多訴訟案的焦點。[148]古文物交易據估年營收在十二到十六億美元。[149]因為真品贗品古董都在網路上交易，想精準估算這一行產出的營收十分困難。此外，這類銷售經常沒受到調查的原因是，執法單位很難滲透菁英的藝術圈。[150]

結論

近幾十年，非法經營已然成長，目前占全球經濟可觀份額。且經常藉由與合法經濟的交集變得較不醒目，以滲透到全球流通網。這種勾當在虛擬空間裡以倍數擴張，讓非法經濟的產品及勞務更廣為可得。很多人參與這一行，是因為他們沒別的謀生選項。貧富差距增大，再加上缺乏正當就業，逼得很多人走入非法經濟。幹這一行的不止走私違禁品。不法經濟近來已擴張到極為廣泛的環境製品，生產、運輸和銷售大量贗品，還有新型的網路世界惡意產品。網路加持的犯罪、虛擬世界的新式犯罪產品、駭竊智慧財及其他網路活動，這些都是近幾十年發展出來的，他們影響到公民、企業及國家。這些新型活動已大大助長非法勾當的悲劇軌跡，未來只會更加成長。

戰亂、大量人民流離失所，以及恐怖主義蔓延全球，都讓人類不安全感增加。對很多人而言，非法勾當這一行不是有利可圖的活動，或如以往歷史時期所見，是某種形式的反抗，或只是活下去的手段。結果便是，欠缺正當謀生的替代選項，讓反制非法勾當的崛起變得很困難。

不見容於合法經濟，這個問題在開發中國家尤其常見，此外在已開發國家的移民及邊緣化社區也十分嚴重。高失業率和涉足非法經濟程度高的社區，容易發生都市暴力。歐洲某些非法經濟要素近些年還幫忙恐怖分子籌資，在該區域發動攻擊。

全球人口來到史上新高，幾十億人住在地球上，讓地球有限資源為之吃緊。隨著都市化愈來愈高，大批人口擠居世上最大城市，大家想找可飲用水來喝，想在稠密的都市區消除廢棄物，但當地處理垃圾沒那麼方便，讓都市生活壓力愈來愈大。國家效能不彰，尋常公民只能靠非國家行動者，或者與貪腐官員掛鉤的行動者，來取得昂貴的基本服務。

在收入量尺另一端，非法勾當也是重大問題：一些人消耗由海中、陸地非法取得的天然資源。隨著福斯汽車之流的公司規避空汙排放管制，漁業公司在各海洋過漁，大企業加重了這些消費的問題。因此，消費者參與到非法勾當時，並不一定知情，但是他們對商品的需求，讓全球非法商業火上添油。

非法勾當既是世上大多數局面動盪的惡果，但也大大助長他們的滋長。近幾十年當中，塗炭生靈的戰亂、軍火及大規模毀滅性武器的蔓延、環境惡化的加劇，都列居非法交易最重大的發展。這些發展，對強國弱國都有傷害，創造出龐大的經濟資源，給犯法的非國家行動者。[151] 隨著暗黑經濟成長，合法、包容、可存續的經濟，就更沒有機會。不再需要國家的跨國罪犯，或者想摧毀國家的恐怖分子，他們遂行的非法勾當，就破壞既有秩序而言，可謂強大的力量。

第四章

犀角貿易的悲劇軌跡

犀牛這個物種已面臨終極挑戰，不光因棲息地流失或氣候變化，更因遭屠殺並供貨給一個特定小眾市場：中國及越南的有錢亞洲買主非法購買犀牛角。亞洲犯罪分子勾結產地的南非人，以供應犀牛角。

本章專門寫犀角不法貿易，原因在這是犯法生意裡最能測量的一種。主要受影響的，是殘留在相對較有限的地理區域裡，為數不多的犀牛。跟象牙買賣不一樣，象牙產自非洲不同地點。被盜獵的犀牛來自一個地點，即非洲南部，如此我們較能專注於關鍵行為人及供應鏈。

非洲、亞洲以及兩地之間各處的執法單位，一直沒能斬斷相關犯罪集團及跨國網絡，以致犀角、象牙和其他瀕危物種能夠順利買賣。誠如二〇一五年元月在普厄多拉利集會，有位南非高級官員兼主要的官方犀牛維權人士對我說：「貪腐的不止是我方，還有沿途的一干人等。」

除了整個供應鏈有嚴重且廣泛的貪腐，全球非法網絡、僑商社區以及匿名化通訊與貿易，對犀角生意的指數成長都有很大影響。犀牛這種特別生物受到威脅，彰顯近來跨國犯罪分子鎖定地球資源。非法買賣犀角，不僅說明新型不法活動崛起多快、破壞多大，還提供重大教訓給國際執法界。犀角貿易的成長代表性十足，原因在於其已變成全球不法經濟當中一種投資及支付的方式。[1]

犀角貿易的悲劇軌跡

二〇〇七到二〇一四年間，犀牛殺戮數目爆炸般成長，年年都增加。二〇〇七年，南非一地有十三頭犀牛被殺；到二〇一四年，已變成一千二百一十五隻。[2]二〇一五年，南非當局說，有一千一百七十五隻犀牛遭獵殺，比前一年略降，但仍比二〇一二年記錄到的六百六十八隻高很多（見表四．一）。[3]

自此而往，情形稍有改善。官方統計指出，二〇一七年元月到六月底，遭盜獵的犀牛有五百二十九隻，二〇一六年同一時期則為五百四十二隻。[4]

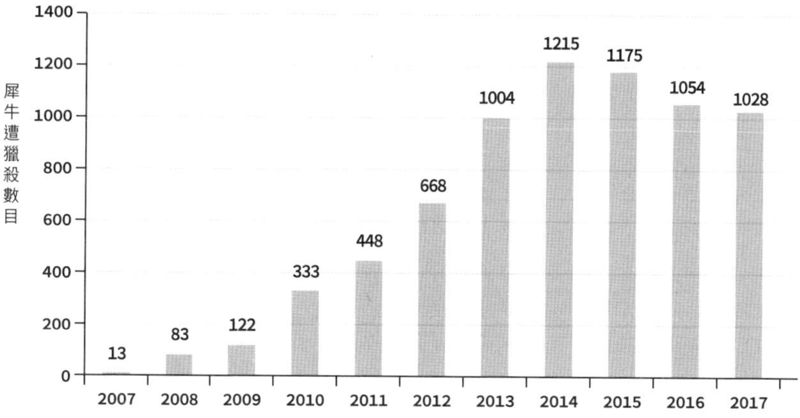

表四．一
南非犀牛遭盜獵統計數目。來源：拯救犀牛（Save the Rhino）機構

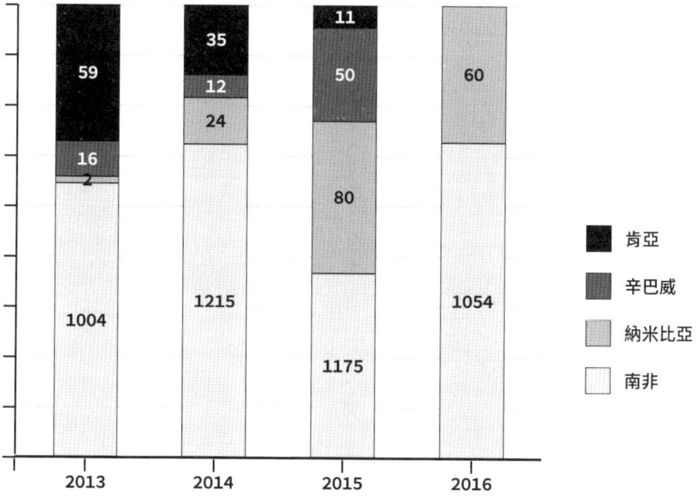

表四．二
非洲犀牛盜獵數上升中。犀牛盜獵幾十年，最慘的一年是二〇一五年，話雖如此，南非呈報的數字小幅下降。來源：「特拉菲克」（TRAFFIC）投入非洲犀牛保育及犀牛角全球貿易網站

有人懷疑這些數據低估了犀牛盜獵問題。誠如變成孤兒的犀牛所示，被殺犀牛確實數目可能要多上幾百隻。[5]就算南非犀牛屠殺數可信，也被其他非洲南部地區犀牛盜獵數目增加而抵消，最值得注意的便是在南非鄰近國家，那些地方都有可觀增加，誠如表四．二所示。南非警戒改善，只是讓犀牛殺戮改到別的地方，這種犯罪地理原則眾所周知。[6]

犀角貿易的成長，已危及犀牛物種的存續能力。今天世上僅存的犀牛族群只活在非洲南部某些地方。剛果民主共和國、莫三比克等幾個國家，犀牛數目原本很多，目前已被盜獵到絕種。一百年前，據估有四個不同亞種，共達一百萬頭黑犀牛遊逛於非洲草原上。[7]目前黑犀牛只剩五千隻，約半數活在南非境內，另外，還活著的白犀牛數目僅二萬隻。[8]南非境內的犀牛，占世上存活的犀牛數目大約八成。[9]

跟其他很多商品不一樣，犀角供應量成長並不減損其價格。聯合國環境署把二〇一四年犀角貿易的價值，估在六千四百萬到一億九千二百萬美元之間，最低估值指的是產地端。[10]其他估計值根據的是犀角在消費者市場的價值，數字更高。[11]

犀角貿易的經濟學，令人回想起毒品貿易：一個人拿貨時距種植者愈遠，而供貨給消費者時愈近，價格就會暴增。[12]相同的規矩適用於象牙市場，由產地到市場，價錢增加五倍，龐大的利潤被組織犯罪集團拿走。[13]

犀角已變成（目前依然是）世上最昂貴商品之一，價錢超越黃金；二〇一七年底，犀角價格在全球市場價格為每盎司一千三百美元（每公斤三萬六千九百六十美元到四萬五千七百六十美元），逼近古柯鹼的價錢。[14]目前犀角的價錢據估在每公斤六萬美元。[15]每頭白犀牛的角，重量平均為五公斤半，而產自克魯格國家公園（Kruger National Park）的一對黑犀牛角平均重一到三公斤。假如二〇一三到二〇一五年間，約三千四百頭犀牛遭屠戮，那麼這期間的每一年就有四千噸以上的非法犀角進入黑市。[16]單是那三年期間，這一行產出的金額就在數億美元，只多不少。

二〇〇八年，犀牛盜獵量開始大舉增加。那一年也是全球金融海嘯在世上大多數地區發作的一年。很多地區的奢侈品銷售都下跌，但亞洲則不然；亞洲客戶讓古馳（Gucci）、路易威登（Louis Vuitton）及聖羅蘭（Yves Saint Laurent）商品的銷量上升。[17]對犀角業者而言真是幸運，亞洲犀角市場之運作，一如消費者商品，中國及越南最富裕公民的需求量居高不下。時尚奢侈品的銷售成長達二位數。只是，一如犀角成長率所示，與犀角有關的創業行為，其成長更強，年增率經常達三位數。犀角、象牙生意比起任何加工奢侈品，其銷售規模在亞洲市場成長得更快。

非洲出口到中國的最新數據證實，犀角一直作為一種消費財，而非天然商品。[18]中國經濟近期轉成較為服務取向的經濟體，因此，二〇一五年非洲出口到中國的原物料減少達四成。[19]只是，犀角的貿易並未減少，越南及中國的高端市場對它的需求持續不減。

南非執法單位及軍方策略，尤其是克魯格國家公園實行的策略，近幾年或許遏止犀牛殺戮成長率，但沒能讓犀牛大屠殺就此打住。[20]在克魯格打擊犀角貿易的人，發現盜獵者人數增多，只是盜獵成功率比以往來得低。證據指出，軍方策略及執法單位的龐大投資，確實取得正面影響。[21]二十四小時監控這一行的熱點、整合情報蒐集及人員部署、精於此道的單位檢查盜獵，都有助於改善統計數據。但是，犀牛存活的前景依然黯淡。依當前的殺戮速度，基因多樣性很快就會不足，無法確保黑犀牛活下去。而克魯格國家公園的白犀牛頭數，按估計到二〇一八年就會減少。[22]

犀角生意的操作模式

很少有人殺犀牛是出於自己主動，投機式殺戮也很罕見。這種罪行跟哥倫比亞販毒集團的生意不同。哥國犯罪組織提煉毒品，再往遙遠的北方找消費者買他們的貨。犀牛通常是按訂單才殺的。在南非及莫三比克，幹盜獵的人，要從這門犯罪勾當階層較高的亞洲人收到訂單及資金，才會動手。

這種生意模式之不同可想而知。大多數盜獵犀牛的人都很窮，以至於必須取得一切裝備，才能外出獵殺犀牛——運輸設備、槍枝、手機及衛星電話。[23]所以犀牛殺戮量的增加，可不是市場條件艱困還創業進取。盜獵者都是從光顧當地社區小酒館裡找的。南非研究人員已然了解，盜獵者曾在礦區一起工作過，或者同在監獄裡坐過牢，才會結伴由大城市前往克魯格公園獵殺犀牛。[24]換句話說，找當地犯罪網絡去做最底層的犯罪活。

大多數（某次估計達八成）盜獵者，都是由比鄰南非的莫三比克落後地區，涉險橫渡奧勒芬茨河（Olifants River）而來。[25]較晚近則出現變化，有更多南非人參與。[26]有些莫三比克中間人由犀角貿易發了財，他們宮殿般的豪宅便是明證，且現在有能力融資這些盜獵行動。[27]與此類似的是，南非也見到中間人參與進來，只是規模較有限。[28]

供應鏈

入行做非法犀牛角交易可以成長得這麼快，原因在亞洲市場有金錢、有需求，而非洲南部有犀牛，歐洲收藏品裡有古董犀角，而且沿著整個供應鏈的犯罪網絡都發展好了。

非洲犀牛角產地

南非克魯格國家公園占地七千五百平方英里，十分遼闊，也是非洲最大野生保育地之一，很多被屠殺的犀牛原本住在此地。七千五百平方英里相當於整個國家的領土（比如以色列）。公園的東端即與莫三比克交界。莫三比克還沒從長達十六年、結束於一九九二年的內戰復原過來，該國依然是非洲最貧窮國家之一，半數人口生活在貧窮線以下。[29]內戰的遺緒如槍炮及暴力持續未散。

克魯格首度成立時尚未二十世紀，由國家白人高層設立為狩獵園地。這塊土地遼闊、壯麗且多元化，是許多種哺乳類及鳥類的家園。很長一段時間，公園是少數族裔白人珍愛的遊樂場地，而且在種族隔離時代，不准黑人以訪客身分入內。公園之大要花好幾天才能欣賞一部分；直到一九九三年，第一批黑人訪客才能留在園內過夜。無怪乎一九九〇年代末期，有位非洲維權人士把克魯格說成「種族隔離的最後樂園」。[30]即便到今天，公園內的黑人觀光客也很少。

據估計，環繞克魯格的南非、莫三比克社區裡，住有兩百萬人。黑人社區遭拆遷，讓地給國家公園，達菲（Rosaleen Duffy）舉這個例子，暗指西方的保育命令導致當地人受苦。[31]結果便是公園旁邊的大多數非洲居民，沒把環境保育及永續當成共有價值。住在當地社區的盜獵者，受到的指責不夠強烈。用老套的方式說，南非當局做得不足，並未贏得公園周遭居民的感情及心思。

其他非洲國家的公園主事者付出更大心力，照顧周遭社區的福利及就業，就減少盜獵而言，取得更大成功。[32]

南非鄉下各級教育都很糟糕，對環境保育能發揮的影響很有限。這一點由以下狀況可以取得證明：在一份詢問南非擁有最大犀牛族群的國家公園周遭社區居民的調查結果中，受訪者只有四成希望犀牛能存活下來，讓兒孫輩看到這種動物。[33]

野生動物住在克魯格，為當地居民帶來的報酬有限，對改善他們的經濟困境幫助甚小。與克魯格公園接壤的南非社區平均失業率特別高，遠超過南非常態的二成五，原因在於合法就業機會不多。[34]經濟不平等是白人統治時代的特徵，但種族隔離結束後狀況仍未改善。大多數土地依然為白人所有，很多黑人做農場工，這還算幸運了；他們以最低工資，在祖先世代工作的相同土地上胼手胝足。[35]

武器很容易取得，暴力乃家常便飯，生活艱苦已成習慣，這些事足以描寫很多非洲南部窮人的生活。克魯格公園周遭社區暴力發生率特別高，部分來自種族隔離時代的政策遺緒，影響到犯罪發生的地緣性。南非跟蘇聯一樣，鄉下地區犯罪及暴力比例更高，這種區別異乎尋常，原因在於國內有護照管制，限制人民的移動，使得犯罪分子遠離城市。[36]

獵捕野生動物，尤其是犀牛，是快速賺大錢唯一可行之道。有少數獵犀牛的人設法讓錢變成資本，用來改善經濟狀況。[37]但是對大多數參與獵犀牛的二、三十歲年輕黑人而言，賺到的錢跟殺犀牛一樣，帶來不幸。誠如一位莫三比克年輕盜獵人所述，「你會發財，但也會早死。」[38]南非檢方表示，殺一頭犀牛可能賺到五千美元，甚至更多。[39]信宿命論的人認為死期將至，那些人當中，窮奢極欲很是常見。很多由殺犀牛賺到的錢，經常用在買華服及酒精，很快就消失了。[40]

來自歐洲的犀角

犀牛角也可由非洲以外運作的犯罪網絡買到。二〇一三年，價值五十萬歐元的犀首及犀角，從愛爾蘭國立博物館（National Museum of Ireland）在都柏林市外所租的一處貨倉被偷走。博物館方誤以為將犀角儲藏起來，要比展覽更安全。這起竊案的嫌犯據懷疑是「瑞斯基爾漫遊者」(Rathkeale Rovers)，這個愛爾蘭犯罪組織跨國營運，鎖定博物館、私人藏品、教會及收有犀角的拍賣行，偷走他們的犀角而獲利。[41]瑞斯基爾漫遊者有時會跟由捷克共和國營運的越南商社（後文將討論）聯絡，供應犀角賣到亞洲。[42]

愛爾蘭某起豪宅遭入侵竊案，警方發現唯一被偷走的東西，便是古董犀牛角。各拍賣行發現，含有犀角的物件出現天價，顯示這些物件被買走，只為破壞取角，或者在越南及中國，以地位象徵而展出。有家愛爾蘭拍賣行已停止販售犀角物件，而且「婉拒委拍估價二十五萬歐元以上的犀角」。[43]不法犀角交易導致的藝品市場扭曲，以往只發生在古董走私，跟違禁野生動物買賣無關。

亞洲的犀角需求

犀角在亞洲文化的重要程度，從來比不上象牙，那麼，為什麼亞洲那麼青睞犀角呢？活犀牛在亞洲被當成贈禮，在印度遭獵捕，牠們的角在亞洲不同地帶，視為壯陽藥及解毒劑而受重視。[44]犀角製成酒杯供統治者使用，因為犀角杯可以顯示酒裡有毒物，而君主一直有被下毒的顧慮。[45]

中國人自古以來就看重犀牛，視為罕見商品。犀角交易可回溯到西元前二六〇〇年。[46]中國社會對犀角需求量很大，作為醫藥來用，可治熱症、中風及肝疾。犀角也被視為地位象徵，是很重的禮物，名列中華帝國官員品秩八珍之一。[47]到了唐代（始於西元七世紀初），犀牛因為獵殺太甚，大致已由中華領土消失，進口成為中國大部分犀角的來源。因為犀角如此珍貴，以至於由七到十世紀，只有帝王家才能使用——唯有皇帝及太子的冠冕才能裝嵌犀角。今天中國及臺灣大多數犀角容器的年代來自明朝（西元一三六八到一六四四年），話雖如此，犀角當時已十分罕見，儘管十六世紀還有進口貨，數量總是有限。[48]

隨著工業化、都市化及日益增多的國際貿易，亞洲社會很多傳統面向已經消失。但信仰某些動物肢體能強身、祛病及保佑好運的觀念，依然存在亞洲不少地區，因此助長此一市場。

亞洲二〇〇〇年代中期發生重大變化，對犀角貿易的成長影響重大。日本、南韓及臺灣大致上已規避犀角貿易，原因在他們遵循國際法管理野生動物交易的準則。中國及越南則因轉型，不再實行全由共產黨國營的經濟體制，而發展出有錢人的新階級。[49]比起貧窮，富裕似乎更是非法野生動物貿易犀角的部分推手。[50]

一如國際社會觀察蘇聯後共產黨的轉型，發現新興的一批菁英既不合群也沒環保良心，同樣的傾向也發生在越南及中國。[51]一場越南晚宴，主人能給賓客最大的招待，是由瀕危物種做的菜。[52]越南花盡心血教育民眾別購買犀角取得一定成功，靠的是將焦點放在有損國家聲譽，這一招在亞洲社會頗為有效。[53]

犀牛角目前使用範圍有限：用在治療癌症、傳統醫藥，還有「派對毒品」，也是有錢階級找樂子、耍威風時的身分象徵。犀角還當成珍貴禮物來贈送。[54]在傳統醫學領域，幹非法買賣腎臟的人，也介入兜售犀角。[55]

越南發展出新的富有階級，但沒有滿足其醫療所需的基礎設施。二〇〇〇年代中葉，越南衛生官員還宣稱，犀角能治療癌症、抑制癌症擴散或縮小既有腫瘤。有人曾暗示，貪腐的衛生官員收了跨國罪犯的賄賂，搖身變成犀角消費的促銷人。只是，越南官方的說法有雙重目的，畢竟化療及放射線治療並非容易取得，加持犀角這種傳統藥方來治療癌症，還能給患者一點希望。[56]現在有些癌症患者仍邊化療邊服用犀角。[57]

環境調查機構（Environmental Investigative Agency, EIA）已指認出與中國有關的犀角交易約七百公斤。[58]財經分析師認為，富有中國人相信犀牛即將絕種，在中國買犀角是好的投資，會提升現有犀角庫存的價格。中國媒體過去十年中，百分之七十五的消息來源將犀牛角稱為投資或收藏品。但儘管採買很廣泛，相關研究暗示，沒證據說犀角是好投資標的，話雖如此，古代犀角賣到的價錢，有些似乎與研究結論有所牴觸。[59]

犀角貿易的力學：完美風暴

完美風暴發生時，犀角貿易呈倍數成長。一切必要條件俱在：願意為錢盜獵犀牛的人源源不絕、文化容忍殺害犀牛、法律準則置若罔聞、貪腐橫行、南非非法網絡發展健全，幫忙把貨賣到亞洲。這些促成的條件，有些是非洲南部歷史文化獨有的，但不幸的是，更多條件遠為普遍，可推導出今天非洲廣大地帶成為瀕危野生物種出口的主要泉源。

非法犀角買賣開始快速成長，是因為不法商人動用到現有買賣合法、不合法貨色及人口販運共用的途徑。對不法商販來說相當走運，對犀牛有需求的地方是亞洲，亞洲本是種族隔離結束之後，南非商品的首要出口地。違法犀角貿易，伴隨著龐大又合法的原物料一起移動，從非洲流向亞洲。[60]犀角一如象牙及穿山甲鱗片，還被用來支付亞洲生產的消費商品、非洲消費者想買的東西。中國依然是南非最大貿易夥伴。[61]

匯流

犀角貿易與其他多種非法活動，如毒品、軍火、走私香菸及人口販運匯流起來，既走當地商道，也走連接南非及亞洲，漫長蜿蜒的貿易道路。[62]在南非，載著掏空的長長貨廂的卡車既運送走私香菸，同時夾帶犀角。這類卡車通行無阻，因為走私香菸受到祖馬（Jacob Zuma）總統之子的庇護。[63]違法犀角生意也與其他不法野生動物交易合流。抄沒品中便顯示出，違法鮑魚生意與不法犀角交易走上一路：根據反盜獵專家統計，在供應鏈的某些階段，比例多達九成。[64]保育類鮑魚經常被拿來交換甲基安非他命，這意味著犀角與毒品勾當的另一交匯點。[65]這一行在南非盜賣組織的較高階層有交集，但不盡然發生在採購的階段。[66]

這類合流受到協調人的幫助，也沿著供應鏈發生。捷克的犯罪推手變成二〇一三年「犀牛行動」（Operation Rhino）打擊的對象。捷克海關官員先接獲香菸走私調查人員的線報，採取行動，在魯濟涅機場（現改名為哈維爾機場）查獲一個犀角包裹，要送去越南給一個虛構的人物。這些犀角有技巧地嵌在樹脂及瀝青當中，避免讓X光偵測出來，並藏在一個很大的黃銅線圈裡。[67]

捷克共和國並非犀角貿易唯一的轉運站。據廣泛調查此一勾當的拉德邁爾（Julian Rademeyer）指出：「各航空公司，包括肯亞航空、衣索比亞航空及卡達航空，都經常被犀角集團用來走私他們的違禁品，由馬布多機場（Maputo Airport）發貨到奈洛比、阿迪斯阿貝巴、泰國、香港及越南。」[68]

犀角走私販還小心翼翼沿供應鏈找出並招募貪腐官員，當地及國際的都有。這些官員經常不只裝沒看見，他們還在運送犀角的共謀中充當關鍵人員。犀角都藏起來，不僅混在其他非法商品裡，還與其他較不珍貴的合法商品，比如黃銅線，如此通過海關、跨越許多邊界，不會被注意到。犀角的賣方收受款項，既以現金，還透過貿易為本的洗錢，複雜的交易系統容許來自中國的進口品如服飾及電子產品，當成購買犀角的付款。[69]貿易商品的不實標示，讓購買犀牛的轉帳給付，可以偽裝成付款方給付的款項是購買合法商品。

犀角貿易的成長軌跡一如象牙，僅僅反映出不法商人的能耐，他們可以調適、取得、運送及行銷其產品給有錢人。犀角及象牙交易經常與毒品勾當合流，但跟毒品不同的是，買方並非黑道，經常只是富裕而地位又高的人，出身自亞洲合法經濟。

看待犀角生意的態度

貪腐是犀角勾當的重大推手，但花那麼多心血想打擊犀角勾當成果卻有限，光歸咎貪腐說不通。[70]很多沿非洲到亞洲供應鏈買賣犀角的人，根本不接受犀角買賣禁令。數以百計的走私販、買家及盜獵者接受一名南非研究員訪問，結果顯示，他們不認為自己的活動違法。

「這種看法始於盜獵者，他們喪失祖傳土地，以及相關的狩獵權，起因要不是殖民者沒收土地，就是建立起保護區及跨疆界保育公園。」[71]白種的阿非利卡人（Afrikaner）農場主繁殖犀牛，相信自己有權利由這樁事業榨取最大利益。很多亞洲買犀角的人不在乎這一行是否合法，認為自己的行為僅屬投資，或買下可支配的商品。[72]

犀角商人跟其他違法商人，如毒品、人口及有害贗品的販子有諸多相同點。他們自視為創業人士，而非犯罪分子。[73]隨著他們未能察覺自己造成的傷害，犀角行業成長而無法成功制止，也就無足為奇了。

犀角勾當的參與者

犀角行業裡活躍著各色網絡。鑑於幹這一行的有些是商人，與非洲南部合法經濟有著強大關係，還精通非法野生貿易，負責在南非各公園盜獵的犯罪網絡呈現跨國性質：基地在亞洲，而在非洲有高層官員疏通生意。南非官方統計數字呈報的犀牛獵殺數目，只跟次一級的販賣團體有關。

偽獵人

南非各公園大規模屠殺犀牛之前，有人僱請偽獵人來替亞洲顧客殺犀取角。藏身偽獵人背後的，是飼養不少犀牛的農場主、草原旅遊籌辦人及動物標本製作師組成的網絡，他們鑽犀牛保育的漏洞：在南非，白犀牛限量合法獵捕。[74]因此，犀牛農場主廣告並組織「狩獵」活動，客戶可以獵殺犀牛，接下來農場主則把犀角由屍身剝離下來，透過勾結的標本師處理後，送貨給亞洲顧客。

這些合法狩獵的主要客人，一開始是美國人及歐洲人，他們至少得付每件三萬美元，才能保住自己的獵物。[75]然而，隨著亞洲對犀角的需求成長，客戶層有所變化。第一批記錄在案的越南犀牛獵人於二〇〇三年抵達。很快地，愈來愈多的亞洲「獵人」出現，他們跟大型野生動物獵人半點也不像。誠如一位南非頂級犀牛專家所述：「大家看得出來，這些獵人大致而言毫無技術與經驗，存心只要帶走犀角，即便小母犀牛都射殺。」[76]

這些狩獵持續好些年，掩飾大規模把犀角賣去亞洲的非法生意。[77]二〇一〇年底，越南獵人已殺戮二百二十九頭犀牛，約與盜獵頭數相等。這些所謂的獵人「合法」輸出他們由獵物剝下來的角，花了他們二千萬美元。偽造必要文件把犀角由南非輸出需要專家協助，在他們幫忙之下，越南人保住一種零售價在越南值二億到三億美元的產品。[78]

設在寮國的喬薩旺（Vixay Keosavang）集團，偽獵人將買來的南亞女性喬扮成獵手以獲取犀角，不必仰賴盜獵人，真是方便。偽獵人集團讓這些略顯青澀的女子拿著以往沒拿過的步槍，站在被殺的犀牛屍身旁，以「獵人」身分供攝影師拍照，如此記錄下這種「合法」獵殺。[79]這些女子受害於雙重欺凌，不僅被賣成性奴隸，身分還被用在走私犀牛角，獵獲品由南非運到東南亞，物主掛她們的名字。

在南非進行不實犀牛狩獵最惡名昭彰的操盤手，便是農場主葛蘭尼沃（Dawie Groenewald），據說他是俗稱「葛蘭尼沃黨」（Groenewald Gang）的頭子。他有違法販賣野生動物的前科；他濫殺很多動物，犀牛只是其一。二〇一〇年時，他因在美國違法進口一隻花豹遭起訴定罪；二〇一四年，美國聯邦起訴葛蘭尼沃再觸犯保護瀕危物種的《雷斯法》（Lacey Act）。[80]他在阿拉巴馬州經營非洲獵遊生意，愚弄美國獵人以為自己合法獵殺犀牛，但他們獵殺的犀牛，全部都透過黑市送去給亞洲買主。[81]美國司法部對葛蘭尼沃的起訴書中，記錄了十一次非法打獵，許多手法都很殘忍。有一次，遭獵殺的犀牛身中多箭不死，還得用槍彈射殺，還有一起，犀牛只被鎮靜槍擊倒而已，葛蘭尼沃就用電鋸把牠的角鋸下來。[82]

捷克共和國的狩獵歷史頗長，其境內有大型越南僑商社區，致使葛蘭尼沃把他的偽狩獵生意搬去該地。據捷克調查，他的客戶占所有在南非「獵殺」白犀牛的捷克人總數約九成。[83]另一成捷克獵人，則是去由一位前捷克官員經營的獵遊場；這名官員搬去南非，據說回國時，資產比當初離開故鄉時來得增加許多。[84]直到最近，他仍在農場網站上兜售白犀牛狩獵之旅。[85]還有一種經營人口與犀角不法買賣的商業模式：有些到捷克的觀光客會收到販運自捷克共和國的女人性招待。

犯罪網絡

南非呈報的犀牛盜獵案件，絕大多數與四個設在亞洲的犯罪網絡有關。第一個是以三合會為班底的網絡，與一九九〇年代定居於南非的中國僑商社區有連結，僑商社區的人再把犀角運到東南亞及香港。[86]第二個網絡牽涉到寮國的喬薩旺及瓦那桑（Vannasang）網絡，他們與泰國、柬埔寨及越南維持密切關係，由那些國家轉運大量犀角。[87]這些網絡已知都與巴赫（Bach）兄弟做生意，他們經營泰國經寮國抵越南的走私管道。[88]喬薩旺、瓦那桑、巴赫兄弟，以及其他身居其網絡之中的人，都圍著野生動物飼養、招待所以及黃金交易等有登記的生意打點營生。這個犯罪網絡，已將不法生意多元化擴展至販售毒品、走私汽車及販運人口。[89]

第三個是設在莫三比克的販毒聯合體，但也走私槍枝、象牙、犀角，同時與其他坦尚尼亞、尚吉巴、肯亞的毒品和野生動物販子掛勾。雖說這個網絡跨越多個族裔，他的高層則是南亞血統，跟委派的巴基斯坦販毒網有關係。[90]

還有一個中國犯罪網絡設在水東，並在莫三比克、尚吉巴及坦尚尼亞營運，交易五花八門的海產及象牙，過去也曾有犀角貿易。[91]

網絡及推手

高中低各級貪腐在產地推動犀角勾當。低階貪腐幫忙屠殺犀牛，好比南非、莫三比克等國家公園或私人保留地的巡警、衛兵及員工，向偷獵集團通風報信，告知犀牛的藏身地，甚至偶爾還提供掩護，讓盜獵隊前往保護區。[92]有些貪腐的公園職員自己經營盜獵圈子。情報來源顯示，還有其他人用加密信號及圖片，在社群媒體上傳消息給盜獵者。[93]這足以佐證新科技在犀牛交易的爆炸性成長中扮演重大角色。

中階的協調人包括那些涉及登記並偽造偽獵人紀錄的人。官員還可以簽署不實的 CITES 許可證，授權本不該獲准離國的犀角出口。[94]此外，犀角販子在民間部門也有幫凶，那些人出力製作商品不實標示、運輸貨品、設立幌子公司，並在犀角販子萬一被捕時安排律師辯護。

高階官員對犀角生意也至關重要。一群採訪調查記者揭露，南非安全部長與一名經營按摩店的中國犯罪組織要角有牽扯，經常光臨那些店。調查記者宣稱，這項腐敗關係為非法犀角生意大開後門。[95]這位部長的晉升，湊巧與國安機器部分成員阻撓打擊犀角勾當的計畫行動同時。[96]

駐南非外國官員也參與這門勾當。[97]在南非工作的越南高階外交人員，包括大使館一等祕書、商務專員及政治顧問，都與犀角生意直接掛勾。[98]二〇一五年末，一名北韓外交官經人發現在南非進行犀角生意。[99]這一點沒什麼值得驚訝的，因為至少早在二〇〇〇年初以來，北韓已使用野生動植物的非法交易營收資助其海外運作，可能還用在核子計畫上。[100]

對盜獵的因應

很多名流都想拯救野生動物，希望杜絕犀牛盜獵。美國歐巴馬前總統曾簽署總統行政命令，授權撥款用在反制非法野生貿易。[101]英國王儲查理王子及威廉王子曾於二〇一四年主辦國際大會，向非法野生交易宣戰。[102]二〇一四年，退休的南非大主教圖圖（Desmond Tutu）曾帶領祈禱會，為獅子等野生動物祈福。[103]很不幸，這些舉動對不法經濟推動的殺戮機器，實無減緩之功。

搭機飛進約翰尼斯堡機場，你會看到很多出口掛著譴責屠殺犀牛的大幅海報。很多於南非工作的當地及國際非政府組織想保護瀕危的犀牛，來自富人、各國政府及跨國組織數以百萬美元計的捐款流入南非，就是想拯救犀牛免於絕種。[104]南非有超過一百五十多個組織致力於阻止犀牛盜獵，經常發生重複投注心血、缺乏協調的情況。[105]非政府組織也在亞洲努力，透過媒體宣傳、支持執法單位，來反制這種勾當。

南非及國際社會為遏止盜獵犀牛已動用各種策略。[106]其中包括克魯格公園動用軍隊維安、部署先進科技、幫犀牛鋸角、教育群眾、媒體宣傳保育意識，以杜絕犀角需求，強化執法。南非犀牛農場主急著想由他們的牲口及庫存犀角獲利，便施壓要求販售犀角合法化。很不幸，雖說這些舉措已遏止犀牛殺戮件數的成長軌跡，但只能讓殺戮犀牛不成長而已。

執法的優先性一直高於協助開發當地社區、創造就業。[107]誠如一位南非犀角生意首席專家指出，有必要投資於土地權，以及「學校與醫院，被當成支持反盜獵之村落社區的獎賞」。[108]很不幸，公園周圍的社區依然貧窮，犯罪橫行。很多人認為白人農場主因這一行致富，只有底層黑人盜獵者被送去坐牢。

犀牛保育的軍事控制中心，就設在克魯格公園的斯庫庫扎（Skukuza）。我前往造訪時，發現那些職司保育任務的人，投資及用心相當可觀。他們使用無人機之類的新科技，以支援他們花在執法及分析上的心力。[109]

公園由軍隊保護，既引爭議又很昂貴。對很多人來講，一個自然保留地，要靠重武裝部隊來保護，實難以接受。對其他人而言，那麼做讓人回想到種族隔離時代下的南非。二〇一四年，約有五十名盜獵者在公園遭擊斃。那些人經常是毗鄰社區的居民，他們的死陷其家人於可怕困境。[110]

公園巡警的工作很吃力，風險高壓力大，經常得長時間與家人分離。向盜獵嫌犯開槍的巡警可能因過早開槍遭移送法辦。[111]然而自保有其必要，因為全南非的公園巡警都會被殺或擊傷，而且家人得到的撫恤並不足夠。[112]很多非洲人覺得，大家關心被殺的犀牛等其他野生動物，勝過死於自衛的巡警和被擊斃的盜獵者。

除了執法之外，還有其他試圖斷絕南非犀角供應源的做法。為了拯救犀牛，好些犀牛在以鎮靜槍擊倒後被摘下角，讓牠們不再擁有招惹盜獵者垂涎的東西。其他捍衛犀牛的人則提議在犀角上塗毒，以減損他們的價值，還能讓買家受傷。[113]

在設法減少供應的同時，亦花心血減少需求。在越南及中國，經常有名人協助公共教育宣傳，向大家說明，殺害犀牛只為取角，但犀角並沒有神奇力量，因為犀角的成分跟指甲完全一樣。[114]

外界花不少力氣，想把躲在偽獵人、獲取並販賣犀角跨國犯罪網絡背後的人揪出來，負應有罪責。民間出資進行調查，在非洲及東南亞協助各國司法打擊這種勾當頗具成效。然而最常遭起訴的還是最底層的盜獵者，而非犯罪網絡的高層。

在非洲及東南亞兩地，因警界及司法單位貪腐橫行而減損可問責性，因此取消豁免權變得至關重大。偽獵人之王葛蘭尼沃目前在兩個大陸（美國及南非）都被控以多重罪名。[115]南非當局長達三年未能履行美國的引渡要求，二〇一七年葛蘭尼沃遭收押，但沒多久就具保獲釋。葛蘭尼沃二〇一〇年的官司因犀角合法交易遭遇挑戰，在南非各級法院進行攻防而擱置多年；同時，貪腐可能也影響到案件進程。[116]

南非政府於二〇一二年起訴泰－寮網絡派在當地的代表人春龍萊同泰（Chumlong Lemtongthai），並判罪定讞。[117]捷克曾追捕、起訴假狩獵的組織人及犀角走私販。[118]運送犀角的人在亞洲被捕，但是大型犯罪網，比如設在水東的中方網絡，仍長時間運作，一直沒事。[119]

二〇一七、二〇一八兩年，馬來西亞、香港及泰國，都逮捕為數可觀的運送犀角野生動物走私販。二〇一七年十二月，泰國海關官員抄獲十二點五公斤來自南非的犀角，導致前文所提巴赫兄弟犯罪集團一名要角被捕。過沒多久，泰國官方鎖定巴赫本人，在靠近寮國的東北邊境抓到他。[120]本案足可證明民間出資的行動奏效，該案的偵辦，係由設在美國的大象行動聯盟（Elephant Action League）及自由土地基金會（Freeland Foundation）支持，這兩個組織追蹤有關野生動物的犯罪活動。

未來趨勢

犀角生意興旺只怕還會維持一段時間。南非農場主已屯積不少犀角，而且在冗長的法律攻防戰後，二〇一七年他們成功說服南非法院，讓國內交易合法化。[121]強大的南非金融利益與亞洲的有錢買主相吻合。犀角出口必須取得CITES許可，而按CITES規定不可能獲准國際銷售（可能永遠也別想）。[122]但南非境內的跨國犯罪網絡舉足輕重，因此讓合法的國內犀牛交易能夠持續跟非法的全球貿易迅速交疊起來。隨著亞洲觀光客前來南非消費犀牛角，還可以促使醫療觀光業的成長。[123]

另外，竊自博物館及私人珍藏的古代高品質犀牛角，有可能在藝術和古董市場洗白。這類犯罪的潛在利潤相當可觀。二〇一一年，一只古代犀角杯（假定為真品）在香港蘇富比拍賣會上，賣到將近二百四十萬美元的金額。[124]美國魚類及野生動物管理局（US Fish and Wildlife Service）

的反盜獵「崩潰行動」（Operation Crash）及美國司法部進行有關犀角的調查，都發現犀角行業與藝術市場有所勾結。[125]

未能拯救犀牛

雖說如此看重拯救犀牛，但持續殺戮的原因不光是貪婪及全球化，還因國際社會及南非有些最棘手的難題。南非犀牛盜獵的成因，部分是經濟體很少把資源重分配給占多數的黑人，政府最高層貪腐深沉嚴重，推行的農業政策導致收成下降。隨著賺取合法收入的機會不多，高失業率、人心暴戾程度升高、土地復育又嚴重落後於計畫，凡此種種都助長盜獵問題。[126]跨國犯罪分子利用南非有效率的通訊及運輸系統，方便違法運送犀角；南非與亞洲之間海空交通量很大，犀角很容易就藏在更大量的合法貨物裡。合法、非法合流的問題，大家並不陌生。

犀角勾當爆炸般成長，成為非法創業成功最好的範例之一。毒品交易的整體利潤遠高於犀角，但成長沒那麼快。[127]犀牛角貿易的增長速度，類似於超載的網絡業務，儘管它的交易增長並不因網路關係，且網路上供應的犀牛角贗品，反而推動了犀牛角的需求。[128]

對販售犀角的人而言，很不幸，這種成長無法永續，犀角的供應有限。犀牛是「活化石」，打從距今五千五百萬年的始新世（Eocene）便活在地球上，是倖存在地球上體型最大的哺乳類之一，但幾十年內可能就無法在荒野過活。[129]

達爾文將天擇構思為「透過個體間的歧變，而發生演化改變，某些突變給予個別動物額外的存活機率」。[130]照達爾文的演化理論，「有條通則導致一切生物的進展，也就是繁殖、突變，讓最強的活下來，而最弱的死亡。」[131]然而，隨著大規模盜獵，達爾文思想不再適用：經常發生強者死亡弱者活下來的狀況。[132]相形之下，我們正目睹「失能的天擇」，我把這個詞彙定義成非演化的改變，導致不適者苟活。依據失能的天擇，物種或物種中部分成員的特性，比如聰明或能解決問題，沒半個能給自己增加任何有利的機率以存活。

犀牛遭滅種，也屬失能的天擇，因為這件事傷害到牠們賴以生活的環境。犀牛是非洲大草原生態的重要成分。犀牛吃草「對維持多樣性十分重要，還攸關樹與草的共存，原因在於犀牛創造出仿若馬賽克圖案般不時變動的地貌」。[133]

因此，過去環境裡最適宜生存的特色，比如尖角最長的犀牛或長牙最大的象隻，現反而成為鏟除的標的。牠們遭殺戮，縮小該物種的基因庫。無牙象愈來愈多足可證明這一點；母象較不愛跟無牙公象交配，但無牙象是演化對這個物種濫遭盜獵的回應。[134]

據達爾文天擇理論，犀牛應該是地球上最成功的存活者之一。牠們撐過數百萬年間氣候的巨大變化，活到今日。冰河、乾旱、大陸漂移——犀牛都渡過劫難。但如今牠們面臨絕種。失能的天擇顯然正在逞凶。

結論

我要完成本章的時候，雷射干涉重力波天文臺（Laser Interferometer Gravitational-Wave Observatory, LIGO）通力合作發現重力波，證實愛因斯坦相對論的最後一塊要素而榮獲諾貝爾獎。這項發現是累積四十年密集努力的登峰造極。一開始，有人懷疑實驗可不可行。但隨著時間下來，國際科學界及科技界通力合作，不斷投資在研究上，使技術能力可以測到既遙遠而體積又小的東西。

致使LIGO成功的很多要素，都具體展現在拯救犀牛的行動上。由環保人士、科學家、執法人員組成的國際團隊，資金充裕、規模大，又有多門領域的知識，試著杜絕殺戮犀牛。犀牛身為瀕危物種，目前受到國際條約、協定的保護。雖有這麼多通力合作，我們並未目睹累進而有力的解決之道。我們瞧見的，反而是一齣希臘式悲劇在眼前開展：在地球生存那麼久的犀牛，其剩餘族群正往滅絕邁進，似乎阻止不了。牠們是多股力量的犧牲品——人類天性、歷史、經濟、文化，還有跨國犯罪與貪腐的成長。

科學問題可由科技進展取得神奇解方，很不幸，拯救犀牛不屬這類問題。我們看到的，反而是市場的理性算計。只要有供需，想創業的行動者就會千方百計把兩者串連起來。法律、條約及執法只是一些限制，增加做生意的成本而已。結果便是，我們目睹一種偉大而悠久的物種，為了滿足人類一時之快不斷遭獵殺。地球僅剩的黑、白犀牛快速消失，讓想要維繫地球永續的人獲得重大教訓。成長最快的那些不法商業，正鎖定與人類相伴的物種，危及人類未來在地球的生活。

第五章

商業模式：非法勾當及創業的歷史轉型

商業大轉型正在進行之中。愈來愈多生意移往網路，而且交易愈發透過個人通訊器材進行。隨著交易地點轉到虛擬世界，我們面臨的現象並非全然陌生。倒不如說，新的不法交易者，跟他們的前輩還有合法經濟裡的同儕一樣，都尋求銷售及利益以維持他們的生意。要想經營成功，他們得尋找商機、策略聯盟等標的，以及在有價值的利潤市場中嘗試各種商業形式。要想成長，參與非法商業的人必須找到生意資本，並為自家商品開發市場利基和行銷策略。不法商人在擴展生意時會遭逢新的挑戰，比如招募並保住員工、專家及承包商；降低風險的同時保住不錯的獲利空間；管理競爭；吸收新科技到銷售及行銷模式裡。假如他們成功了，就必須決定是否獲利了結，或把利潤再投進既有的產品，還是多元化。有時，不法商人會將利潤部分或全部轉到合法經濟。

非法勾當的三階段

表五．一所示的三個大規模犯罪案例，顯示出非法勾當、創業精神及金流，隨著幾種新科技的發展而劇烈變化的方式：網路、手機及智慧手機、暗網（部分只能由洋蔥瀏覽器之類的軟體才能連上去的網路，可藏匿你的地點及身分）、信用卡及加密貨幣。[1]這三個個案，也可用來闡明不法商業基本原則的演變。

表五．一勾勒出非法勾當的主要轉型。第一階段已存在至少三千七百五十年，牽涉到知名人士販售的實體物品，使用貨幣及有形金融工具，經常有國家撐腰，以及如金銀等有價值的物件。這項交易自成文法初露曙光的古代便與人類同在，迄今亦然，我們從第一例，美國偷車集團存在那麼久，便可知悉。

第二階段如「藥品解密」（Pharmaleaks）案例所示，代表著非法勾當隨著新媒介網路容許不法賣家快速擴張生意及客戶基礎，已然發生轉型。誠如我們在第一章所見，斯米爾諾夫夫婦把銷贓這門古老行業升級到網路版，這個轉型階段並非僅限於電腦或電腦犯罪之中。綜觀歷史，科技創新大多數時候只是把現有的經營模式延伸到一種新媒介。[2]「藥品解密」一案當中，俄羅斯網路罪犯把大量偽藥賣給美國、西歐及澳洲顧客。在不帶個人色彩的第二階段的不法世界當中，買方賣方不再有個人牽連。與第一階段比較起來，第二階段引進全球金融系統的新工具：信用卡及電匯。這種犯罪有網路幫忙。[3]

第三階段可由「雪崩」（Avalanche）一案為代表，包含的不僅非法勾當，還有非法創業。這些賣家生產並行銷虛擬及無形的產品，以破壞電腦及電腦系統，比如殭屍網、惡意程式及木馬程式，還有服務阻斷攻擊（denial-of-service attack）。隨著加密用來隱藏買方和賣家的身分，暗網裡的買賣關係與付款都刻意匿名化了。[4]此中有些貨幣走向虛擬，不與任何貨幣或者貴金屬綁在一起。

大致時間	產　品	財物給付
第一階段：漢摩拉比到一九九〇年代中期——買賣贓品及有形品項	人們交易有形財產（例如「借屍還魂車行動」〔Operation Dual Identity〕）	現金、本於貿易的洗錢、以物易物、西聯（Western Union）匯款等其他電匯生意
第二階段：一九九〇年代中期到今日——電腦協助的犯罪	大家交易有形財產，只不過改到虛擬空間，通常透過網路（例如「藥品解密」一案，還有販賣偽贗品、古董、野生動物肢體）	付款系統扣合全球金融經濟（信用卡、預付卡、電匯、本於貿易的洗錢）；千方百計想隱藏買方、賣方身分

第三階段：一九九〇年代末期到今日——犯罪只與電腦相關	大家以網路及暗網等管道，（例如「雪崩」一案）交易犯罪用的無形財產，如惡意程式、木馬程式、垃圾廣告軟體、殭屍網、假的防毒軟體、釣魚工具、駭客工具、勒索軟體、服務阻斷攻擊等其他惡意電腦產品。盜竊身分、信用卡號，還有智慧財產如歌曲、影片及開發中的產品；僱人以部署惡意線上工具	付款系統扣合全球金融經濟及虛擬貨幣（例如比特幣、自由儲備〔Liberty Reserve〕）；用線上賭博來洗錢；交易經常匿名化

表五·一 不法交易的各階段

第一階段演化到第二階段，花了大約四千年。然而由第二階段演化到第三階段就極其迅速了——只用了幾年。這一點說明新科技的變形特色。對全球經濟來說，很不幸，這三階段非法勾當目前同時存在。

第一階段：「借屍還魂車行動」——有形財產及貨幣的非法勾當

在佛州坦帕市（Tempa），幾部車遭人由當地經銷展示處偷走，當地刑警無法自行破案。一位幫助他們的聯邦調查局幹員被上級調派去辦更大的案子，但他抽空繼續調查該汽車竊案，深信自己會偵破大案。他的毅力得到回報：兩年以後，全美五十州的執法單位都在辦佛州、德州及伊利諾汽車竊案，犯案的是一群古巴裔美籍竊賊。

這起打擊犯罪行動隨後命名為「借屍還魂車行動」，破獲美國最大竊車集團之一；偷車活動逾二十年，期間一百多人偷走上千輛昂貴汽車。有意購買贓車的人會洽詢集團的成員，去取得特定的高端車款。犯罪分子要不是由已偷來的庫存車，就是按「訂單」到別州偷車，來滿足客戶需求。這門生意的竅門，在於為客戶想要的品牌車取得合法的車輛識別號碼（vehicle identification number, VIN）。墨西哥犯罪分子充當這種服務的提供者，製造仿冒的車牌號碼及標示，還有偽造的購車原始文件以方便轉售。[5]這些車透過遍及全美的地下網絡行銷，尤其在芝加哥及德州，能換取現金或等值物品。[6]隨著犯罪營運演化，以及更多犯罪活動在虛擬市集進行，竊車賊也演化了，與第二階段的活動吻合一致，透過 eBay 及 Craigslist 賣掉某些車。[7]

「借屍還魂車行動」發布的新聞稿，只說破獲這個得手二千五百萬美元的竊車集團。沒人報導調查人員追蹤金流時發現什麼。[8]調查人員並未發現離岸銀行戶頭，犯案盈利反而是投資到另一種不法活動——種植大麻。經營大麻圃並不容易，照明得打上整晚，還必須一天二十四小時照料植物才有好收成。願意拿最低工資做這一行的人不多。在大麻農場工作，當時是非法的事，在很多州直到今天還是如此。非法移民不會自願在這類農場幹活，因為這麼做會增加他們被遞解出境的風險。做合法差事，可避開這種賺很少又可能被逮捕的艱苦工作。

為了取得勞工，講西班牙語的竊車集團首腦採行合邏輯的生意策略——由墨西哥進口數百名販運而來、同樣講西班牙語的工人。藉著強迫墨西哥偷渡客長時間做非法工作，大麻田的營運者接著轉型，由偷渡變成販運人口。「借屍還魂車行動」或許是美國毒品勾當與販運人口合流的最好例子，但絕不是獨一無二。

類似的形式也可見於英國的大麻農場。當地受剝削的工人是越南人，經常是童工，原因在於不法大麻耕作是由越南僑界成員控制的。英國也記錄到類似的不人道工作環境，工人沒戴護目鏡，長時間在刺眼的燈光下工作。[9]

第二階段：「藥品解密」案——
透過全球金融系統，在網路販賣有形財產

「藥品解密」一案足以代表第二階段，闡明非法虛擬市集很多鮮明的面向。[10]歷史悠久的偷車營生代表第一階段，要長期下來才獲利可觀。「藥品解密」不一樣，這起線上賣假藥案規模擴張迅速，三年運作期間收益極佳。學者研究這起網路犯罪的金融交易，結果顯示犯罪分子在這段期間，淨賺超過二千五百萬美元——跟借屍還魂車行動不法分子二十年間集攢到的營收大約相同。然而，藥品解密幕後的網路罪犯，賺到的遠比第三章提到的「鬼見愁海賊羅伯茲」少得多；羅伯茲在暗網市場絲路販售麻藥。儘管如此，藥品解密的罪犯以有限投資，還是享有極可觀的獲利。

藥品解密偵辦行動拆穿三個線上黑市藥品網站GlavMed、SpamIt、RXPromotion。他們的大本營都在俄國，二〇〇七到二〇一〇年間，在全球資訊網上營運，靠著販賣威而剛，還有未管制或偽造的心臟病、傳染病、肥胖症、止痛及心理衛生類藥物，銷售額達到一億八千五百萬美元。[11]對購買藥品解密產品的人而言，很幸運的是，經過測試，某些偽藥雖沒取得必要處方箋，但若以正確比例服用，真的含有合宜的活性成分。[12]但其他購買某些線上藥品的人，就沒那麼幸

運了。我們在第六章會談到。[13]

能取得藥品解密的財務數據並分析，是因為同行的網路不法藥品公司駭進他們競爭對手的業務紀錄，接下來把這些洩露出來的文件散布得「很廣，傳到地下論壇及檔案分享網站，有時候則傳給五花八門的記者、電子犯罪研究員、執法官署，以及範圍廣泛的地下行動者。」這些手法，是仿效「維基解密」（WikiLeaks）的曝光，因此取名為藥品解密。[14]與維基解密的差別點，在藥品解密還祭出傷害人身的威脅，因此所謂網路世界的犯罪勾當不會搞街頭生意式的暴力，這個說法不攻自破。

威而剛是網路犯罪分子的首選產品，原因在獲利空間驚人。十年前，對搞不法買賣的人來說，威而剛的街頭黑市價已別具一格，遠超過販賣毒品。海洛因的利潤可達百分之六十六，古柯鹼百分之四千六百，鴉片百分之兩萬七千四百。然而，威而剛的加價數字則是驚人的百分之十六萬六千七百。[15]仿冒藥品生意的比較利益優勢，有助於解釋其爆炸式的成長。國際刑警組織估算，偽冒藥劑這一行年營業額為七百五十億美元。[16]

令人驚訝的是，GlavMed及SpamIt的幕後首腦古塞夫（Igor Gusev）及維魯布列斯基（Pavel Vrublevsky）並沒充分獲利於仿製威而剛的價格優勢，原因有二——廣告預算高，貪官拿太多，都限制他們的獲利在大約百分之十六的程度。[17]

合法網路賣家如亞馬遜動用叫做「轄下」（affiliate）的獨立承包商，將顧客吸引到他們的網站。不法商人及盜版數位內容賣家也有屬於他們的轄下，在那個平行世界裡，用上五花八門的技巧，比如垃圾郵件、八卦論壇、部落格、社群媒體及即時簡訊。[18]在不法虛擬世界打廣告的費用要比在合法商業世界高得多，原因在風險，還有開發及散布垃圾郵件時會索取高額成本。能力高強的轄下替犯罪分子工作，一天可以賺到五千美元，甚至月入三十萬美元。[19]

藥品解密的經理人付給轄下的佣金，在百分之二十五到六十之間，端看他們提供的服務。[20]作為交換，替古塞夫及維魯布列斯基工作的垃圾郵件客橫掃遍布各國使用者的電郵信箱，他們堪稱網路上最大的垃圾郵件散發者。對公司來說，垃圾郵件或許很燒成本，但是發郵者獲利可觀。二〇一二年，倫敦警察廳（New Scotland Yard）的一名專家解釋道：「垃圾郵件客只要有百萬分之一的回應率，就足以獲利了。」[21]藥品解密的幕後公司群，全盛期發的垃圾郵件約占全世界垃圾郵件的半數，因此他們拉到很多客人，只是付費給垃圾郵件客，大大減損他們的獲利空間。[22]

藥品解密公司群另外付錢給貪腐的銀行內線，確保管道暢通，能進入付款系統，讓他們與全球金融活動得以連通，又准許購買者透過信用卡為自己訂購的藥品付費。給藥品解密的信用卡費用，是透過一些重要的銀行樞紐地來處理的；那些樞紐以疏通洗錢而聞名，比如亞塞拜然及利陶宛。加密貨幣出現以前，跟銀行業打好關係，對線上藥品生意模式誠為關鍵。有一次，這些賣假藥的人與幫他們疏通信用卡付款金融機構間的聯繫，遭西方執法單位切斷，生意一落千丈。網路罪犯大罵信用卡公司，用俄文寫道：「威士卡公司……用汽油彈燒我們是不是？」[23]隨著銷售下跌，網路上垃圾郵件的數量比也大幅下降。[24]

維魯布列斯基最後的下場，是因為惹到不對的人，被以電腦犯罪關進俄國監獄，刑期兩年半。但拘禁沒多久，俄國政府給他一個「無法拒絕」的提議：替俄國政府做事，「得立即出獄」。獲釋後，他被任命為俄國政府的全國支付系統首長。[25]維魯布列斯基取得任命，不光因為他有高級電腦技巧，還因他跟經管殭屍網的人接觸極廣，那些人的工具可用來生產垃圾郵件，推發假新聞。[26]透過管理俄羅斯全國支付系統，維魯布列斯基身處完美地位，可以把不固定、付給負責替俄國打網路戰的科技流氓界之款項，藏在數量龐大的正常支付當中。[27]

維魯布列斯基具體展現網路海盜或網路私掠者的模樣——這樣的犯罪分子，既魚肉他人來牟利，但同時又在網路空間替自己政府服務。[28]俄國黑道招兵買馬、人才濟濟，培養國家撐腰的駭客，尤其當外國調查案替最有才華的犯罪分子指出這條路的時候，更是如此。

第三階段：「雪崩」案——透過全球金融系統及加密貨幣銷售的虛擬產品

「雪崩」案是全球多國警力合作破獲的成果，搗毀世上最大又最燒錢、由暗網營業的犯罪企業之一。破獲該集團時，他的網絡已感染一百八十九國的電腦，每天多達五十萬部電腦受影響。[29]該網絡由烏克蘭及保加利亞的犯罪首腦經營約十年，在母國沒碰到什麼執法單位的干擾。[30]

二〇一六年，該網絡要角尼可洛夫（Krasimir Nikolov）被捕，在此之前，西方檢調人員追蹤勒索軟體被害人的付款，在保加利亞發現與他有關的銀行戶頭。[31]過沒多久，在二〇一六年十二月，警方在烏克蘭中部城市波爾塔瓦（Poltava），逮捕「雪崩」幕後另一名要角卡普坎諾夫（Gennady Kapkanov），過程中前來抓他的突擊隊還與其猛烈搏鬥。很不幸，他遭羈押甚短。法官釋放卡普坎諾夫之後，警方很快就失去其下落，這件事反映出烏克蘭地區執法單位要不是貪腐就是無能。[32]

「雪崩」網絡能傷及全球，是因為他「支援世上最惡毒的二十多種惡意軟體」，並賣給全球客戶。[33]暗網裡，顧客可沒有如 Google 的搜尋引擎。所以，「雪崩」幕後罪犯要找客戶，是靠在暗網上營運、非會員不得接觸的地下網路罪犯論壇，在上頭貼文，廣告其產品及地點。

「雪崩」罪犯賣的惡意軟體，能感染個人及公司的電腦，也可以充當武器，使用於虛擬空間。惡意程式界的超級巨星GozNym便在雪崩的平臺上銷售，被用來鎖定二十二家美國金融機構。單是在德國，犯罪分子對德國網路金融系統造成的傷害，估計約在六百萬歐元（約合七百五十萬美元）。[34]他們另販售Corebot這種木馬程式，來偷竊銀行及身分檢驗資訊，以便登入網路銀行帳戶。[35]

賣給罪犯的勒索軟體，導致被害人損失數億美元。[36]買下Nymaim惡意軟體的人，能將被害人的電腦檔案加密鎖住，不讓他們登錄取用自己電腦系統的內容。被害人得付可觀金額給勒索軟體攻擊者，才能取得金鑰以解密檔案。很多透過勒索軟體的打劫案進賺數千萬美元。犯罪分子也用惡意軟體報復執法單位。購自雪崩的勒索軟體，曾成功攻擊西維吉尼亞州阿利根尼郡（Allegheny County）區檢察署得手，地檢署答應以等同一千四百美元的比特幣，贖回登錄取用電腦檔案的權利，這件事證實加密貨幣在「雪崩」支付系統有其角色。[37]

非法勾當的三階段及非法勾當的生意力學

不法生意過去三十年間已劇烈改變。然而，對借屍還魂車行動、藥品解密、雪崩這三項個案的研究指出，儘管非法勾當快速演化，這類「事業」依然以生意形式運作。表五．二勾勒出合法與非法商人創業家之間的關鍵差別。兩類商人都依生意邏輯來營運：他們必須找到顧客，強力行銷自家產品，管理供應鏈，使用科技來實現最大優勢。他們還得篩選員工。不法商人與合法商人最明顯的分歧，在於他們施展詭計來藏匿商品及供應管道，有系統地貪腐，不時剝削員工，對於品管幾乎（甚至完全）不花心思，愈來愈仰仗暗網而非網路來進行活動。[38]與其尋求誠信，不法商人須確保員工及承包商，過去曾有真實的犯罪前科，以及發動電腦攻擊的實用技能。[39]

跟合法經濟一樣，網路世界也發展專業化及外包。舉個例子，藥品解密的首腦可不想使用自家公司發垃圾郵件找客戶，而是僱用大量專精此道的垃圾郵件客，在網路上大撒廣告郵件，然後按提及件數為本，付佣金給他們。

然而，其他犯罪工具並未喪失其價值：無論在真實或虛擬世界，暴力及恫嚇依然是非法勾當的工具。[40]誠如序章所言，絲路創辦兼營運人「鬼見愁海賊羅伯茲」就試過僱請打手捍衛他的財務利益。藥品解密的罪犯在虛擬世界威脅要動粗，卡普坎諾夫還用 **AK-47** 步槍跟警方突擊隊槍戰。[41]

犯法分子的不法活動，透過他們使用銀行、信用卡、郵遞服務及合法運輸業者，而與合法經濟有交疊之處。藥品解密歹徒由美國信用卡業者收到款項，雪崩的尼可洛夫還使用保加利亞的知名銀行。然而，也正因這種合法、非法世界的交疊處，才讓犯罪組織甚為脆弱，成為搗毀數個此類犯罪營運的關鍵。

	合法創業及交易	**不法創業及交易**
商業邏輯	有	有，但經常眼光短淺，尤其是網路相關生意
消費者	以公平價格尋找想要的產品，不論在實體商店或網路，取得都合法	尋找並非合法可得，且供貨源索價較便宜的產品，經常不曉得產地
取得資本	較容易由各種合法來源取得資本，比如銀行、合夥出資、股市、創投基金	由勒索、合夥出資取得；用獲利低的罪行來提供創投資本，供油水較多的活動之用；貪腐官員或許還動用他們控制之下的天然資源

表五·二 創業及交易

人手	選才範圍很廣，特別是技術和教育程度高的人；按理會遵守勞動標準及法律；提供職訓；僑商社區很重要	剝削偷渡者及弱者，尤其是缺乏合法就業管道的人；經常動用威逼脅迫；用網路找人手；經常提供職訓；僑商社區很重要
行銷策略	廣告；轄下公司招客人來網站；找熟練的行銷及廣告公司	用網路媒體來行銷；不法轄下組織透過垃圾郵件找人來網站；暗網；透過私人聊天群及論壇做廣告
成長策略	多元化、加盟授權、策略聯盟	多元化、加盟授權、策略聯盟、腐敗公權力
產品開發	合法創業者要有預算做研發；留心於品管	偷竊新產品的設計及知識財；投資於開發攻擊電腦用的惡意工具；不在意品管
處理競爭	合法手段——調整價格，行銷時強調競爭優勢	動用法外手段，包括施暴、洗劫企業（俄羅斯）
運輸及供應鏈後勤	以最有效率的管道送貨；供應鏈透明	運送不法商品時走傳統管道；用次級港口及自由貿易區來轉移不法商品；動用詭計及間接管道來遮掩貨物；把非法勾當與合法生意合併起來

黑道白道的生意力學

經商邏輯

雖說只有借屍還魂車行動撐得夠久，但第一、二、三階段的非法生意都以同一個商業邏輯營運。非法生意人比起合法世界的商人，營運時段經常較短，原因在他們不指望長期存活下來。那三件個案的首腦與創業人士極度相似，而非試圖閃躲繳稅或法規的走私犯。他們都建立經過整合的跨國犯罪生意。參與借屍還魂車行動的人由國外進口勞工，在他們的大麻農場裡受剝削工作。藥品解密的俄國創業者建立很多網站，讓自己能做跨境生意。而雪崩的歹徒提供全球支援服務，確保他們販售的犯罪工具能有效部署。

非法交易反映文化及歷史

非法商人跟合法經濟的同行一樣，反映出他們國家或地區的貿易歷史及文化。借屍還魂車行動的歹徒延續長達數百年之久的傳統，維繫跨美、墨邊境的非法流動及商道。然而牽涉其中的商品演化了。高課稅的消費者商品如酒精及香菸，已遭人口、毒品及武器取代。[42]

藥品解密反映俄羅斯作為原物料出口者的歷史，而非製造業者或加工成品貿易商。俄國國內沒有藥劑產品可銷售。於是，那些俄國人在網上行銷藥劑，還得從海外採購藥品，或直接向印度及中國採買處方箋藥。藥品解密生意雖說利潤頗高，但產出的盈利比垂直整合生意來得少；後者的供應鏈從生產到銷售，都由相同事業體控制。舉個例子，中國贗品的銷售，就是垂直整合生意。

誠如本案例所見，俄羅斯的競爭優勢，就在蘇聯及後蘇聯體制下的高度數理教育；人民具有這種知識程度使得網路犯罪猖獗。很不幸，蘇聯解體後的國家都沒有規模足夠的合法網路公司，限制了合法就業的機會，不足以容納那些擁有先進網路技巧的人。

移民以支援貿易，創造出僑商社區。[43]誠如在稍早介紹歷史的章節所論，他們過去幫襯非法勾當，今天仍舊如此。舉個例子，西非的黎巴嫩僑社成員在資助真主黨的非法勾當裡扮演重大角色。[44]西歐土耳其僑社的成員，就流通巴爾幹商路而來的海洛因來說至關重大。[45]

消費者與市場

商販都得找買家。借屍還魂車行動的歹徒，用自己的人脈網找客戶，故此客戶基礎受限。非法生意最近的階段顯示，透過網路能找到的非法商品顧客，範圍很可觀，能達到國際規模。現已出現很重要的不對稱：人數不多的非法賣家僅在幾個國家營運，就能賣給數目龐大的全球買家。[46]

非法創業者及商賈利用以下事實：今天的全球市場價格十分競爭，還有消費者對假藥及網路買藥危及自己個人健康與社會的想法太過天真。幸運的是，藥品解密交貨的藥，一般都很可靠。而其他案例裡的網路買藥者就沒那麼幸運，有人因服用劣質藥劑而送醫急救，甚至死亡。

取得資本

不管黑道白道，生意人要創業，都得取得資本。所有的生意都很難取得初期資本，對經常出身邊緣化社區的不法創業人以及商販而言，資金取得管道更難。因此他們經常小本創業，用一種非法活動，生錢出來做另一種。

相形之下，地位好的官員經常不需要初創資本。很多國家的衛生、林務及勞工官員都利用他們在政府的位子，不法行銷他們控制之下的天然資源。對邊界爭議區的居民而言，走私販在當地幹了好幾代，取得資本不算難事。家族持續做非法生意，創始資本的需求壓力就沒那麼大。成功的走私販把他們的技能及管道世代相傳，各地皆然，比如在美墨邊界、法國馬賽港、鄂圖曼帝國邊疆、巴爾幹半島西界，還有東方的庫德族山脈區。[47]

不法商人的生財之道包括透過不法小買賣、勒索、拍賣、股票，還有較晚近時，網路世界使用的新科技。不法商人還經常剝削最弱的人以產出資本。犯罪分子可以脅迫兒童去當乞丐，或者強逼女人、女孩去賣淫。人口販子把這種剝削賺到的利潤撥出來蓋豪宅，以及投資在其他生意。[48]

有兩種小型犯罪的規模很大：香菸及贗品，被用來當〈創投資本〉，從事更大規模的非法活動。舉個例子，義大利檢方揭露，以那不勒斯為基地的犯罪組織克莫拉便由銷售盜版光碟取得可觀利潤，再把利潤轉投資到毒品、軍火及高利貸。[49]

在捷克共和國，越南僑社透過低階不法香菸買賣，產出創投資本。取得初始資本，他們就能成為重大管道，進口來自亞洲的贗品，賣到西歐。資本及人脈，讓越南犯罪分子得以進階，去做油水極豐的非法犀角生意。[50]

索馬利亞提供一個迷人案例，指出如何由非法活動產出工作資本。當地海盜由本地社區及索馬利人僑社的「投資」，來周轉他們的海上冒險事業。一旦籌到資本，一度是個小漁村、距首都摩加迪休（Mogadishu）二百五十英里的哈拉代雷（Haradheere）港便成立股市，注資給不同的海盜出征。[51]當地更舉辦拍賣會，以分配未來海盜打劫作業的股份。這真是呼應亞當．斯密的資本主義形象，話雖如此，不法行動者仰仗的，是合法經濟熟知的方式。

在新型數位經濟裡，不法創業者另透過交易、集體出資、集體分攤來產出資本。一個有趣的案例可說明這種現象，某個烏克蘭駭客火氣衝天地想報復踢爆他身分的部落格主，[52]他向暗網上的詐欺同夥募集比特幣，去絲路網站買高品質海洛因。接下來他安排買好的毒品，寄去給人在美國的部落格主，在此之前，先把毒品送貨通報給執法單位。[53]好在這個駭客先被揭發，於是面臨刑事起訴的是他，而非部落格主。

招募人手及用人政策

非法生意也要僱請並留下能執行必要任務的人手。非法勾當的步卒，經常是流離失所者及偷渡客，還有出身高失業率地區的年輕人。員工可以充當貨品、款項的攜帶者，還有毒品、贗品及非法野生產品的銷售人員。

犯罪組織會鎖定及列檔個人與機構，經常還投入可觀時間甚至金錢來招募他們。要達成這些目標，不法販子要有心理洞察力、能找到脆弱不堅定的人，還要願意動用到勒索。[54]

天真的家庭主婦、學生、長期失業人士才會回應網路廣告，替不法生意當「錢騾」（money mule），在銀行戶頭及國與國之間搬轉金錢。他們的酬勞及福利是透過入口網站磋商的。他們做這種活動，成功通常為時很短，因為很多人會被指認出來，受到刑事制裁，雪崩一案就是如此。[55]

黑道經濟低階人手的職前訓練，因狄更斯（Charles Dickens）名著《孤雛淚》（Oliver

Twist）裡的角色道奇（Artful Dodger）而化為不朽，他訓練男童聽命成為扒手及底層罪犯。在職訓練並非全然消失。被賣掉的年輕女子就經常接受買方訓練，怎樣滿足嫖客。[56]毒品夾帶人被教導如何藏匿他們運送的貨品，而野生動物產品走私人接受指導，如何掩飾自己運輸的動物肢體。

發動一起成功的惡意軟體感染攻擊，也可同時提供訓練。網路犯罪組織招來的人，會傳授如何匿名自己的身分，確保作業時的安全，並成功配置加密貨幣。[57]

非法創業者跟合法公司及生意人不同，不必耗神在勞動條件及勞工安全。大型國際企業如雀巢等其他大巧克力公司，因長期向使用童工的農場採購可可豆而飽受譴責。[58]蘋果（Apple）為其上游供應鏈中國富士康公司發生多起工人跳樓自殺事件發生受到批評。[59]沃爾瑪（Walmart）、蓋璞（Gap）等其他服飾進口商，則向無法確保工人安全的孟加拉服飾廠進口衣服。[60]

相形之下，非法創業者可以強迫勞工在不安全條件下長時間工作，還不付傷害賠償。他們可以逼礦工沒有保護設備就去工作。誠如談到大麻田時所述，此類勞動措施減少成本，增加業者產品的競爭力。這些舉措牴觸國際法準則，但在非法勾當的世界，休想指望任何公平的勞工待遇，勞工也沒什麼機制可以反抗不當對待。此外，虐待勞工以生產贗品、開採鈳鉭鐵礦或銷售非法林木的不法創業者，幾乎不會遇到文明社會裡爭取改善工人勞動條件的活躍人士。這些生產者匿名，供應鏈不透明，都排除掉問責行為。

開發新市場及找到客戶

非法創業者追求的經商目標多半跟合法業者相同——成長、產品受人喜愛、行銷強而有力。然而他們的客戶及產品，有很多重大差別。不法創業者經常行銷不能在合法市場的品項，比如與未成年人性交、兒童色情影片、毒品、遭禁物品如瀕危物種，還有違法電腦產品如惡意程式、垃圾郵件程式及殭屍網。此外，非法業者行銷的方式，經常是合法市場禁止的，比如產生垃圾郵件、脅迫買方或讓人上癮。[61]

毒品販子會先提供少量貨色，「釣到」一些客人，而增加客源；那些新上癮的人，接下來變成忠實顧客。在更高層級的毒品生意，大毒梟開發市場時會發展風險紓緩策略，動用暴力及貪腐以追求最大效益。[62]

不法商人或許沒有管道直通廣告公司林立的麥迪遜大道（Madison Avenue）或公關公司，但他們發展出適合其客戶基礎的行銷策略。人口販子透過五花八門技巧，找到他們的被害人及顧客。人口販子在美國東北部聚集很多墨西哥及中美洲移民工的地點分發名片，使用密碼符號代表買春，還有電話號碼可打。[63]因為那裡的拉丁美洲嫖客不上網，他們跟中西部北段的合法皮條客一樣，仰賴傳統印刷品進行促銷。[64]

然而，美國皮條客不僅在購物商場和巴士站找潛在被害人，也逐漸開始透過社群媒體找人。

他們在臉書、Instagram、Snapcaht 等貼圖，誇耀自己物質方面的成功，專攻年輕女孩；她們是人口販子想徵募的族群。[65]

為了透過網路找買春客，動用了不同花招。網站如 Craigslist 及 Backpage 在美國用以行銷欲買賣的被害人和她們的照片。各州檢察長掃盪 Craigslist 的賣春廣告之後，這類廣告便搬到 Backpage 去。[66] Backpage 偽稱自己是無辜的廣告刊登平臺商並非事實。

Backpage 的不實陳述會被踢爆實為意外。他們跟很多公司一樣，把自己的電腦服務外包到科技服務工資更為便宜的開發中國家。靠著僱請一家設在菲律賓名為 Avion 的公司處理其賣淫廣告，Backpage 公司便可宣稱這類賣淫相關的廣告不在其管轄之內。Backpage 人員錯誤地相信，Avion 公司電腦系統位在美國境外，讓他得以安全不受審查。[67]

這種賺錢策略被踢爆，是因為菲國檢方以一起毫不相干的案子，指控 Avion 涉及房地產銷售違規為由，而抄沒其電腦。由於菲國檢方偵辦房地產案時發現與未成年人賣淫相關的檔案，讓 Avion 的檔案與 Backpage 牽連起來，電腦被送去美國進行刑事分析。

那些檔案揭露，Backpage 要 Avion「到其對手經營的網站，招徠廣告主還有買春客。」[68] Avion 按照與 Backpage 訂的合約，出力製作新廣告，有時編輯內容以便隱藏賣春女孩未成年一事，如此就遮蓋了廣告的不法元素。

刊在 Backpage 的賣春廣告替皮條客產出不錯利潤，替 Backpage 公司合夥人產出的利潤卻更為龐大。[69]成長速率之快，只可能在科技界出現。二〇〇八年，Backpage 賣春廣告營收為五百八十萬美元，到二〇一四年成長到一億三千五百萬美元，且獲利率達百分之八十二。持續成長指日可待。[70]加州檢察長報告，二〇一六年末 Backpage 執行長被捕之前，Backpage 內部文件指出，由二〇一三年元月到二〇一五年三月，公司九成九的收入「直接歸功」於成人廣告，那段期間，逾五千一百萬美元的營收產自加州。Backpage 的創辦人因為高獲利，二〇一四年拿到一千萬美元的紅利。[71]二〇一八年四月初，在許多聯邦執法單位合作努力下，終於讓政府查封 Backpage.com 網站。[72]網站查封後不久，鳳凰城大陪審團祭出九十三條罪名的起訴書，Backpage 公司的七名高層隨後便遭逮捕，並控以圖謀不軌、推動賣淫及洗錢等罪名。起訴書指稱，自二〇〇四年以來，Backpage 把賣淫相關的五億美元洗白，而且，七名應徵 Backpage 廣告的少女遭人謀殺。[73]

成長策略

合法經濟裡，很多新創事業都會失敗。想在不停變動的市場裡活下來，不管黑道、白道生意，兩界的賣家必須對一項挑戰有所回應，那便是消費者的需求。販賣過時或不吸引人的贗品，一如合法零售商的產品沒能吸引客戶，也會遭致巨大虧損。黑白兩道商販若能建立壟斷，或者達到市場支配地位，就能成長快速。[74]

為了成長，網路罪犯的營運必須流暢，經常瘦身且營運自動化。相形過去幾千年，做生意得靠人際關係，今天在網路做生意的歹徒從不碰面，就算有也很少。[75]他們經常靠著網路論壇、暗網上的聯絡，建立並維繫接洽人。

貪腐是促進成長的工具。不法創業者及商販規避法規及稅金，利用貪腐官員來確保他們的商品能賣掉。此外，貪腐官員還可以藉著選擇性執法，來除掉不法商販的競爭對手，並能保障特定的非法勾當不受稽查。

虛擬世界跟實體世界一樣，供應方必須滿足消費者才能成長。在暗網裡，一如合法網站如亞馬遜，都有採買評級系統。消費者可以評價賣家，留下評論，提供建議給其他買家。「網站主事者每次成交，都抽百分之五到十，另制定廣泛政策……他們以比特幣收買調解人經營客人論壇，處理客訴。」但在這種不法世界裡，有些人存心想玩這套系統。賣方比如「420先生」（Mr420）就兜售不實評論。[76]

多元化

不管在黑道或白道世界，很多生意都尋求多元化，確保自己不會只靠販售單一特定商品。非法行動者在幾種非法勾當中轉換，把利潤放到最大並降低風險。規模經濟要靠同時致力於多元部門來達成，達成稱為「匯聚」（convergence）的狀況，也就是由相同團體犯下多種罪行。[77]罪犯分子用他們從一種領域學來的技能組合，再運用合法生意界知之甚詳的策略，進入證實有利可圖的新型非法勾當。

多元化可以發生得很快，因為從事非法勾當的組織，比起打擊他們的官僚結構更有彈性、擅長適應。非國家行動者一發現商機立刻抓住，而且碰到財源縮減時，很快就換去找新的收入來源。舉個例子，墨西哥犯罪集團已多元化，由販賣毒品，兼做走私人口及販售能源產品。[78]

歐洲刑警組織也注意到很多設在歐洲的犯罪組織愈來愈多元化，近年涉足人口走私。他們估計，歐盟範圍內約有五千個國際組織化犯罪集團在營運，這些俗稱「聚合犯罪」的團體，超過一千個以上的收入來源為多重犯罪活動。[79]

借屍還魂車行動幕後罪犯也多元化了，他們從事多重犯罪行為，包括幫人偷渡、竊取身分、生產大麻、販運毒品、入侵私宅甚至謀殺。[80]

恐怖集團也多元化他們販賣的不法商品。哥倫比亞的恐怖組織，哥倫比亞革命武裝力量以販毒聞名，在與哥國政府談和之前，已取得新的非法資金來源，那便是黃金。開採黃金是低風險和高利潤的結合，有助於說明為何目前開採自哥國的黃金，超過八成是非法的。[81] 近來哥倫比亞革命武裝力量由銷售非法黃金取得的收入，已超過毒品。哥倫比亞革命武裝力量還把他們做生意的手法轉移到這種新商品上。開採黃金一如買賣毒品，恫嚇、暴力、勒索及剝削原住民，是司空見慣的做事準則。此外，這兩種產品都傷害環境：毒品生意致使地力耗乏，還因使用有毒農藥而破壞土地，不法黃金生意將危險化學劑品投入水中，開採過程也會危及人命。[82]

恐怖團體伊斯蘭國賣石油，但也由綁架、勒索、販賣違禁品及古董而獲利。[83] 多元化的好處還不止財務方面。做惡的非國家行動者還可以轉移地點及貨物，藉此降低風險，讓執法單位大傷腦筋。

誠如我們談犀角交易時所見，販賣天然資源的歹徒向來能迅速擴張其生意，因為他們對黑道生意不是新手。很多保育生物方面的歹徒，以往幹過貪腐、偽造、毒品、軍火及販賣人口，再加上網路及金融犯罪。[84]

如前文所提，網路罪犯會接連行銷不同的商品，比如藥品解密幕後那些惡人。他們踏入不法藥品生意以前，就在賣兒童色情影片了。一碰到自己無法由賣藥取錢，他們就轉而去販售造假的防毒軟體。[85]

暗網裡的虛擬犯罪市場也漸多元化。相同的網站可賣毒品、武器、惡意電腦軟體，還有替自己所賣的惡性工具做科技支援服務。暗網上還提供出租殺手。[86]

結構與下決定

義大利等級分明的犯罪團體，比如西西里黑手黨、克莫拉、光榮會（’Ndrangheta），名列世上探討最多的犯罪組織。[87]為了撐過漫長光陰，他們向來專注於內部倫理典則（當個有榮譽感的人），尊重指揮鏈、有效動用暴力及組織名聲。誠如甘貝塔（Diego Gambetta）在《西西里黑手黨》（The Sicilian Mafia）書裡所寫，那個組織能立足，是因在十九世紀互不信任的環境裡，為馬匹交易做認證。[88]

較晚近的犯罪組織與黑手黨相較，等級沒那麼森嚴，不法販子經常在網絡架構裡運作。因此他們的彈性比很多合法公司更大；合法公司較為官僚，下決定時也更講究形式。這種架構讓新的不法販子在商機興起時能快速因應。因此，當不法販子由於過度剝削，耗光自然界植物或某處的野生動物後，就隨即將非法勾當轉到他地。舉個例子，大象的盜獵隨著象隻受害，正移動到非洲更為偏遠、戰亂頻仍的地區。[89]

網路不法業者則有不同的結構，比如雪崩，他的結構「很像一家資訊科技公司，有程式設計師、網頁設計師、系統管理員等其他可以在合法企業找到的角色。」雖然雪崩隨著時間愈來愈受到執法單位的注意，但其存在時就像一家公司，原因在於擁有優良的領導階層、廣告成功、產品創新，以及客戶支援做得很好。[90]

為求發展，不法生意也要有策略計畫或成長願景。打進虛擬黑道世界的網路專家所做的研究顯示，他們的轉進策略，經常是由真實世界移到虛擬。故此，他們的計畫包括產品開發、改善後勤、發展並保養供應鏈，還吸收新科技，也就不足為奇了。

策略聯盟

策略聯盟經常能促進黑道生意成長，一如在白道。不法世界的聯盟，經常把高度分歧的團體聯繫起來，而超越重大的道德分裂、地理疆界，甚至是政治衝突。舉個例子，亞美尼亞人跟亞塞拜然人（Azeris）本是世仇，為敲詐俄國市場可以合作。[91]臺灣跟中國大陸的網路罪犯在印尼合作營運，鎖定華語人口。[92]

合法的多國性貿易公司會在全球設辦事處，授權經銷商，讓廣大地區都取得服務，但黑道聯盟除網路世界以外，通常不太走全球路線，較偏於專案方向。例如英國檢方報告指出牙買加與土耳其毒販在英國的合作。

用洋蔥瀏覽器之類軟體才能匿名進入的暗網裡，生意人可能不曉得生意夥伴住在哪個國家。[93]這種匿名能力更因數位貨幣而加強；數位貨幣讓買、賣雙方的身分與國籍更加晦澀不清。二〇一四年，美國司法部與外國執法單位合作，成功破獲一起惡意軟體案件，涉案的線上商販五花八門，有阿爾及利亞人、保加利亞人及俄羅斯人，有些還住在英國境內。[94]

產品開發

合法公司若想成長，必須投資在產品開發。但專挑他人產品下手的不法商販可不必投資，管他是時尚設計、藥品還是電子零件。[95]

科學、科技創新自構思伊始就會被不法人士鎖定，但直到他們抵達一定的經濟門檻時，最容易被霸占。對合法企業而言，失去未來產品，代價格外慘重；而不法業者能以最小代價取得新科技，則如獲至寶。各色西方國家已認出這個難題；咸信偷竊這類產品的賊人，有些是國家撐腰的犯罪分子。

美國執法單位已認定，產品遭竊值得嚴重關切，尤其是加州科技聚落的產品。二〇一〇年開始，瑞典也推動不少網路相關的案子，打擊透過檔案分享而侵犯著作權，還有利用網路而違反產業財產權的犯罪。[96]有時候，竊賊會在中國替偷來的產品設計申請版權，以阻止那些正版產品未來在龐大的中國市場銷售。

聯合國毒品和犯罪問題辦公室揭露了化學合成毒品市場是如何充滿活力與原創性。二〇〇九到二〇一六年間，共計一百零六個國家和地區回報新出現的精神影響物質達七百三十九種。[97]合成毒品勾當的崛起，堪稱非法創業行為的絕佳案例。近幾十年合成毒品交易的巨幅成長，反映出科技對非法勾當的成長有多麼重要。搖頭丸、安非他命、甲基安非他命，以及其他化合生產的毒品如芬太尼，都出現成長。化學合成類毒品經常稱為「狡詐家藥物」（designer drugs），也反應合法交易的一般趨勢，那便是流行的消費者物件，能取得優渥價格。[98]在市場裡，源自農業勞動的商品品項，能取得的價格較低，而且不管是人吃的食物，還是吸食源自罌粟、鴉片或是大麻株的毒品，其趨勢都相同。

合成毒品有個額外優勢，就是讓毒販把生產搬到離消費者更近的地方，從而減少運輸成本、與沿著長長供應鏈遭查獲的機率。縮短產銷距離，也減少行賄官員的成本，因為產品進入市場前，必須賄賂的人數減少。合成毒品如搖頭丸及冰毒幾乎所有市場都可取得，但最驚人的成長率見諸亞洲、澳洲及中東。精神興奮劑「苯甲錫林」（Captagon）則在沙烏地阿拉伯稱王。[99]

二〇〇〇年代中葉起，合成毒品開始在較貧窮、耕作傳統毒品的國家生產，比如緬甸。二〇一五年某次抄沒合成毒品時，便起出二千七百萬顆。[100]

鎖定電腦的新產品，比如惡意軟體、殭屍網及木馬程式，都名列黑市成長最快的領域。[101]這些東西，是歹徒唯一真正投注自身資源，以開發出產品供銷售、授權及出租的領域。

品管

很多合法大企業，尤其在人民有權的市場上，都在品管上投注可觀心力，以免傷及品牌聲譽，或者防止使用者受害而須面對官司訴訟及罰金。美國的電視與網路廣告都在提醒車禍被害人，他們能因為汽車安全帶有瑕疵而出事，去控告豐田汽車，或者吃了未批准便上市銷售的藥物導致身體受損，而控告製藥公司。[102]

很多販售贗品的創業者或商販不太在意品管，原因在他們並不依賴品牌聲譽或者回頭客戶。此外，假如消費者因個人受害而採取行動，因劣質品而吃官司的往往是有專利的原廠，而不是賣假貨的。

很多不法創業的人根本不在乎自己製造或銷售的嬰兒奶粉、殺蟲劑、藥品是否有瑕疵，或者製造幼兒玩具時，原料是否有害、環境是否極骯髒。[103]很多對健康傷害最大的產品，通常銷往對產品安全缺乏法律規範的市場，比如前蘇聯國家或非洲各國。在蘇聯解體後的國家裡，以有毒組件生產的玩具受到掩飾，有時還掛大公司的牌子銷售，然後賣給不知情的顧客。[104]

因應競爭

由於非法商販可以更輕易動用法外手段如腐化官員、共謀及制定價格，因此就因應競爭對手方面具有某些優勢。這些優勢幫助他們限制競爭，達成市場支配，還有壟斷價格。105

非法行動者經常威脅，甚或動用暴力，來確保供應商、賣家或中間人就範。暴力在毒品買賣特別突出，集團為了控制地盤及管道而打仗。毒品販子慣常動用威脅及實際蠻力，以確保顧客按時付款。暴力會伴隨人口買賣，是因為皮條客試圖占有對手旗下的女孩。有人以為虛擬市集能減少暴力，但網路世界絕非零暴力，仍舊會動用武力或者威脅動武來對付競爭對手、沒能付錢或生產商品的人。106

在俄羅斯及很多後蘇聯國家，發展了一種稱為「洗劫企業」（corporate raiding）的手段，以消滅對手；他的運作方式與西方對此名詞的概念大異其趣，是透過腐化及暴力手段來鎖定競爭對手，並用組織犯罪、共謀的執法官員及偽造文件，來奪走別人的資產。107

後勤

黑、白兩界商販都要後勤專家。對白道商家來說，後勤考量點包括供應鏈的安全，送貨的成本及效率。亞馬遜能快速成長為世上第八大零售商，原因在於他結合了網路的便利觸及性，還致力於送貨快速又準確。[108]

這類做生意的信條，有些是非法商販與合法商界共通的，但不盡相同。他們必須確保把自己的貨送到市場。但他們不要做生意透明，也不要貨物可以追蹤、留下痕跡。他們喜歡的生意地點，要能不被查知，可賄賂官員，逃稅，不受管制。他們經常仰賴偽造文件如護照、駕照及身分證，方便送貨。負責疏通的人已發展出一整套服務業，以生產這些非法文件來支援不法交易。

跟合法由網路販賣商品的人一樣，不法賣家也靠多種小包裹來流通他們的貨品。仿製電子品、醫藥及毒品小包，會透過郵政及專門的送貨公司將貨物寄送到收件者家中。郵政服務特別受到喜愛，原因在美國地區性執法單位對其並無司法管轄權。把大批送貨分散成小而單獨的包裹，讓執法單位偵辦起來困難得多。[109]然而，非法業者也要很多個別成交案才能獲利。這可稱之為不法經濟的亞馬遜手法。

運輸

不法商業走很多不同的路子，陸海空都有。他移動時跟著合法船運及卡車公司走，或者，在暗黑商業界營運的發貨人，存心服務顧客而不問問題。不法發貨人及收貨人用上才智及科技協助貨物走私的後勤，甚至為此打進規管森嚴的港口。貪腐對很多不法交貨都是關鍵。

很多古代史上的貿易途徑為了服務非法貿易，已重新利用。古絲路如今充當阿富汗海洛因交易的北方商道。[110]馬可波羅出力推動的義大利、中國之間的商道，也重新啟用，承載賣往義大利的大量贗品。[111]西非與巴西間的奴隸商道，現在的使用者是拉丁美洲及巴西毒販，將古柯鹼運入歐洲。東非、葉門及印度次大陸間的歷史通道，目前是毒品、野生動物及贗品買賣的匯聚地點。[112]

非法勾當沒必要走隱晦或複雜的途徑。很顯眼的非法貨物，透過耍詭計、駭進港口警力的電腦系統，依然可以運入主要港口，這顯示某些走私者的創新能力。有個設在蘇利南的團體走私好幾貨櫃量的毒品進入荷蘭及比利時港口，把塞滿毒品的貨櫃丟包在港口，趁檢查之前偷走。清空貨櫃裡的毒品後，再把空櫃擺回去。這些毒品走私販能辦到這種「壯舉」，靠的是僱請老練的電腦安全專家，駭進港口的電腦。[113]

犯罪網絡的彈性多變，以及為了逐利絕對心狠手辣，才足以說明為何走私人口的蛇頭可以把那麼多人塞進小船，讓船幾乎浮不起來。這種行徑正是導致當代人口偷渡死亡率很高的原因。

合法的船運公司及郵遞單位在知情與不知情的狀況，都會成為不法商品的送貨者。消費者透過全球資訊網及暗網買貨，網路銷售助長美國鴉片類毒品大流行。網路訂購的毒品，經常由美國及外國郵政送貨公司寄送。依現存法規，要找出不法貨物很困難；法規無法要求外國發貨人提供進一步的電子資料，以了解貨物內容及收件人。[114]

擁有第一流基礎設施、通訊及商業系統的地方，全球合法而有形的商品貿易就會繁榮。不法交易經常繞行很多對全球貿易業者較為次要的地點，比如義大利的那不勒斯、俄國的海參崴、巴基斯坦的喀拉蚩、阿聯酋的杜拜、南非的開普敦，還有佛州的邁阿密。這些都算知名港口，但並未名列全球商業的A級名單之中。

貧窮國家執法能耐有限，貪腐程度高，在非法貿易環境指數（Illicit Trade Environment Index）裡得分很低。這些地點對非法貿易十分重要。違法野生動物及林木交易由寮國、緬甸、越南、柬埔寨及印尼流出來，實不足為奇，他們在亞洲得分最低。[115]

非法勾當的樞紐都有某些特徵。他們地近犯罪組織的中心，貪腐程度很高，法規威信有限。除了這些樞紐，自由貿易區對不法貿易的運輸變得很重要，原因在於他們的法規威力不足。[116]在這些渾水摸魚的環境裡，想把不法藏在合法裡，是辦得到的。船運公司及官員偷偷更換發貨清單，以掩飾不法商品的移動及逃稅。根據國際商會（International Chamber of Commerce）指出：

> 自由貿易區已提供一種機制，讓造假的人得以把不法假貨送到全世界。造假的人愈來愈使用多重、地理分歧的自由貿易區，憑以轉繼或轉運商品，不為別的，便是想遮掩產品的非法本質。[117]

阿聯酋的傑貝阿里（Jabel Ali）自貿區是香菸、贗品的非法貿易樞紐，偽藥也在其中。[118] 透過這個自貿區運送數十億非法「白菸」，目的地是歐洲市場。[119]

然而並非所有自貿區都位在透明國際（Transparency International）組織中清廉印象指數（Corruption Perception Index）中評等很差的國家。舉個例子，新加坡排在世界第六名，貪腐很少，然而因為新加坡太想推動貿易，對自己的自貿區有套不同標準。[120] 誠如《經濟學人》（Economist）情報小組報告，在星國的自貿區內，「新加坡海關及其他任何政府的權威，都無法恆久存在。」[121]

耍詭計：透明性闕如

很多人類的聰明才智投入設計偽裝，用在藏匿非法包裹的內容。古柯鹼可以包起來塞進要送往紐約的魚片裡，和要送往西班牙的鳳梨當中。[122] 東方地毯與鴉片交織，偷渡進入英國的曼徹斯特機場。[123] 在辛巴威，官員查獲一千五百多萬支菸，藏在四節據稱要載送林木貨物的火車車廂裡。[124]

非法貨物經常走紆曲路徑。舉個例子，由孟加拉及中國送來的贗品進入歐洲，「會經過安特衛普及漢堡港，在兩地，拜海關官員的合作，貨品得以卸下，暫時存在貨倉。接下來貨物再發往義大利」這一個贗品的配發樞紐。接著，中國航空貨機再由入口港載貨，載往米蘭、布雷西亞（Brescia）與羅馬。[125]這個案例顯露出貪腐在非法貿易的中心地位，即便在西歐也一樣。

毒品、林木及象牙要大批出貨，必須渾水摸魚。在最低程度的檢查下，這些產品經常被夾帶著走過多重轉貨點，特別是自貿區及貪腐嚴重的地方。舉個例子，一批非法象牙的發貨人會指定貨物經過西非、中東的機場，再到亞洲的幾個機場，最後才抵達泰國終點站，讓執法單位想查出發貨人變得非常困難。[126]

把合法、非法貨品混在一塊，經常方便寄送。這樣的混搭有時規模甚小，好比造景公司把盜自仙納度國家公園（Shenandoah National Park）的奇石及蕨類，連同合法購自種苗園的植物，一起種到客戶的花園裡，就屬此類。商人會將美國南北戰爭合法取得的紀念品，夾雜不法挖自官方保護戰場遺址的物件。[127]象牙則會跟合法交易的品項如海草、腰果及海貝混合寄貨。[128]

國際因伊朗核子計畫而施加制裁，伊朗煞費苦心想規避，導致大規模的耍詐行動。德國與土耳其聯合偵辦發現，二〇一〇到二〇一二年間有數百件走私的冷卻裝置以及其他設備，被指定送往伊朗人開在伊斯坦堡的五家不同空殼公司。其中八百件源自印度，另一百件源自德國。設在伊斯坦堡的掩護公司把冷卻設備不實標示為辦閥及水管汰換品，再行出口到伊朗，藉此藏匿貨物的終極買主——伊朗核子計畫。[129]北韓幾十年來也進行類似的耍詐行為，以建立起核子計畫。[130]

使用科技：全球資訊網、深網、暗網

生意人必須吸收新科技，才能維持競爭力。邪惡的非國家行動者，名列改造網路新科技最早又最成功的人。他們使用可搜尋的全球資訊網、深網（無法用傳統搜尋引擎找到），以及暗網，有些人則三網通吃。暗網的規模，是表層全球資訊網的五百倍大，提供廣大的空間供海量的資訊儲存，只有特選的一群用戶才能取用。[131]這對暗網的犯罪做惡幫忙極大。

線上網路平臺及社群媒體也遭惡搞，讓個人能買到鴉片類製品、偽造藥劑及非法野生動物產品。[132]這種新科技是供非法貿易成長的強力倍增器，在非法勾當的三階段都看得到。二〇一五年《紐約時報》有篇報導表示：

從中國訂非法毒品就像敲鍵盤那麼容易。在蓋德化工網（guidechem.com）網站上，超過一百五十家中國公司在賣夫拉卡（alpha-PVP），這種危險的興奮劑在美國列為違禁，但在中國不是。此毒品最近在佛州一個郡造成十八人死亡。[133]

正如假新聞因缺乏適當篩除機制以除掉不實言語溝通而透過臉書散布，臉書同樣無法控制促進不法交易的貼文。社群媒體讓軍火能銷售到恐怖分子運作的地區，比如利比亞、伊拉克、敘利亞及葉門。二〇一四年九月到二〇一六年四月間，一份對利比亞臉書帳號所做的研究「記錄到九十七次試圖不法轉移導彈、重機槍、榴彈發射器、火箭彈、反器材狙擊步槍，用來癱瘓軍方設備。」臉書正主持虛擬的武器市集，一如其他的社群平臺。兜售的武器中，有些還是美國提供給敘利亞反抗軍的。[134]

網路犯罪分子選擇由全球資訊網、深網還是暗網營運，端看他們想讓自己產品見光度多高、想產出的銷售量，還有他們的產品沾惹的犯罪等級。所以，引起執法單位極大關注的麻藥毒品、兒童色情影片及惡意程式，較可能在暗網上銷售。贗品，哪怕包括藥劑等物品，較可能在全球資訊網上銷售。

二〇一四年執行的一份研究證實暗網上買家的犯罪意圖，結論表示「用洋蔥瀏覽器匿蹤上網的人，五分之四造訪的網路終點，都賣戀童癖色情影片。」太多暗網瀏覽者把它視為隱私的庇護地，而不了解那裡犯罪暴行很廣泛。[135]

所有的網路環境裡，皆可達至高利潤，而產品議價範圍很廣。全球資訊網及深網的不法賣家還試著塑造合法的形象，經常提供選項諸如信用卡付款，還有相關的付款替代方案，比如簽帳金融卡、電匯及數位貨幣。企圖這些傳統措施安撫客人。[136]

全球資訊網及暗網上，銷售量及獲利空間都很可觀，因此，就決定不法販子的行銷策略而言，起決定作用的既不是價格，也不是客戶數。假如企業想要客戶快速下決定，他們會動用全球資訊網而非暗網。甚至利用垃圾郵件引領買家來他們的網站。

暗網上銷售靠的是信任，而培養信任要花時間。[137]暗網買家的行動必然要比全球資訊網的買家來得慢，原因在買家必須取得適當憑證，才能進入那些封閉社群，進行非法買賣。為了做到這一點，他們必須學懂必要的、隸屬這些犯罪網絡成員的行話。[138]這合乎邏輯，假如你要買大量合成毒品或者一顆腎，你不會驟下決定，因為必須確定能信得過賣家。賣家也一樣，不想中執法單位的圈套，免得下場跟「鬼見愁海賊羅伯茲」等暗網買賣做太大的人一樣。

企業的社會責任

合法世界的企業已採行政策，因應社區及環境的福祉。廣義概念可以包括支持非營利社會、社區及藝術團體，還有注重其產品的來源，以便把環境傷害減到最小。[139]

非國家行動者對環境毫無尊重；尤有甚者，他們還搶先破壞環境。只是，很多非國家組織還打頭陣，提供國家沒能供應的服務。他們使用犯罪活動取得的營利，說服民眾別光把他們視為社區的負面力量，以確保將來能脫罪。日本極道（有組織的跨國犯罪分子）在一九九五年神戶大地震後，提供國家未協助的救援。毒販提供公共服務給住在巴西貧民窟的那些人。[140]哥倫比亞革命武裝力量在全盛時期，是哥倫比亞福利的主要提供者，包括學校、醫療診所及基礎設施維修。世上其他地區的恐怖集團也提供服務給他們的社區，提升他們的合法性。[141]

洗錢及非法金流

二〇一三年，全球金融誠信（Global Financial Integrity, GFI）組織對五十五個開發中國家進行研究，經濟學家估計非法金流（大多數為交易請款不實的形式）在二〇一一年合計達九千四百七十億美元，約占這些國家GDP總值的百分之三點七。濫用貿易系統，實位居世上部分極窮困國家剝奪資產行為的核心。[142]

跨國機構及私人銀行助長這種財富轉移。貸款供國家開發的錢，被貪腐領袖（又稱盜賊元首）吸走，原因在於放款國無法充分監督資金使用。奈及利亞自獨立以來被偷走龐大金額。據說馬來西亞前總理納吉（Najib Razak）就由國庫盜走逾十億美元，那筆錢他大多存到全球的國際銀行，引發多國偵辦行動。[143]

赤道幾內亞、土庫曼及烏克蘭人民依然貧窮，而他們國家的資產，經發現存在其元首遍布全球金融中心的銀行戶頭裡。[144]《巴拿馬文件》（Panama Papers）及《天堂文件》（Paradise Papers）曝光後，揭露這種做法在全球菁英當中極為猖獗。[145]

透過全球不法買賣毒品、人口、武器等活動賺到的幾千億美元，經常進入正當經濟。這些錢洗白的管道有銀行、電匯業務、本於貿易的洗錢系統、外匯業務、「哈瓦拉」商人（hawala，源於伊斯蘭律法，本於信任的地下放貸體制），還有最新出現的加密貨幣（這些貨幣只存在網路世界，無任何國家政府背書）。[146]非法勾當賺到的錢，用在投資土地、豪宅、名車及其他生意，其中有些是合法生意。各大洲很多地點的房地產是用這些洗白的錢買下來。[147]有個土耳其人經營的販賣人口網絡設在荷蘭，還用他的被害人跑腿，把荷蘭做生意賺的錢送回土耳其蓋夜店。【148】美國有六個司法轄區遭懷疑洗錢率很高，國家的金融情報小組，金融犯罪執法網（Financial Crimes Enforcement Network, FinCEN）發現在那些地方的房地產買賣，約三成涉及到的受益所有人或代表人，之前是可疑活動報告的討論對象。[149]由芬太尼交易賺到的利益，則由中國幫派洗到溫哥華房地產裡頭。[150]

規模完善的銀行也透過其各地機構，搬運過幾十億美元的販毒獲利，有些還搬到離岸地點。[151]尤其在二〇〇八年金融海嘯之後，金融機構處於求存狀態，銀行業降低標準，正當金融機構也替非法生意轉移資金。官方對花旗銀行、匯豐銀行、美聯銀行（Wachovia）及德意志銀行祭出數千萬美元罰金，可指出某些銀行在疏通不法生意，已扮演關鍵角色。[152]這種事情因反覆出現而凸顯其主題：合法與非法經濟的匯聚。這類合作不光在銀行業是事實，正當公司也是如此。

二〇〇〇年，一群美國頂尖公司，包括惠普、福特及惠而浦，接獲美國司法部通知，說他們已牽涉到一起叫做「黑市披索匯兌」（Black Market Peso Exchange）的陰謀。[153]毒販用販毒所得購買洗衣機與汽車，而賣方並不知情，接下來毒販把貨送去哥倫比亞轉售。買家用披索付款，由此毒販便完成周轉，把美元計值取得的獲利，轉化成為有用資產。[154]

金融避稅天堂如巴拿馬在專業人士指點下，接受了知名不法分子的資金。誠如《巴拿馬文件》網站形容的，這遊戲「歡迎光臨來到離岸的祕密世界。你的目標是在這個平行宇宙內探險，把你的現金藏起來。別擔心，律師、財富經理人及銀行家都在場幫忙你。」[155]《巴拿馬文件》的檔案顯示，毒販跟政治領袖都用同一家律師事務所來藏匿他們的資產。[156]

電匯業務曾替毒梟及人口販子都搬過錢。在法國，反人口販運首席官員二〇〇一年認定，「西聯匯款」（Western Union）涉嫌利用娼妓販子把錢搬去東歐。[157]美國亞歷桑納州是毒品及人口非法移動的重要邊境州，也對西聯匯款採取行動。該州前檢察長作證指出：「西聯匯款顯然是贓款流動服務的最大提供者。」二〇一〇年，西聯匯款與亞歷桑納州達成協議，繳付罰鍰九千四百萬美元，且必須接受監督。[158]但問題並未結束。在二〇一七年，西聯匯款因搬運詐欺、販毒及人口而得贓款，繳付罰鍰五億八千六百萬美元給美國。[159]這麼大金額的罰鍰，有時被認為只算是「做生意的成本」而已。頭痛問題已轉移到虛擬世界。在歐洲，網上營運的犯罪分子發電郵遭截獲，內容顯示他們將虛擬貨幣透過西聯匯款兌換成主權國家的貨幣。[160]

哥倫比亞查稅當局進行的調查顯示，使用以貿易為本的洗錢手段，將可觀的販毒收益被搬到境外的巴拿馬。這些贓款移動能打通關節，很大原因在哥國海關單位的貪腐：販毒集團的成員，已滲透進地方官署，批准賣到巴拿馬的出口憑證。產品可以是咖啡或其他某種商品，但隨附的請款單金額超誇張。[161]依這種請款單給付款項後，讓龐大金額轉移到海外變得理直氣壯。「超額請款」是以貿易為本洗錢的關鍵要素，原因在他容許移動的金額，遠超過必須付給已運貨物的價款。誠如《巴拿馬文件》所見，收款端的貪腐證明以貿易為本的洗錢，經常必須是來源國及收受國兩邊都貪腐才行。以貿易為本的洗錢行為，揭露出濫用貿易，對資金搬運出開發中國家，以及洗白犯罪分子、恐怖分子的贓款而言，實占據中心角色。[162]

在網上世界，愈來愈多洗錢行為透過加密貨幣。荷蘭攔截到犯罪分子的通訊，顯示犯罪集團動用很多金融公司洗錢。雖說有些犯罪分子依然仰賴傳統貨幣給付機制，比如 PayPal 及 MoneyGram，其他的則掛到虛擬貨幣上，比如 FBTC Exchange、WebMoney、Bitoinc 及 xmlgold.

eu。WebMoney 一九九〇年代末期創立於俄羅斯，但目前全球都有人用。他使用電子錢包（一種電子機制，保管一種或多種貨幣小包）作為傳統貨幣，兼及黃金與比特幣。預付卡及代金券也廣獲網路犯罪分子及地下錢莊使用。[163]

犯罪分子目前把他們的錢，以加密貨幣如比特幣來控有，這倒是明智決定，比特幣升值了。據說創辦了暗網網站 AlphaBay 的卡齊斯（Alexander Cazes）被捕時，起訴書上說他有「超過五百萬美元放在比特幣，一百八十萬美元放在以太坊（Ethereum），七十六萬在 Zcash，再加上存在傳統銀行戶頭的錢，以及名車與昂貴房地產。」[164]

二〇一七年，三十七歲俄國男子文尼克（Alexander Vinnik）在希臘依美國逮捕令被捕，罪名是透過他的比特幣交易所洗錢四十億美元，[165]由此即顯露經由加密貨幣洗錢的規模。

結論

不法生意組織，經常在法治薄弱、貪腐橫行的國家繁榮茁壯。然而就算較遵守法治、執法有效率的國家，也無法倖免於非法勾當造成的挑戰。很多人只把「你無法拒絕的提議」跟毒品生意或開發中國家聯想起來，但不法生意人及創業者在世上最富裕的「七國集團」（G7）國家也很吃得開。只是非法商業在已開發世界裡，比起開發中世界，對全國經濟沒那麼重要，所占的全國GDP也較少。

合法與非法並不是涇渭分明，而且他們交疊之大，經常超乎很多人所知。這一點在真實及虛擬世界都是如此。合法與非法製品走相同的供應途徑，經常在相同的真實及虛擬世界市場上販售。在網路世界，有六百多個來自亞馬遜、谷歌及酷朋（Groupon）的公司的雲端儲存庫，都收容惡意軟體及其他害人的電腦製品。這些儲存庫多達一成已遭惡意及不法產品所汙染。[166]

非法生意及洗錢在虛擬世界快速升級，這是可以確定的；由於加密貨幣的興起，肯定更會如此；很多加密貨幣被創造出來，就是存心為了支援犯罪活動。[167]目前想遏止不法虛擬市集的成長，幾乎束手無策。很多正當的銷售平臺，替非法商品及人口的銷售大開方便之門，而控制這種科技的民間部門，太常把利益放在人命及地球永續之上。

商人快速移往網路世界，相形下想破獲他們活動的諸般努力則慢了不少，作梗的經常是以國家為本而制定的法律，還停留在具體商品的時代。因此，在接下來的時間，隨著網上害人的交易增加，但國家及跨國反制的能耐遠遠落後，我們將面臨更加不對稱的威脅。

然而，目前非法勾當的歷史轉型也提供新機會，因為暗黑商業透過民間公司運作，痕跡留在金融機構的數據當中。大規模據分析只要做得妥當，可顯示出網路犯罪活動的型態，踢爆不法網絡；讓執法單位追蹤案件時能做到不侵犯隱私或傷害個人權利。只要惡性使用暗網及加密貨幣還沒占上風，未來想堵住不法商業，還是找得到新辦法。

第六章

塗炭生靈的傢伙

不法商業在全球僱用了數百萬人，全職兼職都有。本章解說的，不僅是非法經濟的步卒如毒騾、小販，以及把不法物件卸下碼頭的工人，還有五花八門的行動者，他們讓這種龐大的生意能運作。這種害人性命的生意總值幾百億美元，參與其中的，不僅是與毒品交易密切相關的犯罪組織及恐怖分子。很多為非作歹的人都參與這些散布駁雜的網絡。

誠如我們分析歷史所顯示，政府及官方高層實乃這種不法生意的要角。這麼龐大的交易，在很多國家都與正當商業有所交集，得到疏通方便，而且仰賴多種專業人士。某些案例裡，不法商品的疏通是不知情所為，但利潤是如此高，以至於某些運輸、科技公司，還有銀行業者存心參與，有些只有在被點名、羞辱及處罰後才住手。

很不幸，這些非法行動者都在我們周遭；他們的全球供應網把世上最歧異的地區都連起來。

這些幹非法勾當的人不僅販賣人口，導致人吸毒成癮，還行銷仿冒藥品及農產品、走私香菸，控制人們賴以維生的水源。他們透過自己賣的東西，正在傷損食物安全及人類健康。

弱勢的不法販子

以下介紹的是不法經濟的走卒。巴黎的移民博物館備有耳機供給訪客，因此得以聽見移民回述自己一生的錄音。有個故事特別動人，講述者是一位非法北非移民，住在法國南部，是社會邊緣人。他遠離非洲的旅程，始自搭一艘危險小船橫渡地中海，要比今日大規模偷渡事件早上幾年。他抵達破敗的義大利南部，當地找不到工作。他首途往義大利更北方，還是找不到差事。接下來他穿越國境進入法國，找路去巴黎。他說道，在那裡找不到更好的賺錢前景。他搬往南部，這次定居在馬賽。故事結束時，他自述找到一種苟活下去的法子，便是賣香菸。

馬賽市有些市區之貧苦為歐洲之最。那位移民沒講的事情是：大多數馬賽街頭香菸小販，賣的都是非法香菸。[1]一種不法深植在另一種當中：非法移民，沒工作權利，只好賣起走私菸。這位男子跟最近世上不同地區的非法移民一樣，面對剝削及逮捕都很弱勢，沒有合法管道參與正當經濟。

毒品與人口販運

在第二章的歷史研究中，我們已認出參與毒品及人口販運的人，形形色色都有。包括國家、貿易公司、高低階官員，從船運公司到碼頭工人等幫忙疏通的人。這些行動者今天依然參與這種非法勾當。全球都把麻藥貿易及販運人口列為犯罪，讓這種大雜燴平添新門類的參與者，如犯罪集團、反抗軍及恐怖分子。販運人口及販賣毒品如做生意般運作著，此中的意義不僅是罪犯依循經商模式在運作，還有正當商業也由這種勾當獲利。科技公司對當代販運人口之重要，一如當年東印度公司之於奴隸及毒品貿易。

毒販

販毒是跨多國規模達幾百億美元的生意，參與這個市場不同區段的人五花八門。現在一如過往，有些國家投入毒品貿易以取得收益，當代的重大範例便是北韓。在國際制裁壓力下，北韓靠著國家生產甲基安非他命來賺取需求孔急的硬通貨，毒品則由其外交官使用外交豁免權而流通到海外。[2]

公家及民間部門都有形形色色的人在濟惡，比如運輸業者、銀行家及郵遞業者，再加上他們僱請的人，參與時可能知情也可能不知情。這一點可由一位空服員的隨身包夾藏七十磅的古柯鹼而印證，她是教育程度較高的毒品經濟騾子。[3]

貪腐

毒品生意由搬運產品到洗白所得，方方面面都受到貪腐之助。在很多國家，有人花很多錢買下執法機關、海關及軍方的職位，以便讓自己從毒品生意獲利。[4]毒販滲透進去的不僅是行政機關，還有政治程序，他們影響甚或阻止法案過關，削弱反洗錢政策的落實。[5]

官員也會遭脅迫而疏通毒品生意。拉丁美洲有句話叫「銀子或鉛丸」，意思是拿錢還是挨子彈，指的是逼人聽話的方法，被脅迫的不光是社區民眾，在加勒比地區還上及國家級領袖，墨西哥、中南美洲可叫高階官員聽命辦事。[6]

毒品鏈的頂端

毒品生意讓國家元首、其家人及高級官員發財闊綽。巴拿馬總統諾瑞加（Manuel Noriega）因參與違禁麻藥販運遭判囚禁。[7]阿富汗總統卡札（Hamid Karzai）的兄弟阿梅德・卡札（Ahmed Karzai）則是海洛因大盤商，而根據洩露出來的美國外交通訊電報，總統本人主動代替毒販介入生意。[8]一群世上頂尖調查記者組成的組織犯罪與貪腐舉報計畫，決定創辦一個堪比黑暗版的《時代》雜誌年度風雲人物獎，每年頒發給最出力幫忙組織犯罪及貪腐的政治人物。二〇一六年頒給委內瑞拉總統馬杜羅（Nicolas Maduro），因為他在疏通毒品買賣及獲利中扮演重大角色。他的侄子在美國法院遭起訴，罪名是想趁總統專機停在機場停機坪時，把八百公斤的古柯鹼偷送進美國。[9]

幾內亞比索高層官員曾允許大量古柯鹼經過其領土，收取協助費。[10]這個西非洲國家高層的貪腐，為拉丁美洲毒販通往歐洲市場提供一條重要的轉運管道。

在緬甸，受益於毒品的是更廣泛的菁英階層，而非僅限於某某人及其家族。[11]一如二十年前，緬甸軍方仍在經營高檔毒品生意，主持叢林實驗室，替毒品集團提煉毒品，以及較晚近時，為合成毒品的生產者提供保護。[12]

毒品生意裡的非國家行動者

罪犯分子與恐怖分子

沒有單一犯罪、恐怖或反抗軍團體可壟斷毒品生意。但這些集團對世上每個地區毒品生意興旺，關係很重大。亞洲幫派如中國三合會及日本極道插手毒品，直到毒品變成全球現象，隨著毒品貿易擴大，他們只有更為茁壯。[13]

在拉丁美洲，卡利（Cali）、梅德林（Medellin）兩集團靠著販毒而成長茁壯。[14]接下來，墨西哥犯罪組織利用國家的戰略地理位置，即介於產古柯鹼的哥倫比亞與美國市場之間，成長得強大到足以挑戰墨西哥政府的權威。[15]有些民眾經常歌頌毒品集團提供的服務，還有他們的特立獨行，而讓毒販變成一種流行樂新樂種的主題，經常唱這種歌謠來推崇他們。

哥倫比亞古柯鹼經濟早期的領袖艾斯柯巴（Pablo Escobar）具領袖魅力又殘忍無情，他自視為創業家，認為自己與奠定現代汽車工業的福特有諸多可類比之處。藉由與技術精湛的後勤、運輸專家團隊及洗錢業者合作，他跟其他成功的哥國毒梟能讓生意在短期間巨幅成長。[16]哥國犯罪及恐怖集團逼公權力退避三舍。只是二〇〇〇年代初期發生大幅反轉，國家已向眾多領土重申其權威，劇烈削弱暴力的等級。

不幸的是，哥倫比亞跨國犯罪式微，讓墨西哥犯罪集團趁機坐大，撈到利益。墨國犯罪團體長年於美、墨邊境走私，立足於此，獲利於美國武器方便易得，讓這些犯罪組織殺人奪命的能力大增。[17]墨西哥境內有一千五百萬枝槍械流通，二〇一二年估計其中八成五為非法。每年在美採購約二十五萬枝，違法運輸到墨西哥，讓在美賣槍的人賺進可觀營收。[18]這些美國賣家也不想知道顧客的真實身分，因為銷售那些武器讓他們有漂亮的營收數字。[19]

墨西哥毒販長期掙扎存活，已經多元化發展。目前他們對毒品的依賴減輕，也做起敲詐、偷石油、夾帶移民、盜賣煤炭。[20]組織犯罪已然扭曲墨西哥政治系統，讓日常生活變得更凶險。不幸的是，這種現象並不局限於墨西哥。[21]毒販經濟實力、政治影響力日增，對世上許多國家、地區的治理、法治及人民生活品質，已產生腐蝕性的影響。[22]

義大利黑手黨傳統上避而不參與毒品生意，但二戰後大環境競爭得很，他們變得更深入參與歐洲及全球毒品市場，其他義大利南部愈發重要的犯罪組織也一樣。[23]奈及利亞內戰之後崛起的犯罪集團，成為非洲大陸最重要的販毒者，有效地與其他大陸的犯罪組織發展出國際連結。[24]

土耳其販毒組織依著古代走私路徑建立，與巴爾幹犯罪集團合作，將海洛因運到歐洲。[25]操俄語的組織犯罪集團，一開始從國家經濟民營化大撈油水，隨著北方路徑開發，運出阿富汗的海洛因後，他們也大舉轉進毒品生意。[26]設在巴基斯坦的集團，比如D公司（D-company，根源於印度），把喀拉蚩身為古代毒品轉運點的角色擴大，建造出強大的跨國犯罪組織，資金部分源自販毒收益。[27]D公司跟墨西哥毒品組織一樣已經多元化，目前賣武器及盜版光碟，並透過其廣布的哈瓦拉執業人員提供金融服務（這種地下銀行體制存在於南亞及中東）。[28]

有些最成功的毒品組織，其領袖變得非常有錢。[29]一九八七年，《富比士》（Forbes）第一次排名全球富豪榜時，幾個哥倫比亞毒梟也在榜上。艾斯柯巴以及奧喬亞三兄弟荷黑（Jorge

Luis Ochoa Vasquez）、法比歐（Fabio Ochoa Vasquez）、胡安（Juan David Ochoa Vasquez）列居其中。[30]

恐怖分子是另一種獲利於販售毒品的重要非國家行動者。「麻藥恐怖主義」（narco-terrorism）一詞一九八〇年代初期於秘魯出現，講的是秘魯「光明之路」（Sendero Luminoso）這個團體，他是毛派恐怖組織，資金很多來自毒品，並試圖推翻秘魯政府。[31]聯合國安理會再三確認毒品與恐怖活動間的關係。[32]二〇〇八年，時任美國緝毒署（US Drug Enforcement Agency）作業處長的布勞恩（Michael Braun）便指出，四十三個被認定為恐怖組織的團體中，十九個是由毒品買賣來獲利。[33]美國司法部在二〇一〇會計年度報告提到，世上前六十三大國際毒品集團裡，有二十九個跟恐怖集團掛勾。[34]這些被認定的恐怖組織，基地幾乎都設在開發中國家。涉足全球毒品貿易的恐怖集團有哥倫比亞革命武裝力量、塔利班、真主黨及庫德族工人黨（Kurdistan Workers' Party, PKK）。[35]其他恐怖組織活躍於區域等級毒品交易，比如伊斯蘭國的附隨組織、設在葉門的阿拉伯半島蓋達（Al-Qaeda in the Arabian Peninsula, AQAP）組織、北非的伊斯蘭馬格里布蓋達（Al-Qaeda in the Islamic Maghreb, AQIM）組織。[36]伊斯蘭國本身就參與毒品生意，特別是販賣精神興奮劑苯甲錫林。[37]

在網路世界販毒成功的人，短期內便可收入豐厚。網路毒販有組織，但很少是犯罪組織的成員，位階也不一樣。有位中國製造商張磊被美國點名為「大毒梟」，且遭中國政府逮捕，送了幾千公斤的合成毒品到美國及其他國家，包括澳洲、奧地利、法國、德國、荷蘭及義大利。他的燦禾化工有限公司（CEC Limited）生產他在網路賣的產品，單是銷美的獲利，據估就超過三千萬美元。[38]

網路世界也方便那些以往守法的公民，如絲路的烏布利希（見第三章）進入販毒行業，爬上高位。[39]網路世界沒有實際生活上的互動，反倒方便如烏布利希這樣的個人做出脫離虛擬世界時，他們可能不敢做的邪惡行為。烏布利希堪稱未來毒販的先驅人物。

企業

一九七九年起，美國人死於鴉片類毒品泛濫的件數呈爆炸般成長，其原因至少要歸咎於幾間製藥公司的行銷策略。其中最惡劣的要屬普度製藥（Purdue Pharma）。普度這間未上市企業生產的「疼始康定」（oxycontin），是鴉片類藥物泛濫的關鍵，二〇〇七年，普度向美國司法部提起的不實行銷罪名認罪，繳付六億三千五百萬美元的罰金。公司高層遭刑事起訴並判有罪。[40]二〇一七年九月，隨著鴉片止痛劑泛濫更為惡化，致死件數不斷攀高，美國四十一州的檢察長對普度和幾家規模較小的鴉片類藥物公司發起偵辦。[41]

專業人士及疏通方便的人

專業人士在毒品生意也扮演重大角色。醫生濫開止痛劑處方箋，助長美國鴉片類藥物泛濫，會計師、律師及金融機構也與販毒組織共事。[42]諸如美聯、匯豐、花旗等銀行，因為替墨西哥毒品集團洗錢，付出幾十億美元罰鍰。單是匯豐就繳了十九億美元。[43]官方的起訴，或許讓銀行的洗錢角色更廣為人知，但就連宗教團體，也因為煞費苦心替毒品獲利洗錢讓自家機構取得資金，而受到制裁。[44]

郵政機構與快遞公司也是非法毒品寄遞的重要疏通單位。大量包裹經由郵政及快遞服務寄送，使得要查出哪些藏毒或內含非法商品相當棘手。包裹經常用小包寄給客戶，寄送地多半是印度與中國。[45]美國境內調查一年，揭露五百起毒品採購，總金額達七億六千六百萬美元，都是透過郵件寄達的，有些導致買家死亡。[46]

販運人口及走私者

販運人口及走私者，跟他們幹毒品生意的同儕有所不同。亞洲以外，與大型犯罪組織有牽連的人更少；他們反倒是靠個人關係招兵買馬，形成較小的買賣人口及走私網絡。既沒有黑幫老大，利益也就更分散，幫忙這一行非法勾當的人，與毒品買賣掛鉤的人相較之下就沒那麼專業。

販運人口是不法生意人最大的金雞母之一。很多人只把這種罪行與不法之徒聯想起來，卻不知在過去，政府官員及公司行號對這種非法活動參與甚深。當初奴隸還合法買賣時，官員替強大的貿易公司服務，公司經常擁有政府頒發的奴隸買賣執照。今天，很多官員依然疏通人口的偷渡及買賣，但主要是牟取私利，而非國家利益。人口買賣大為成長、獲利率漸增，係得自某些企業幫忙打廣告、做支付系統，供販運而來的被害人賣淫及網路流通兒童色情影片所致。網路、暗網及社群媒體從根本上改變了人口買賣，一如這些平臺也讓毒品市場易於取用、隱匿姓名，為之改頭換貌。

販賣人口包括的不止是性剝削：壓榨勞工、強迫結婚、非法器官移植，都被視為這種犯罪的元素。這些犯罪都涉及到脅迫、詐騙及欺騙等要素，但不必然飄零他鄉，因為有些被賣為娼或結婚的人，只在他們周遭的社區之內。相形之下，走偷渡的個人也同意被運送跨越國境。[47]人口買賣這件事，被害人是個人，而偷渡這種行為，則侵害國家的主權及邊境。

官員與人口買賣

人口偷渡及買賣，都要貪腐官員幫忙，包括邊界守衛、執法單位、司法人員、軍方及海關官員、參事館官員等其他外交官員。[48]

在墨西哥，官員勒索賄賂，向遭販運的未成年賣淫被害人要求性服務及賄款，以疏通其跨境移動，而不是控告非法販運的人。[49]在維拉克魯茲（Veracruz）、塔毛利帕斯州（Tamaulipas）的聖費南多（San Fernando）還遭指認格外嚴重的罪行：這兩處發現集體塚，埋的疑似是被買賣的被害人。[50]類似事情在亞洲、非洲也曾出現。在泰國，發現很多羅興亞（Rohingya）人被埋在集體塚裡，他們是穆斯林，想逃離緬甸的迫害，付錢給蛇頭，買個方便進入泰國。很多死者生前遭綁架勒贖，一路上榨取更多錢。墨西哥偷渡業者也奉行這種型態，二〇一七年夏天，很多泰國官員因為促成這些人喪命而受審判，一位泰國將領及其他二十四名政府官員遭判刑。[51]

人口販運跟毒品買賣一樣，讓國家及高階官員都賺錢。北韓把自己公民賣去外國做苦力，比如到俄國遠東地區。[52]據美國國務院《二〇一六年販賣人口報告》（Trafficking in Persons Report 2016）指出，泰國政府官員「由賄賂、直接參與勒索移民、把移民賣給掮客，都撈到錢……可靠的報告指出，一些貪官保護妓院等其他賣春收益，不讓突襲及檢查破獲，還跟蛇頭串通。」[53]根據同一份報告，泰國並非孤例。在鄰近的越南，地方政府疏通人口販賣，由販子處收賄而剝削被害人，再由讓被害人與家人團聚而獲利。[54]在烏茲別克，蘇聯時代傳下來的買人做苦工的傳統一直存在，成年人在每年棉花收穫季被迫勞動。[55]

犯罪分子及恐怖分子兼為蛇頭及從事走私

在亞洲，中國三合會及日本極道販運人口涉入甚深，由來已久，極道在買賣妓女也很活躍，這與他們控制酒吧、夜店有關。[56]亞洲以外，大型犯罪組織介入人口販運及偷渡則並不多。奈及利亞及巴爾幹集團販運毒品，兼及人口。[57]拉丁美洲毒品組織本不愛做人口買賣跟偷渡，近來改觀，誠如前文所提，隨著多元化，他們跟中美洲幫派一起由這一行獲利。[58]

很多人口販賣倒不與較大的犯罪網絡綁在一塊，毋寧是由較小團體來進行，經常是被害人的家族及朋友。碰到這類案例，被害人受到的不僅是心理創傷，還有人際信賴崩壞。[59]

歐洲刑警組織的人口販賣數據顯示，相較於更大型、有整合的犯罪組織，人口販賣散布在很多人脈網絡中。二〇一三到二〇一四年間，歐洲刑警組織收到報告，涉及販賣人口的組織集團達六千個。絕大多數，也就是九成，與性剝削有關；百分之五點六是勞工剝削，百分之一點九，百分之零點三則是強迫犯案及行乞。雖然這些數據或許更反映出公民的關切，而非被害人的分布實情。[60]疑似參與販賣人口的歐洲人，大約七成是巴爾幹居民；非歐洲人的網絡中，參與者大多具中國或奈及利亞血緣。這批中國人以精於生產偽造文件而聞名，而奈及利亞人專精於黑市，販賣贓品證件。[61]

近些年，歐洲人口販運加速之快更勝過毒品生意。那些偷渡的人，九成是靠專業人士的幫忙。

北非、中東、巴基斯坦、阿富汗及東亞，有幾百萬人想去歐洲。躲在這種偷渡幕後的人不光是犯罪組織成員，也有社區人士。[62]想去歐洲的中國人，一年付給蛇頭的錢便達六億美元；越南人可堪比擬，花了三億美元。[63]這一點不足為奇，因為走私人蛇向來是中國犯罪組織和專業網絡包攬的事。[64]比起敘利亞戰事、北非混亂和薩赫爾（Sahel）乾旱，引發太多人急著想去歐洲所花的幾百億美元，遠東亞洲人口走私產出的金額真是相形見絀。

比起網路，社群媒體及手機要為人口偷渡負更大責任。個人由臉書等社群得知偷渡服務，在上頭搭線，請蛇頭服務。[65]隨著這種新科技取得的行銷能力，蛇頭的數目大為增加。歐洲刑警組織已認出一百多國都有不法分子參與走私人蛇，為數估計五萬。因此，這些網絡比買賣人口更駁雜。蛇頭源自東歐及巴爾幹，還有來自北非（埃及、突尼西亞、利比亞）、中東（土耳其及敘利亞）、巴基斯坦。[66]

與買賣人口呈對比的是，參與偷渡人口網路的非歐洲人更多。偷渡網絡裡，四成四由非歐盟人士組成，二成六則是歐洲人及非歐盟人皆而有之。純由歐洲人組成的網絡不到三分之一。這一點揭露偷渡的跨國本質。[67]網絡研究揭發跨國通力合作。[68]犯罪集團，尤其是中國人、奈及利亞人及羅馬尼亞人的集團，都與海外僑社共事，縮小被破獲的程度。鄂圖曼帝國時代的巴爾幹盜賣途徑已重新使用，蛇頭經常是由大家族網絡裡找人手。[69]

未來的生意既不仰賴過往的客戶，兜售運輸服務的蛇頭並不在乎那些與自己簽約的人能否存活。結果便導致高死亡率。國際移民組織（International Organization for Migration）理事長二〇一六年寫道，近幾年「我們統計到一萬八千五百零一名移民死亡及失蹤，大多數是淹死在地中海及其他會要人命的地點。」[70]地中海的情況倒也不是獨一無二。二〇一四到二〇一六年間，大約每天有十七名男女老少在前往新國家途中喪生，總計七千五百人。平均而言，二〇一六年每天超過二十人因此死亡。[71]

美、墨邊界的偷渡，長久以來遭俗稱的「郊狼」把持著，他們曉得哪裡最容易載人。[72]美、墨邊界的控管升高，已導致蛇頭走向專業，並強化他們與毒品組織的勾連；毒梟在該邊界建造並維修地下隧道。蛇頭帶人蛇想通過墨國毒梟地盤時，毒梟便向他們勒索。按理來說，跨國偷渡網絡，只有在控制美、墨邊界重要區段的犯罪組織允許之下，才能建築安身之所。[73]

人蛇偷渡在中、北美之間也很明顯，凶狠幫派，尤其是宏都拉斯跟薩爾瓦多的幫派，把偷渡客送進墨西哥，再前進美國。愈來愈多人只想抵達相對安全的墨西哥。在轉運過程中，人蛇被搶劫、綁架、屈從於暴力性侵，凌辱他們的包括犯罪集團及執法官員，他們用霰彈槍及電擊棒對付偷渡客。[74]蛇頭威脅他們的人蛇，以便向偷渡客的家人勒索錢財，而偷渡客首途能往北，靠的就是親戚資助。[75]

誠如我在之前出版的拙作《人口販運：全球視野》（Human Trafficking: A Global Perspective）所論，全球各地區的販運人口業者，營運情況並不相同。他們進行人口販運生意，會反映出自古以來做生意和貿易的型態。所以俄羅斯的人口販運不像中國是整合的生意；中國人做這一行幾百年了。俄國人販賣女子一如天然資源，相形之下，中國人的模式是把販運人口及偷渡看待成另一種貿易形式，可產出收入。[76]

女性在人口販運這一塊，要比其他跨國犯罪領域更為活躍。[77]被販運的女子招募其他女性，因而取得自由，或者在這一行地位往上爬，自己變成人口販子及妓院老鴇。在亞洲，女性在販運人口網絡裡已承擔重要角色。其中最有名的一個，是人稱「萍姊」的鄭翠萍，販運人口原本極為成功，直到一艘載有二百八十六名她客人的船擱淺在紐約海岸為止。十人在想登岸時溺死，萍姊因此遭美國政府起訴。[78]

與蓋達組織有關的恐怖分子插手販運人口，比較不是為了將其當成收入來源，而更接近恫嚇及報復。亞茲迪（Yazidi）族女性遭伊斯蘭國販運，還有蓋達西非附隨組織「博科聖地」（Boko Haram）販運當地婦女、少女，經媒體廣為披載。[79]只是史上不乏先例：庫德族工人黨在土耳其靠著販運、走私人口而獲利，非洲恐怖組織如青年黨（Al-Shabaab）販運兒童來當娃娃兵。[80]

諸如努斯拉陣線的恐怖集團，今日涉足腎臟生意。[81]買腎的人進入暗網聊天室，找尋賣腎的人，還有願意施術的醫生。[82]有錢的買主飛赴中東，取得「賣掉」的腎，有些人在情急之下那麼做，包括難民在內。合法市場以外，買方可能要付高達八萬美元買一顆腎，這種需求靠著脅迫或向最弱勢的人購買，只給少許補償就讓他們賣腎而滿足。[83]術後沒有妥善醫療，賣腎會將賣方的性命置於險地，但賣腎所得足以支付一家人前往歐洲的偷渡費用。[84]

企業

販運人口及偷渡在非法勾當裡漸行吃重，部分要歸因網路、加密社群媒體如 WhatsApp（用戶逾十億人，普及一百八十個國家）、微信（公司設在中國，每月用戶大約十億人）以及 Viber，讓這些不法行動者取得不對稱優勢。人口販子可以免費使用這些通訊科技來聯絡，隱私密不透風，而這些提供軟體的公司不必費神保存電話或簡訊內容的紀錄。蘋果及 Google 都把他們的智慧型手機設計成即使有法院命令，也不容執法單位接觸到這種資訊。有關人口買賣的通訊得以賺錢又免受處罰。[85]

真是不幸，網路及其提供的眾多虛擬銷售平臺，助長了國際間人類性剝削驚人的成長。美國國立失蹤及被剝削兒童中心（National Missing and Exploited Children Center）報告顯示，二〇一〇到二〇一五年間，疑似兒童遭販運賣春的報案，成長了百分之八百四十六——經發現，這項暴增「與愈發使用網路販賣兒童供洩欲，有直接關聯」。[86] 誠如前文提及，在 Craigslist 及 Backpage 上的成人廣告，揭露了可藉由剝削人類，在合法經濟裡賺得大量金錢。

開發出網路的國防先進研究計畫署分析目前的賣春廣告，以及深網裡的點對點牽連，發現「在兩年時段內，人口販子花了大約二億五千萬美元來貼六千多萬則廣告。」這麼龐大的廣告預算，意味著受害人數眾多，還有業者獲利豐厚，才讓覆蓋這麼廣的廣告預算顯得合理。雖說研究是在美國進行，分析成果亦顯示人口販運在全球擴張。[87] 國防先進研究計畫署的研究，令人回想起過去千百年間販奴的利潤極高，只是目前錢是由網路世界來賺，而不在汪洋大海及奴隸拍賣區。

很多非科技企業由人口販運及偷渡獲利。有些企業在不知情下（但在某些案例則是存心故意）僱用販運來的人，以增加獲利及取得更聽話的員工。男人可能被賣去做危險工作，比如漁工、伐木、採礦、營建工，下一章將進一步討論。飯店及成衣工廠可以取得販運而來的女人。很多專業助惡者支援此類剝削，包括招募、運輸還有旅遊代辦。由於不像毒品生意能取得龐大收益，金融機構很少存心想由販運人口來獲利，只是金融機構沒盡心盡力從他們的金融交易裡查出販運人口的收益。[88]

私菸買賣

偽造、挪用及不法白菸買賣，與毒品及人口勾當相似，也多有重疊。由於很多執法人員的忽視，私菸為國家、腐敗官員、犯罪分子及恐怖分子，提供理想的籌資來源。私菸的步卒，誠如我們在馬賽所見，經常出身於最弱勢人群。這一行很多領袖都是有錢有權、能躲避制裁的政客，相形之下，街頭私菸小販通常是移民、流離失所的人及難民，成為執法人員鎖定的對象，受到不成比例的懲罰。然而私菸買賣的龐大利潤，讓更強大且經常為惡的人獲利頗豐。

國家及高階官員

北韓藉著出口其製造的偽菸，再度成為一個從這種油水豐厚不法生意而獲利的國家。[89]北韓外交官將這種產品流通到國際，一如他們對毒品的所作所為。美國調查人員追蹤這種不法香菸時，發現各式各樣且極為嚴重的眾多非法勾當，包括非法象牙買賣及大規模毀滅性武器的融資。[90]

國家元首也受益於私菸買賣。組織犯罪與貪腐舉報計畫競爭激烈的「年度風雲人物」二〇一五年頒給久卡諾維奇（Milo Djukanovic）（翌年頒給馬杜羅總統），此君一九九一年到二〇一六年持續出任蒙地內哥羅的總統或總理，二〇一八年又當選總統。[91]他因羅列出來的多項罪名獲此殊榮，其一便是他在走私香菸的角色吃重，頒獎聲明還特別點出此事。傑出的組織犯罪與貪腐舉報計畫陪審團結論道：

> 久卡諾維奇跟他的親近同夥，與義大利聖冠聯盟（Sacra Corona Unita）、克莫拉等犯罪家族合作，大規模走私香菸。他在義大利巴里（Bari）遭起訴，坦承做這種買賣，但說自己的國家需要錢。他援用外交豁免權，讓罪名都撤銷。

組織犯罪與貪腐舉報計畫表示，久卡諾維奇的走私並未因起訴而停止，只是他透過代理人、蒙地內哥羅的安全首長持續進行，「後者被起訴三次，但從未因私菸相關活動而被定罪。」[92]為這份判決佐證的法律證據相當扎實——義大利法院提出竊聽而來的證據及數十萬份文件，指出一九九〇年代時久卡諾維奇及蒙地內哥羅政府每年從這種非法勾當賺進七億美元。共謀的義大利犯罪集團，則由設在盧加諾（Lugano）的各家瑞士銀行，洗錢達十億美元。[93]

眼光自歐洲挪開，可以見到在巴拉圭，國家元首幫忙疏通另一種不法香菸生意——不法白菸。二〇一六年，卡提斯（Horacio Cartes）總統在紐約大學演講，標題為〈巴拉圭簡介：機會之地〉。演講之前，紐大校長的窩心歡迎詞將卡提斯總統描述為「了不起的人物」，「我喜歡你經商精明，多姿多彩……跨足飲料、菸草到足球。」[94]這種介紹詞提醒我們，西方國家對外國元首的貪腐惡行經常顯得太寬容，甚至對有害人命的行為也一樣。

細看卡提斯家族的菸草產量（他在其中占大股），就叫人警戒大增。巴拉圭國內菸草市場很小，卻生產世上極大比例的不法白菸——估計每年六百五十億支——占世上走私品的百分之十一。[95]巴拉圭走私菸的首要目的地是巴西，巴西人買的香菸裡，三分之一是私貨，使政府每年損失的菸稅，估計在十二億美元。[96]這麼大規模的走私，注資給強大的拉丁美洲犯罪集團如洛斯哲塔斯（Los Zetas）、錫納羅亞（Sinaloa）販毒集團，讓他們洗錢。[97]這些私菸也賣到法國及其他歐洲地區。[98]

罪犯及恐怖分子的參與

誠如我們討論歷史時所述，犯罪分子參與私菸生意已持續數百年。我們也揭露，不法香菸生意並不局限在任何單一區域：在南非及捷克共和國與犀角生意交疊、在紐約的美洲原住民保留區很繁榮，而在「歐洲私菸銷售之王」的法國也很興旺。[99]這個聲譽得來不易，因為義大利那些最大的犯罪組織也參與到這門生意。[100]三分之一法國私菸是由阿爾及利亞偷運進來的，四分之一由西班牙而來，因為當地菸稅較低。[101]巴塞隆納是轉運樞紐，有阿爾及利亞淵源的走私者在當地與長年插手這門違禁生意的西班牙人合作。[102]

馬賽是法國私菸銷售的熱點，賣掉的菸大約四成都是非法進口的。[103]這個港市長久以來都是非法勾當的重心。大家不免想到《霹靂神探》（The French Connection）那部電影，毒品由土耳其送來，在馬賽發貨，經加拿大而到美國。[104]馬賽警方分配在對付私菸小販的資源很少。這種漫不經心倒不是貪腐的結果，因為小販也沒資金及牽線人可以去腐化法國官員。[105]

既然逃稅，私菸販子可以在露天市場以低於合法零售菸品不少的價錢兜售私菸。在法國街上，外地轉入的菸一包售價大約是五歐元，而不法白菸或贗品則可以用四歐元買到。在商店裡，合法製品的價格大約七歐元，比起來要高得多了。價格的差異導致國家失去龐大的稅收——估計使法國經濟體每年少收約四十億歐元。[106]此外，國家可能因此招致更大的健康成本：沒管制的菸經常生產於沒管制的環境，成分更容易致癌。

因為風險低利潤高，不法香菸生意對恐怖分子團體特別有吸引力。二〇一五年在巴黎《查理周刊》（Charlie Hebdo）殺害漫畫家的庫亞奇（Kouachi）兄弟倆，有一人就靠賣菸賺錢。[107]私菸鏈的較高層級則以更有效的方式支持恐怖活動。蓋達組織的北非分支伊斯蘭馬格里布蓋達，還有本區其他聖戰士都靠這一行過活。[108]

其他恐怖分子集團也由這一行獲利。真主黨及哈瑪斯均被認出插手多起私菸案。[109]伊斯蘭國在自己控制的伊拉克及敘利亞領土上，也操控私菸買賣，儘管在他推行的那種嚴格版伊斯蘭律法底下，香菸是違禁品。由摩蘇爾傳出的報導揭露：「伊斯蘭國與油罐車司機達成協議，允許他們在貨艙內偷運五十箱菸，以換取大盤菸商與小販的情報。」接下來伊斯蘭國便逮捕並鞭笞菸販，替組織擠出可觀油水來。[110]

巴拉圭、巴西及阿根廷三國交界區，目前仍是「凶險金融」（threat finance）的一大重心。巴拉圭生產的「不法白菸」是恐怖分子的主要貨幣，不僅在國內挹注資金，還供應給哥倫比亞革命武裝力量。[111]

較老牌的恐怖分子集團如愛爾蘭共和軍（Irish Republican Army, IRA）也長時間從不法香菸生意獲利。[112]有個大型私菸偷運行動，在最不尋常的狀況下遭踢爆。二〇一三年，蓋達組織幹員向一艘貨櫃輪發射兩枚火箭，成功命中；該船正通過位於埃及的蘇伊士運河，目的地是愛爾蘭，隨後對受損船隻的調查發現大批走私菸，價值五千五百萬美元，收貨人是一位愛爾蘭名人，與愛爾蘭共和軍有長期關係。[113]

濟惡者

在法國銷售的私菸每年約九十億支，足以顯示貨源與街頭市場之間，有一大群疏通方便的人。[114]私菸產品的移動，不是靠「工蟻」每次扛個幾箱香菸，而是靠阿爾及利亞工廠工人、發貨人及商販，再加上法國、西班牙港口高層及工人，大家串謀才辦得到。由船上卸貨到卡車，總要靠人才行。

司機將大量私菸由西班牙走陸路搬去法國，有的知情有的不知。很多人喊冤，說不知自己載的貨是什麼，但檢視社群媒體便可提供與事實上大不相同的事證。雖然想查緝私菸的人一直向臉書抱怨，但這個社群媒體上的貼文依然向卡車司機及分銷商提供該到哪裡接收違禁香菸貨物的建議。[115]法國已察覺到這個問題，但私菸只算冰山一角而已。[116]在英國，帝國菸草（Imperial Tobacco）已鎖定臉書，視其為私菸勾當的關鍵濟惡者。[117]誠如我們於全書所見，這個幾乎不受任何規管的新媒體，是供非法勾當成長的強力倍增器。

卡車司機可以跟公司勾結，搬運大量商品，藉此逃稅。舉個例子，二〇一七年春天，優必速（United Parcel Service, UPS）公司因為沒繳一處紐約印第安保留區菸草店給的稅金（保留區的香菸只准賣給部落成員），在美國被聯邦法院罰款二億四千七百萬美元。一起控告聯邦快遞（Federal Express）的類似案件正在進行。優必速案的法官發現，自二〇一〇年以來，六十八萬三千多箱未稅「違禁」菸被送往沒執照的大盤商、零售商及私人住宅。法院表示，優必速意識到自己參與其間，而非一直不願承認自己推波助瀾的角色。[118]

不法買賣傷害健康的食物、飲料

誠如我們第一章回顧歷史所示，打古時候起，仿冒的食物產品便出現人間。如今，販售仿冒食品、飲料已是金額數百億美元的生意，隨著眾所垂涎的食、飲產品增值，而尤以亞洲為甚的中產階級膨脹，贗品食物及飲料產品跟著成長。食品、飲料的不法生意以產業的規模運作，可見犯法的必然是公司，或者重要的跨國犯罪集團，誠如下文我們對中國及義大利的分析將指出的。其他殺人奪命的罪犯會遭遇刑罰或社會指責，但販售假食品、飲品的人卻很少碰到。因此，這種不法生意未來可望成長下去。

每年都有很多人因食物或酒精不安全而生病或死亡，起因不光是不衛生或冷凍不足，而是食、飲品裡的有害成分。[119]食品種植在受到危險農藥或因擱置有毒廢棄物而汙染的土地，也會令消費者健康受損。

食安問題的規模，消費者不常知悉，但引起執法單位很大注意。在二〇一五年十一月到二〇一六年二月三個月間，由五十七國合作的執法行動中，抄沒一萬多噸（逾二千二百磅）及一百萬升（逾二十六萬四千加侖）的黑心食品及飲料。英國警方查獲的假酒足以裝滿一萬二千個浴缸。而在其他地點，查獲打算出口賣給非洲兒童的非酒精偽造飲料並停止流通。[120]義大利檢警由市場查出八十五噸含硫酸銅的橄欖油（硫酸銅的潛在毒性可能導致攝取後嘔吐），添加是為了油的色澤。比利時抄沒猴肉；澳大利亞警方充公一批重新包裝、偽裝成松仁的花生；在多哥，二十四噸不宜食用的吳郭魚安放起來，等候銷售。黑心又危險的食材分布這麼廣，清楚顯示廠商醜陋可恨的嘴臉，對消費者的健康及平安無動於衷。這些生意人只關心賺錢。[121]

自然環境也遭梅茲卡爾酒（mezcal）的不法生意破壞，這種烈酒生產於墨西哥。為了製酒，這一行當長期下來掃光生長緩慢的仙人掌植物。農人喪失未來的生計，而大量利潤則歸給沒取得許可而外銷梅茲卡爾酒的掮客，藉此逃稅，再用高價把酒賣給美國酒吧及餐廳。這些掮客還主張自己在幫忙「可憐農人」，掩飾自身惡行。[122]

即使在中國及義大利這兩大自豪於其美食的文化體，國人熱衷吃喝又願意花大錢來享用，都不能保證供應的食物安全無害。因為中、義都是食品出口大國，於是不時成為龐大黑心食品醜聞的焦點，其中牽涉到的黑心食品，置國內外消費者的生命於險境。[123]在義大利，這種特殊罪行還有專有名詞，叫「農業黑手黨」。[124]義大利經驗豐富的智庫精心研究，計算犯罪組織對經濟的危害，他們估計二〇一五年黑心食品交易總金額達一百六十億歐元，不法食、飲品的生產，已從黑手黨傳統的南部老巢擴張。[125]黑手黨在西西里、光榮會在坎帕尼亞（Campania）區的根基都在鄉下，因此，犯罪集團插手農業生產實無足為奇。

精於經商的克莫拉偽造莫札瑞拉起司（mozzarella），還有北部帕爾馬（Parma）市的高價漢堡，因為世人愛吃這些政府管制品質及產地的美食而獲利。[126]在克莫拉老巢的義大利南部，有些食品因為耕作於那不勒斯市附近鄉下地區的有毒廢棄物場址上，而含有重金屬毒性。[127]雖說有管制，當地耕作的食品有時還是會銷售。

出身義大利南部的組織犯罪集團已大量投資北非土地。種植在當地的蕃茄等作物成本較低，不受歐盟市場管轄，隨後引回義大利，蓄意不實標示為「歐洲生產」。[128]網路食品銷售不經仔細檢查，讓問題更加惡化。[129]

在緬甸，贗品嬰兒配方奶粉製造時蛋白質添加不足，妨礙到嬰兒的成長。一位約翰霍普金斯大學公共衛生教授在緬甸看到，有個餵食黑心奶粉的一歲幼兒，體型只有天竺鼠大。[130]

在中國，二〇〇八年有三十萬名嬰兒喝的配方奶粉摻雜有毒工業化合物三聚氰胺，因此生病，其中六名死亡。[131]隨後的偵辦中發現，中國最大食品公司之一的三鹿集團被揪出來負責。一家美國廠商向中方示警後，發現其他公司也牽涉在內。二〇一七年春天，有十二人因售銷黑心嬰兒奶粉而受審。[132]

把利潤看得比嬰兒健康還高的人膽敢戕害人命，不僅為了個人，更代表他們任職的公司的利益。[133]中國二〇一三年另一案子當中，鼠肉被偽裝成飽受垂涎的小羊肉，廣為銷售給民眾。[134]同一年間，中國有一千七百多家公司因為生產黑心食品而遭關閉。[135]二〇一五年，中國海關官員抄沒十萬公噸的冷凍雞肉、牛肉與豬肉，總價達四億八千三百萬美元。這些由十四個幫派走私的肉品，有些已經擱放逾四十年。因為走私者想節省成本，使用無冷凍卡車搬運，這批肉轉運過程冰凍再解凍。結果便是這批肉製品對食用者健康有嚴重威脅。[136]

在俄羅斯，黑心酒精已造成多人死亡。官方統計指出，單是二〇一五年就死了一萬四千二百五十人。二〇一六年底，西伯利亞伊爾庫次克（Irkutsk）一起「非法創業」導致七十二死。不法創業的人故意不實標示他們在自己工作室生產的「沐浴乳」，宣稱產品含有百分之九十四的乙醇，但產品是由具毒性的甲醇所製造。在俄國某些地方，部分替代產品如標示不實的沐浴乳與合法供應鏈有交疊，當地可以見到假貨於自動販機裡銷售。[137]

「水黑手黨」指的是以過高價格供應必需用水給孟加拉、印度、巴基斯坦，還有中美、南美城市居民的人。[138]但這些供應者不光來自傳統的犯罪組織，還有來自社會不同部門的個人，包括市府官員、農人及房地仲介。有篇來自德里的報導宣稱：

這門生意一切都是不法的：未經許可鑽井、運水車未取得許可而營運、賣的水未經檢測或處理……老闆安排買家，苦力注填水槽車，警方裝沒看見，動粗以確保沒人敢向誰講半句話。[139]

水黑手黨仰仗貪腐、組織犯罪及尋常公民共同參與，生意遍布四處，因而無法靠著逮捕幾名高層犯罪分子鏟除。

醫生及藥師：病人何時必得提高警覺

很不幸，次等、虛假、標示騙人、造假及贗品藥物及疫苗，再加上變更用途的醫藥，目前在已開發及開發中國家都是重大問題，因為這門生意包含了進口危及公眾健康的藥劑。[140]這一行規模很大。國際刑警組織估計，全球由改用與次級藥劑及平行貿易賺取的利潤，達到七百五十億美元，二〇〇五到二〇一〇年間成長了九成。[141]

供應商範圍囊括了「小規模犯罪創業者到大規模製藥廠」。[142]英、美兩國的分銷商經常是富裕及教育程度不錯的人，都扮演讓這種犯罪活動擴張的重要角色，原因在於假藥透過網路銷售，甚至穿透到合法的供應鏈。在美國，二〇一一到二〇一六這五年間，有報案的事件成長逾五成，來到三千一百四十七件。[143]

這種成長的因素，部分在大藥廠有壟斷權，把藥價拉得很高，再加上民眾缺乏保險。結果便是很多病人被迫去沒管制及非法的市場買東西來治療。不法藥劑的成長，很多出現在昂貴的治愛滋病反轉錄病毒藥、抗癌藥以及治糖尿病藥。這些偽劣藥經常欠缺該有的成分或藥效。美國病人買的假藥及有害產品，其藥性會危及生命，得送急診室。[144]

在歐洲，據估吃下去的藥劑有百分之九是贗品。[145]歐洲的健保照顧比美國來得全面，絕大多數的假藥是生活機能醫藥，比如治療勃起不良、減肥藥及關節炎藥品。[146]

假藥問題在供應鏈管控不良的地區更為嚴重。[147]世界衛生組織估計，好些亞、非及拉丁美洲地區，其售出的藥劑多達三成是贗品。[148]

在非洲，醫生、藥劑師助長不法藥劑生意，這個問題廣泛到成為當代大眾小說裡描繪的題材。史密斯（Alexander McCall Smith）筆下著名的波札那女刑警偵辦一名用非專利藥物取代品牌藥而超收藥費的醫生。[149]這種做法可說是稀鬆平常。

二〇一五年，國際刑警組織在非洲南部七國的安哥拉、馬拉威、南非、史瓦濟蘭、坦尚尼亞、辛巴威及尚比亞展開行動，破獲假藥生產，揭露了問題有多嚴重。幹員逮捕五百五十人，關閉三座製造設施；那些工廠生產假的抗生素、止痛藥、壯陽藥、避孕劑及抗瘧疾藥。有個很廣的網絡在分銷黑心藥劑。從頭到尾，二千一百名警察、海關官員及衛生監管官員沒收一百五十噸以上的假藥和不法藥物，地點遍及五十多個城市的市場、商店、倉庫、藥房、診所及港口。[150]

東非坦尚尼亞的一名衛生高級官員收到大批寄來的捐贈瘧疾藥，本該轉分配給有需要的非洲大陸人民，但他沒那麼做，而是挪用藥物自行銷售，讓自己及手下荷包滿滿。[151]那些藥遭轉用後，因為未保持在服藥前必要的溫度控制而失去藥效。使用這種藥力衰退的藥物，反而助長瘧疾抗菌力的發展，破壞根除瘧疾的努力，讓那批昂貴、龐大的藥品送來的初衷，化為泡影。

俄羅斯因為疏於控制藥物品質，讓人口健康不良、俄國人均壽命縮短的情況更為惡化。[152]由於海關管制不當，偽藥由中國及印度進入俄國。俄國檢警沒花什麼力氣在調查偽藥的流通，助長歹徒以此作為犯罪首選。每年偵辦查獲五十案，移送法院的只有十五到二十件。[153]法院承辦件數只代表冰山一角：一大堆五花八門的不法分子依然逍遙法外，包括作惡的供應商、分銷商、藥劑師及貪腐的海關官員。

藥劑非法勾當的問題，並不局限在開發中及轉型中國家。在義大利，很多藥品從醫院偷出來，接著賣到東歐。[154]義大利大約每年有一成的醫院受害，每起竊案的市值大約二十萬歐元，總損失共計二千二百萬歐元。對一些必須保持在控管溫度的藥劑，失竊後再被買走，可能無法治病，甚至有害健康。

因為平臺無法篩選賣家，網路銷售的藥劑的網站可以販售次級藥物，會對買方造成傷害，或者無法達成他們尋求的療效。[155]舉個例子，二〇〇九年美國興訟，控告一個中國公民徐凱文（Kevin Xu），在此之前，徐男販售假藥，其中既含汙染物質，又缺少必要成分，無法治療重病如癌症、精神疾病及血栓。因為這些假藥是在中國國營機構裡生產的，被告擔心家人安危，並未與檢方合作。[156]

想預防網路賣假藥十分困難，因為大量郵寄的小包裹，讓美國郵政（US Postal Service）及如優必速及聯邦快遞等的民營郵遞業者很難查出有麻煩的包裹。因此後者在不知情下成為這門生意的濟惡者。[157]另個助紂為虐的是推特網站。對這個社群媒體平臺的研究指出，有少數比例的推文讓處方箋鴉片類藥物的不法銷售得以遂行。[158]

徐男被捕，引發英、美兩國一串連動的偵辦行動，救了不少性命。有個生活奢華的英國特許會計師兼藥品經銷商格里斯佩（Peter Gillespie）進口了七萬二千包偽藥——換句話說，就是兩百多萬劑。把只含七成治療前列腺癌成分的偽藥引進英國之後，格里斯佩被捕。[159]還好這批藥在進入國民醫療保健服務（National Health Service, NHS）之前就被抄沒。[160]格里斯佩完全曉得自己幹的是詐欺之舉：他不僅進口劣藥，還用設備印製不實的藥物產地標籤。[161]他下獄服刑四年，只算暫時被制止。出獄之後，他取得進口藥品執照，因為歐盟對經銷商設限不多。

很不幸，格里斯佩並非孤例。英國檢方向美國執法單位通風報信，讓他們查獲有一批未經許可的腫瘤藥物，已由一家巴基斯坦公司寄到聖地牙哥。其他癌症藥詐欺案也在加州南部、匹茨堡、愛荷華及紐約被破獲。[162]進口者購買這些未經許可、品牌不實的腫瘤藥，再將他們以折扣可觀的價錢賣給全美的醫生。[163]這些案子揭露形形色色的行動者，牽扯在危險的藥物犯罪裡。許多中國、印度、巴基斯坦及土耳其的藥廠，關心利潤更勝於人體健康。[164]他們把藥發貨到美國，而他們在美國並無權銷售自家商品。南加州有家癌症治療中心，購買打折抗癌藥，他完全了解藥物沒經食品藥物局批准銷售，還把藥注射到病人體內，這件事實可凸顯出專業人士也是共犯。[165]

醫生更主動參與非法腎臟交易，有時候還與犯罪組織及恐怖團體互動；那些人也想分潤這種有利可圖的生意。收視率極高的義大利刑事連續劇《蒙塔巴諾督察》（Inspector Montalbano）有一集便特寫一名西西里醫生，那人靠施行未獲批准的腎臟移植術而發財，而這種手術只有跟黑手黨合作才辦得到。[166]研究這種現象的專家訪問過一名腎臟移植醫生，他承認有這種不光彩的關係。[167]

結論

非法勾當對人類的危害很嚴峻，當前的回應狀態似乎讓人絕望。但人類的處境必須由歷史角度來檢視。幾千年來，人類都奴隸其他人。誠如第二章所述，法律只是最近兩百年才有的事，而終結跨國奴隸交易，反射出人性與法律良知的大轉變。今天，不完整且有瑕疵的數據指出，還有四千萬人仍遭奴役之中。[168]這個數目是很高沒錯，但依百分比來看，如今自由人的數目為史上之最。這是好消息。

縱觀歷史，奴隸制扮演重要的經濟角色，現在虐待人類仍以其他方式持續，原因在於其對插手其中的人，帶來重要的錢財利益。只是跟過去不一樣，這種虐待沒有國家正式支持，同時，當國家或者政府官員從事人口買賣、毒品生意或者銷售私菸，他們可能會受到譴責，有時候甚至是刑事制裁。

目前戕害人命的人，不光是幹這一行的官員，還有專業人士、公司及其僱員，以及邪惡的非國家行動者，尤其是組織犯罪及恐怖分子。專業人士如醫生及藥劑師靠著開立過量、從既有供應鏈以外非法取得（經常是網路買來）的藥劑，助長害人藥物的散布，並銷售偽藥或挪用未保持在適當溫控的醫藥。

科技已轉化並擴大其足以傷害人命的方式。網路服務提供者如Craigslist及Backpage，透過他們的廣告促進人口販運，當作高價值的收入來源。執法單位介入，掃蕩了Craigslist，問題轉移到Backpage；打擊完Backpage，只讓支付款轉移到較不出名的金融業者。社群媒體讓不法貨品的傳遞成為可能，而獲利很多的公司企業未能撥出必要的資源，揪出害人的包裹內容。

全球及國家資源絕大多數專注在毒品販售，以及近期才注意到的人口買賣及偷渡。相形之下，偽藥、黑心食品及假酒的買賣散播很廣，卻未為之留心；這些買賣已然升級，部分要歸因銷售透過網路及社群媒體進行。[169]這類活動更常被視為對知識財產的侵犯，而非奪人性命的行為。

毒品、香菸、人口及黑心食／飲品等有害商品的買賣加總起來，等於將幾千億美元轉移給貪腐官員、公司及非國家行動者。這種財富的轉移同時傷害國家的能力，不論就國家稅收損失，還是對這些勾當極關鍵的官員遭到腐化並涉及其間而言皆然。由此，這樣塗炭生靈傷害的不僅是個人，也傷害了全體人類安全和國家。

第七章
破壞地球的人

除了屹立已久的義大利與美國這兩個垃圾處理黑手黨，犯下環境破壞罪行的並非傳統有組織的犯罪集團，而是位高權重的個人。雖然確實需要「傾所有人之力」才能改善這個世界，但傷害地球資源一切重要元素——空氣、海洋、陸地及水——的，並不僅限於世界上的犯罪組織。

很多人將焦點放在工業對環境的傷害，比如工廠廢水汙染河流及水族；大規模砍伐亞馬遜雨林以清出空間蓋農場；各種排放空汙的工業製造商。其他人則專注於未受管制的非法採礦，把如石棉之類的有害粒子釋放到空氣中；未經授權的金礦開採導致汞金屬汙染，每年約達六百五十噸到一千噸的有毒水銀進入生態系。[1]

本章要檢查的現象略有不同。藉由非法販售地球資源賣掉我們未來的不法之徒，正砍光世上的森林，在海洋魚類日益減少還濫捕魚來賣。[2]他們進行不法生意的過程中，還惡搞我們發展出來、意圖緩和氣候變化的策略。這些不法販子人數眾多，而且隨著律師、會計師、旅行社、船運業者等其他很多疏通方便的人，讓這種交易得以發生在全球，犯人數目倍增。各階層貪腐官員也幫忙，確保這門生意能做成功。[3]

從砂拉越到聯邦調查局西雅圖辦公室：掠奪天然資源的人

東南亞有個竊國大盜，他將世上最後一個大型雨林夷平殆盡，資金還是由世上頂尖金融機構周轉的。這些參與者即便了解他們造成的生態傷害，依然不肯停手。此人的貪腐規模龐大，取得的收益經常靠洗進已開發國家的房地產分散到全球。買下當地被砍林木的是合法公司，購買加工木材的消費者更遍布各大陸。

以亞洲林木黑手黨之王聞名的泰益瑪目（Abdul Taib Mahmud）和他的家族，靠著摧毀馬來西亞砂拉越州（Sarawak）近八成的雨林，斂聚了一百五十億美元，而這座雨林可能是世上最豐富的生態系統。他從一九八一年擔任首席部長開始摧毀雨林，時間達三十三年。[4]一部讓人不寒而慄的紀錄片，直接取名為《婆羅洲案》(Borneo Case)，記載這項罪行。《婆羅洲案》拿泰益瑪目奢豪的生活方式，對比他所破壞地區居民的貧困。[5]他的罪行不僅摧毀一處樂園，還恫嚇在其領土上示威的居民，這種行為只讓人聯想到黑幫老大，與他受高等教育、官位極高的背景完全不符。

泰益瑪目並非出身自豪強世家，事實上家世寒微。他二十七歲由澳洲阿德雷德大學（University af Adelaide）法學院畢業後進入政府公職。他在一九六三年靠舅舅幫忙進入官僚體系，只比馬來西亞建立聯邦早兩個月。[6]到了一九七〇年，其家族已在砂拉越建立王朝，持續到今天。誠如《金錢伐木》（Money Logging）一書作者所述，對泰益瑪目家族來說，伐木賺來的錢，不僅支持他們過奢華生活，還用於在馬來西亞境內行使權力和影響力。[7]

一位前英國首相指出，有很多世上最大金融機構在資助這個犯下「當代最大環境罪行」的人。[8]二〇〇五年，德意志銀行貸款六億美元給泰益瑪目政府。[9]同一時間，德意志銀行沒給任何理由，就關閉布魯諾·曼瑟基金會（Bruno Manser Fund）的小小戶頭。基金會當時在調查泰益瑪目政權的貪腐及不法伐木。金融業甚至提供更多支援給泰益瑪目政府：高盛二〇一一年放貸八億美元。[10]泰益瑪目銷售婆羅洲珍貴木材，獲利約五百億美元，並與其政治親信分享，再轉到蘇黎世、倫敦、雪梨、舊金山及渥太華的金融機構。瑞士銀行帳戶裡的錢周流全世界，容許泰益瑪目分割洗錢，跨越很多司法轄區。[11]

這些錢也轉進美國房地產。諷刺的是，被買下的房地產之一，便是西雅圖市中心的林肯大廈，即聯邦調查局於一九九八年起美國西北轄區的總部所在地。雖然環保人士在總部外多次抗議，譴責職司打擊貪腐的聯調局付租金給一個竊國大盜，但聯調局迄今仍落腳在泰益瑪目家族控有的這些房地產當中。[12]唯有在二〇一七年，美國國會的政府問責局（Government Accountability Office, GAO）調查政府租用外國人持有的辦公空間，才指出西雅圖那棟房產背後的物主。[13]

泰益瑪目個人對大自然環境犯下龐大的傷害，但與他可堪媲美的人，還能在巴西亞馬遜地區、印尼雨林等其他地點找得著。[14]然而光找他一人負責並不對。他只有跟正當經濟裡其他很多人共事，才能遂行這種活動。

空氣

巴黎氣候協議的目標，在強化全球對氣候變化的因應，方法是請全球社會矢言，本世紀當中全球溫度要維持在比起工業革命之前，上升不超過攝氏兩度。此外，協議的目標還想強化各國因應氣候變化衝擊的能力。具體措施還在研擬，想達成這些目標，做法包括發展再生能源、建立碳市場、行車哩數目標，以及車輛排氣標準。[15]

然而，伴隨巴黎協議的矯治方案，無法「防罪」。[16]政策制定者既沒計畫過，甚至料想到犯罪分子的狡猾及創新力，竟會鎖定想讓地球存續的心血下手。

誠如第三章所述，非法行動者轉移到重要的化石燃料產品交易，只是最近的事。伊斯蘭國便是警鐘，但其他非法行動者，也就是不法分子及恐怖分子已在買賣拉丁美洲、非洲及中東的石油、天然氣。非國家行動者參與到既有規模的能源市場雖讓人吃驚，更意想不到的是，犯罪組織及不法非國家行動者打進追求地球清淨的新經濟。此外，沒人料想到大型合法公司如福斯汽車，公司高層竟參與不法共謀，想逃避政府的汽車廢氣排放法規。

巴黎協議獲採納之前，已有數十億美元投資進再生能源。[17]合法、非法行動者都鎖定這些新商機。有些企業高層、貪腐銀行家及其他助惡的人，惡搞歐洲創設碳市場、補貼潔淨能源、控制車輛廢氣排放而湧現的金融新商機。其他段數高的生意人則找更聰明的法子，非法交易破壞臭氧層物質（ozone-depleting substances, ODSs），而那些物質歸《蒙特婁議定書》（Montreal Protocol）管轄。

買賣破壞臭氧層物質的人

犯罪組織一向積極參與氟氯碳化合物（Chlorofluorocarbon, CFCs）的非法買賣，俾補他們現有的垃圾及害人廢棄物處理生意。[18]對反制破壞臭氧層物質買賣的種種努力，目前是少數對抗環保犯罪成功的故事之一，然而大眾殊少關心。氟氯碳化物停產，加上強力管制及全球執法，已然減少這種有害環境物質的交易，話雖如此，那種交易顯然還存活於中國。

「補天行動」（Operation Sky Hole Patching）這起制止氟氯碳化物買賣的攻勢，是由世界關務組織（World Customs Organization, WCO）所屬之區域情報聯絡辦公室（Regional Intelligence Liaison Office）為亞洲及太平洋區所發動，與聯合國環境署（UNEP）的亞太分支機構整併。[19]補天行動取得正面成果。二〇〇六到二〇一〇年間，參與此聯合關務行動的執法者抄沒五十一次的不法氟氯碳化物，總計「約七百三十噸，平均每年抄沒一百八十三噸。」[20]減少這種犯罪活動，得以讓臭氧層療補傷損，並增加厚度。[21]只是，補天行動的成功，並非是地球的全部。很不幸，氫氟碳化物（hydrofluorocarbons, HFCs）這種重要的不法交易還持續著。

國際努力控制氟氯碳化物的想法能獲採納，是由於這類冷凍劑可能造成嚴重的環境傷害。[22]氫氟碳化物交易這種犯法活動，與企業內部人士勾連的程度比犯罪狙織更深。因此，這更類似於某些私菸販子把產品偷運出自己任職的工廠。專業技術、管道及國際人脈，促進不法氫氟碳化物生意的成長。

氫氟碳化物是從中國浙江頗有規模、專精冷凍劑的工廠挪用過來。這些不法販子「甚至找機構把破壞臭氧層的物質，由大型容器倒入較小的圓柱桶。」[23]幹這一行的包括調派人及掮客，他們違法交易、經紀這些商品，危及《蒙特婁議定書》的成就。[24]商品不實標示、申報、偽造文件，「藏匿、偽造物質已經回收，還有詐稱轉運，凡此種種都被認定為走私氫氟碳化物的手段。」某次破獲的走私行動中，中國運了三千九百萬噸「回收」的氟氯碳化合物到俄羅斯，顯示這種勾當有多長命：這些參與者自一九九〇年代中期便交易違法破壞臭氧層物質了。[25]

犯罪組織把持潔淨能源

歐盟煞費苦心想轉換再生能源，提供誘因及資金來興建風力及太陽能設施，接下來歐盟保證，風電及太陽能電都以高價購買。風電廠最愛建在風力強又空曠的地區。但是，歐盟能源專家無法防範歹徒入侵他們的計畫。他們沒考慮到西西里島擁有強風的空曠地帶，都是黑手黨控制的地盤。黑手黨的宰制力，扎根於土地的控制權，以及當地官員的貪腐。所以，腦筋靈光的黑手黨員獲利於自己的土地，認為再生能源收益更好，勝過務農。

測繪風電機與黑手黨地盤疆界的學者，發現兩者有強大關聯：風電的開發，大致局限在黑手黨控制的土地。[26]所以，經常是透過武力達成的黑手黨壟斷權，在新能源經濟方面也占上風，外來的風電部門正當競爭者，根本休想吃這塊餅。

想了解何以歐盟官僚無法理解西西里黑手黨的狡黠及前瞻思維嗎？聽聽有個黑幫老大被義大

利政府偷錄下來講的話就懂了。他跟全球其他流氓一樣，瞧見未來潔淨能源經濟的優點：

> 時年七十九的文錢佐·福那里（Vincenzo Funari）據說是西西里金貝里那（Gimbellina）黑道世家的頭兒，生意人薩瓦托雷（Angelo Salvatore）用暱稱向他央求說：「文錢佐舅公啊，要想愛護我們的後代，再生能源很重要……我們可以靠這一行維生。」[27]

只是，跟很多黑手黨的投資一樣，他們在乎的並非有營運效率或者存續能力。一開始，黑手黨甚至不在乎他們蓋的風電機是否連結上電力網。有些風電機造得相當粗陋，無法運轉，但仍收到歐盟的補貼。[28]轉進這個新部門，讓這些黑道有管道投資或洗掉他們的不法所得。他們斬獲不少，對地球真是壞消息。

為了解這種洗錢規模多大，我們得看一個綽號「風電之王」（Lord of the Wind）的人物。他可不是什麼莎翁名劇《暴風雨》（Tempest）跑出來的神祕妖仙，而是一個西西里人，名叫尼卡斯特里（Vito Nicastri）。他以前做電力技師，擁有十三億歐元的資產，在冗長的法律攻防後，二〇一六年夏季被判有罪，財產充公。這名轉做生意的電匠怎麼會有那麼多資產？靠的是替一名西西里黑手黨老大及其他犯罪組織洗錢。義大利政府最大一次抄沒資產行動中，沒收「一百多處房地產、四十三家主要營運於風電產業的公司、許多豪華汽車、一艘高四十六英尺的雙體船、銀行帳戶及證券。」[29]

不法碳交易

對大多數尋求減少排放二氧化碳等其他溫室氣體（GHG）進入大氣的決策者來說，以市場來解決氣候問題，一直是最中意的工具。碳交易有時稱為排氣交易，在這一行之中，參與者「在排汙交易（cap-and-trade）的格局下進行交易，或者動用信用額度（credit）來支付或抵消溫室氣體排放。」[30]公司行號取得許可，得排放定量的二氧化碳到大氣。假如公司排放在限額內，他就可以銷售信用額度；假如他排放超過許可，就必須購買額外的許可，來支付超排。[31]這是靠著購買「單位」（unit）來辦到，每單位等於一噸二氧化碳。[32]碳市場管理機構分配或拍賣排放許可。

歐盟排放交易體系（EU Emissions Trading Scheme）於二〇〇五年推出，很樂觀——而且沒料想到他監管薄弱的體制，竟提供大好機會給犯罪活動。[33]天真到讓歐盟付出五十億歐元以上（大約六十五億美元）的代價，很可能肥了犯罪分子、恐怖分子、網路駭客及貪腐的銀行人及交易員。歐盟最大的損失發生在法國，總計大約十六億歐元。[34]

誠如有位評論者巧妙指出：「換言之，想拯救世界跟想賺錢根本是兩碼子事。比他人更快看出這一點的，莫過詐欺犯。」[35]參與這起龐大詐欺的人駭入電腦的碳信用額度登記處，申請名實不符的增值稅給付，還付款給空殼公司。[36]碳市場的虛弱之處，難以在這一節文章描述完全。國際刑警組織相信，規模一千七百六十億美元的碳市場，面對其他種犯罪入侵也很虛弱，比如證券詐欺、轉移不實報價，還有販售根本不存在的碳信用額度。[37]

二〇一六年春天，德國檢方備妥並散發一張布告，宣稱一名巴基斯坦男子伊克巴爾（Mobeen Iqbal）二〇〇九年八月到二〇一〇年四月間，以增值稅詐欺，導致德國政府損失一億三千六百萬歐元。[38]他的公司群把免稅碳信用額度，由一個歐盟會員國賣到另一個會員國，再把含增值稅的碳信用額度轉售給別地。接下來，這些詐欺犯要政府把自己從未繳付的增值稅退還，收入口袋後人間蒸發。[39]有個詐欺專家說道：「這樣做順利得叫人稱奇，而且與理直氣壯要求退稅幾乎無法分別。」[40]

懸賞布告凸顯了這種交易是透過德意志銀行的員工進行的，該行再度現身於不老實的買賣。七名銀行經理人挨告。法官在判刑時宣稱，他們投入「一種犯罪生意的模式」。足足五年，那些銀行行員處理騙人公司的交易，「要不是沒做足功夫擋下他們，就是對那些交易是設局來詐騙稅務當局的『明顯跡象』裝作沒看見。」盡職調查不是什麼難以執行的事。有家假公司的地址，距離法蘭克福市德銀總部，只消走路五分鐘就到了。德意志銀行為這些不法退稅案繳了二億二千萬歐元的罰鍰給政府。但被告只有一人判刑坐牢，那位五十五歲銀行經理經檢方認定為「指使年輕同事參與騙局的老大」。[41]

一起發生於英國及義大利的碳信用詐欺案，顯然注資給恐怖主義。阿梅德（Yakub Ahmed）生於巴基斯坦，住在英國普雷斯頓（Preston），義大利政府指控他詐欺義國增值稅達十一億五千萬歐元（二〇一〇年約合十五億美元），據說他透過行賄基金及投資於杜拜洗這筆錢。二〇一〇年，英、美聯軍突襲介於巴基斯坦與阿富汗之間山區的塔利班基地，戰鬥員在撿拾的文件上發現阿梅德的名字及公司，跟這個巴基斯坦人掛鉤的關係變得顯而易見。米蘭檢方相信，這些資金轉投入中東地區，以掩飾注資給伊斯蘭極端組織。[42]

另一起發生在法國的碳信用詐欺案，那一群犯人是有組織的國際不法分子，角色五花八門有如好萊塢電影。[43]他們生活奢華，沉迷於豪華轎車、旅遊及享樂。一位擁有稅務詐欺背景的老大，在這起龐大詐欺案中扮關鍵元素。[44]這批共犯來往於法國及以色列，據說付款並招待以色列總理納坦雅胡（Benjamin Netanyahu）。經過多年偵辦，法國在二〇一六年夏天起訴主犯米朗（Arnaud Mimran），還有主要負責洗錢的穆里（Mardoche Mouly），此人已然逃獄。第三名共犯蘇艾德（Samy Soueid）二〇一〇年死於幫派火拼。穆里二〇一六年夏天逃亡時被判有罪，跑路幾個月後，年底從瑞士被引渡回去。[45]十多億歐元的詐欺案損失，法國政府沒取回多少。

其他參與碳信用詐欺的人，包括詐騙集團及駭客，這些人由在網路上設立和維持的登記中心竊取碳信用。[46]英國駭客中，有一名中學中輟生、三十二歲的貝德斯（Matthew Beddoes），他以前交易偷來的信用卡；三十八歲的蘭德哈瓦（Jasdeep Singh Randhawa），此人出生在萊斯特郡（Leicestershire），以前走私香菸。他們想加密進入設在德國波昂的聯合國清潔發展機制登記中心（UN Clean Development Mechanism Registry, UNCDM），結果失敗，雙雙被英國法院判刑。[47]

有位助惡的波蘭人叫克拉普奇（Jaroslaw Klapucki），他開了家交易碳排放的經紀公司。他遭法國法院定罪的原因，是協助六家空殼公司銷售一億一千七百多萬的排放許可，但並未檢查那些公司的稅務是否按步就班。[48]

透過網路販售的小規模龐氏騙局，哄騙投資人入局購買捏造的碳信用。這種犯罪的獲利，經追蹤流往犯罪盈利最愛的地點，比如拉脫維亞、塞浦路斯、杜拜及香港。[49]

與歐洲碳信用市場有關的罪行很廣又五花八門，意味著用紓緩策略來肆應氣候變化，唯有在策略能「防止犯罪入侵」時才管用。不然，這種想拯救世界的重大心血，會繼續遭貪腐及邪惡的非國家行動者劫持，那些人總是在找新的經濟機會。

大海

大海幾千年來都是非法勾當的管道。海賊運送他們打劫來的貨物渡過四海，船舶往昔以迄今日，都是走私販上選的運輸工具。只是到了海上，人命也是非法勾當的犧牲品。跟破壞空氣的不法之徒一樣，海洋正遭逢形形色色的人所荼毒。

犯罪組織，主要是義大利的集團，已是傾倒有毒物質到地中海及非洲海岸的頭號凶手。環義大利海洋的情勢相當嚴峻，以至於追蹤義大利犯罪集團環保罪行的活躍人士，把自己對彼等活動的研究稱為「海怪」（the Sea Monster）。目前記錄到義大利海岸平均每公里一年發生二點五起犯罪，主要犯行諸如傾倒汙染源到海中、非法捕撈、由經常是不法的營造工地排出廢水。[50]脫離黑手黨的人承認已往地中海裡傾倒輻射及有害的醫療廢棄物。[51]亂倒的人還跋涉到遠離家鄉的地方：二〇〇四年索馬利亞外海發生海嘯，揭露有害輻射物質曾延著該國海岸倒棄。[52]誠如我在別處論述過的，亂倒廢棄物後來導致索馬利亞海盜的崛起，原因在海裡魚群消失，漁夫無法打漁賺錢，只好改行當海盜。[53]

在非洲其他地方，恐怖主義與漁業之間的關係更為直接。博科聖地曾滲透到奈及利亞東北獲利豐厚的漁業部門，奪走漁民的生計，讓自己取得重要收入來源。[54]

多年來，美國毒品販子喬裝成鮪魚漁民，他們試圖掩飾自己走私非法毒品的同時，對鮪魚及海豚族群造成莫大傷害。[55]現在於南美營運的犯罪集團還想趕走厄瓜多海岸的傳統漁民，以便運輸古柯鹼。[56]

在南非，跨國犯罪網絡也助長塗炭海洋生物。設在開普敦的毒品幫派與中國犯罪組織聯手，助長南非鮑魚的過度撈捕，災情慘重，只為了滿足中國消費者的美食胃口。[57]

然而，企業行動者對魚類及其環境的破壞力，可能要大於犯罪組織。全球競爭上升而魚類存量減少，職業漁民及船隊面臨利潤縮水、收益降低。[58]

漁撈企業及國營船隊在世界多個地區踰越既定配額，以增加短期利潤。[59]

這對全球魚類存量的影響十分嚴重。二〇一一年，全球已經有二成九的魚類過度捕撈或絕種，時至今日，全球超過一半的魚類資源已得到充分開發。平均而言，全球漁獲的百分之十八，也就是每年多達一千一百萬噸到二千六百萬噸的魚，是違法撈捕的。[60]據估計，非洲西部是全球違法漁撈最嚴重的地區，比例達到三成七。海洋漁業專家估計每年損失為二十三億美元，對一個貧窮地區可是龐大數字。[61]在美國，非法漁獲金額名列前茅，幅度在所有進口野生海鮮的五分之一到三分之一間。[62]

全球總人口裡，大約百分之十到十二是靠漁撈及魚類養殖來養家活口，其中大多住在開發中國家。魚類及魚製品提供兩成的動物蛋白質給全球三十億人。[63]說得更誇張些，全球約有四成人口靠魚類維持健康。

崛起中的中國中產階級熱衷吃魚，驅動國營捕魚船隊到西非外海過度捕魚。另外，中國魚商愈來愈投入各海域的非法漁撈，如黃海（朝鮮半島稱之為西海）、東海、南海、印度洋，甚至來到南美洲外海。[64]過漁導致中方漁船及其船員受到激烈報復。印尼海軍曾向中方漁船開火。[65]南非扣留三艘漁船，逮捕船上近百名船員，罪名是非法闖入南非專屬經濟海域。而在阿根廷發生的案件，該國海岸防衛隊曾把一艘正在其海岸外捕魚的中方漁船打得千瘡百孔。[66]

我們前文已見，一種不法活動會濟助別的不法活動，引發骨牌效應。大規模的漁船隊在西非海岸過度撈捕，小規模的漁民便不再能維生。因此，他們登上自家漁舟，前往加納利群島（Canary Islands），變成非法移民。[67]摧毀了魚群，破壞當地人的生計，且導致另一種不法活動。

掠奪海洋的商業捕魚經常使用被賣來的漁工，船長一瞧見苗頭不對就拋棄他們。在南非有件案子，七艘漁船因非法捕魚被帶進開普敦港，接下來的事可佐證這個問題。這些船的船東不詳，但跡象指向一個臺灣的創投聯盟，而其毫不關心留在船上的七十五名印尼漁工沒有錢、食物、飲水或潔淨飲水。幸運的是，這些被拋棄的漁工雖得不到僱主的補給，卻取得南非當地社區的支援；社區用自己有限的資源，幫忙這些走投無路的漁夫。老闆一點也不管他們。[68]

從事非法捕魚的公司用欺騙、脅迫以招募並留住漁工，置他們於被剝削境地。這個問題不限於臺灣。很多亞洲國家的事業體，包括泰國、南韓、新加坡、馬來西亞及俄羅斯，都虐待他們僱的漁工。[69]在泰國，「雖說漁業日益成熟，成為數百億美元的產業，很多漁工的工作條件依然極為惡劣，甚至有喪命之虞。」[70]

人在海上，怎麼會變成遭遇如此剝削的被害人？是誰幫助招募，將人推入地獄般的處境？[71]最該直接負責的便是人力仲介、徵人機構、高階船員及漁產業者。緬甸的羅興亞難民被迫從屯墾營到泰國漁船上，在船上飽受欺凌。[72]有些人死後或還活著就被丟進大海。[73]泰國人力仲介還與合法漁業公司簽約，按需求數量提供人手。要獲得潛在漁工的好法子，是代他們償還在泰南卡拉OK欠下的債務。少女年紀十三、四歲，便由緬甸等鄰國賣到泰國，被迫在酒吧工作，她們鼓勵客人用灌水的價格買酒，並高價出售性服務。替漁船募人者藉由代其還債，取得至遠洋捕魚的人手。[74]

陸地

我們居住的陸地，以及地上的動植物，正遭遇毀滅。起因是人類的貪婪、為炫耀而消費，還有某些層級最低的盜獵人想要三餐餬口。舉個例子，印度大規模的建設工程中，已然創造出「砂土黑手黨」，他們違法開採大量砂土，摧毀了很多對生存不可或缺的水道。[75]

威爾森（E. O. Wilson）在其著作《半個地球》（Half-Earth）中建議，假如人類及其他生命型態想存活下去，那麼必須保育半個地球，不受人類破壞。[76]只是傷害這個星球的人，經常在特意撥出來保育生態系統及多元物種的保留地掠食。有些非洲窮苦人生活在毗鄰保育園區的土地上，他們相信自己蒙天所賜，因為很容易接近住在這些「保護」地帶的野獸，可以打獵、食用及販售。[77]但這些盜獵動物（包括瀕危動物）的人，只是最低階的「地球摧毀者」；為這些被剝奪傳統狩獵場的人找出可能的維生之道，只能解決部分難題。大家更該把注意力投向為非做歹的人：那些人夷平廣闊的森林，亂倒有毒物質，生產不法農藥。一如論海洋那一節所示，摧毀地球的人包括貪腐官員、企業主事者及犯罪集團，再加上一些濟惡的人，他們幫忙搬運破壞地球的商品，或者為盈利洗錢。

林木

與違法伐木相關的犯行，經認定超過三十種，包括在保護區伐木、無許可伐木、伐木超過許可量、伐木超過配額，還有在衝突區伐木。[78]這種罪行或許有人組織，持續很久，但主要的不法之徒很少是犯罪組織成員。某些案例裡，仲介的是犯罪組織，比如在西伯利亞及遠東所見，但是，貪腐官員與公司牟利勾結，才是摧毀世上最後大片森林的關鍵。[79]不法林木交易能擴散開來，經常是監守自盜的結果——職司保護森林的人，成為販賣林木的最大受益人。

這種龐大生意正在世上很多最珍貴的雨林之中運作，比如砂拉越及印尼。咸認為亞太地區的林木有八成都是非法砍伐。[80]在非洲，剛果民主共和國的樹木是上選的下手目標。在西半球，比如巴西及秘魯，雨林受侵害的情況十分廣泛。[81]亞馬遜地區盜伐暫停一陣之後，經發現又迅速成長。二〇一二到二〇一三年間，砍樹的增幅達百分之一百零三。這些雨林是多種動、植物及鳥類的棲息地與家園，離此之外無法存活。因此，這種對生態系的破壞是永恆的。

遼闊的俄國西伯利亞及卡累利阿共和國（Karelia）森林，嚴重的毀林行動也正在發生，歐洲最後僅剩的大片森林位於處境艱難的烏克蘭部分地區，樹木同樣遭盜伐。[82]

因貪婪而砍光森林

印尼摧毀林木資源的人，跟馬來西亞泰益瑪目及其手下很像，罪責要落在高階官員頭上。只是，相較於印尼國內自行偵辦盜伐，馬國濫伐森林唯有外國人揭發。在印尼，盜伐林木由最有信譽的公家機構即肅貪委員會（Corruption Eradication Commission，印尼語羅馬拼音為 Komisi Pemberantasan Korupsi, KPK）偵辦。肅貪委員會運作了十四年，因為「偵辦、研究徹底，起訴高官，而且定讞率很高，博得全球聲譽」。[83]肅貪委員會將偵辦破壞印尼森林的人列為優先事項。二〇〇〇年代初期，有名國會議員因為收受賄賂，允許保護林區變更為樹木可砍伐地，遭判處八年徒刑。接著在二〇〇七年，兩名政府官員及一家與其共謀的伐木公司老闆，因盜林而遭判刑。翌年，一名縣長因參與盜林遭法院判刑十一年。[84]到二〇一四年底，印尼三分之一的縣長都因貪腐而遭調查，主要是因簽發的伐木許可違反法規，允許棕櫚油種植園擴張。[85]

印尼反貪腐官署的偵辦行動，意味林木公司壓低林木生產申報量，由二〇〇三到二〇一四年間，可能使印尼損失多達九十億美元的稅收。那些年間收到的規費及權利金，只占林木總生產的一成九到二成三。這麼龐大的稅收損失，唯有高層貪腐參與才能發生。[86]

近來印尼警方逮捕多位企業老闆，那些人砍倒雨林後，便指使放火，破壞幅度很大，代價慘重。[87]附帶損害十分嚴重——縱火開始之後，印尼通報發生五十萬起呼吸道感染。[88]

這些環境罪犯不僅在源頭營運，還含轉送。肅貪委員會掃蕩之前，每個月有十五艘貨輪裝滿盜伐的木材，經過香港、新加坡、馬來西亞等自由貿易區，再送到中國等亞洲國家。有起偵辦行動揭露，參與其事的包括一個印尼將領，還有新加坡及馬來西亞的經紀人，他們偽造文件以掩飾這樁不法生意。商人、船運仲介及銀行也都直接參與偽造其他林木貨物的產地及種類。[89]印尼反貪委員會（Indonesian Anti-corruption Commission）將這種現象稱為組織犯罪。[90]要幹這種買賣當然要組織精密，但其成員位高權重，一般不會與犯罪組織聯想在一塊。

陣容相似的角色，也助長巴布亞紐幾內亞的盜林行為。二〇〇四年，紐西蘭一家伐木公司被逐出林木進口公會（Timber Importers Association），「因該公司牽涉到非法伐木，森林管理無法永續。二〇〇六年，政府委託對林木業進行審核，報告總結表示，凡有評估的林木砍伐作業，沒半個遵循國家法規。」[91]

衝突區的盜伐林木

地區發生衝突，就無法保住其資源。今天在非洲、歐洲及其他地區，龐大的伐林行為，伴隨著起兵反抗及區域戰爭而發生。

非洲衝突區的森林遭濫砍，為的是另個目的，即生產木炭，而木炭得仰仗自然保護區裡的樹木。如此導致大規模森林砍伐、沙漠化及饑荒。[92]索馬利亞當地人參與這門生意，官員及生意人因此發財，同時惠及很多危險的非國家行動者，比如出身剛果民主共和國的好戰分子及恐怖集團。[93]其中最出名的便是青年黨，據估他們每年由木炭的銷售及轉運課稅，利潤在三千八百萬到六千八百萬美元之間，占其收入達四成。[94]運輸業者把這些木炭運過非洲，送到阿拉伯半島。[95]

轉換到世上另一區，會在戰亂頻仍的烏克蘭找到同樣以伐林破壞地球的人。由羅馬尼亞延伸到烏克蘭西部，原本是歐洲處女森林的地方，現在只剩下樹墩。[96]伐林已持續二十年，但從二〇〇五年起，因大型林木廠參與運作，變得格外引人注目。[97]

烏克蘭戰爭助長非法伐木。奧地利大型林木公司施維霍夫（Holzindustrie Schweighofer）因為烏克蘭違法伐木的木材轉送到該公司羅馬尼亞處理廠而獲利。犯罪集團與貪腐政客合作。「組織犯罪與貪腐舉報計畫」的普伊尤列（Romana Puiulet）及巴賓涅茨（Anna Babinets）報導：「他們動用窮人打頭陣，願意開著推土車，碾過擋路的任何人、任何東西。同一時間，暴力發生之際，執法單位作壁上觀。」[98]跟砂拉越情況一樣，公民曾動員，但沒能成功。

在烏克蘭，反俄羅斯擴張的民兵反對該伐木網絡。通稱柯薩克營（Cossack Battalion）的民兵擋下陸路的林木卡車，止住裝運不法林木的鐵路列車，並在森林裡設伏。

可那樣還不夠。伐木集團很強大，有基輔的貪腐官員撐腰。[99]

在歐洲也是一樣，職司保育的官員卻剝削天然森林。他們非但沒盡責，還中飽私囊，奪走國家龐大稅收，和全球生態系統要想永續所必需的樹木。戰爭增加這種貪腐行為的商機。

買家

隨著不法林木打進很容易買到的宜家（IKEA，全球第三大林木用戶）產品，我們當中很多人都買到違法取得的木質用具。[100]其他商業公司也賣非法林木製品。林木寶（Lumber Liquidators）最近在美國遭到起訴，顯示這家賣木質地板的廠商明知來自中國的木料來源不合法，仍然採購。[101]很多人買下三合板製品，其木料是違法砍伐的，只是已經被洗入暢銷的消費品。[102]

殘殺野生動植物的人

世界目前面臨「絕種海嘯」，是人類行為導致變化的惡果。蛙壺菌（chytrid fungus）隨著移民散布到全球，正在消滅世上蛙類族群，尤以新大陸的熱帶地區為甚。[103]海洋暖化致珊瑚死亡。[104]事實上學者認為，人類過去五百年間，導致三百二十二種陸棲脊椎動物絕種。[105]哺乳類、鳥類及兩棲類目前絕種的速度，堪與過去五億年間五次大滅絕相比；而當時的劇變如龐大隕石撞擊地球與超級火山爆炸毀滅的大量生命，也包括恐龍在內。

以前並未思考人類在物種滅絕中扮演的角色；只是某些物種之滅絕，卻是人類行為無意間的後果，比如摧毀其棲息地、都市化、農耕單一化，或者散布侵略式的物種。但到了今天，人類行動有意無意導致物種絕種的角色更吃重。數萬物種，包括百分之二十五的哺乳類及百分之十三的鳥類，目前都因獵捕過度、汙染、喪失棲息地、侵略性物種抵達等其他人類造成的問題，面臨絕種之虞。人口總數五十年間成長一點三倍，據估到二〇六〇年還要再成長三分之一，值此「轉捩點」，除非人類的行為型態能劇烈改變，不然物種多元性就碰到危機。由於不法行動者就屠殺及捕捉很多野生生物而言，都敏捷、快速及靈活地威脅到很多物種的存亡絕續。很多人認為，我們正處於「人類世」（Anthropocene）——在這個年代，人類的活動直接衝擊到地球地質及生態系統。[106]

很多形形色色的人助長物種的滅亡。盜獵對象包括瀕危動物的非洲窮人，只處在「地球摧毀者」的最底層。犯罪分子、反抗軍甚至恐怖分子等不法網絡，經常與高官合作，讓這種全球貿易運行下去。他們僱請獵人，再把動物的值錢部位，運送到幾千英里外獲利豐厚的市場。舉個例子，象牙被位在蘇丹的科尼（Joseph Kony）聖主抵抗軍（Lord's Resistance Army, LRA）用來購買軍火。他手下的戰士一直在剛果民主共和國的加蘭巴國家公園（Garamba National Park）盜獵，導致公園裡剩餘的二萬象隻死於槍下，還有很多想保護大象的公園巡警也為此喪生。[107]

後果很嚴峻。世界野生動物犯罪報告（World WISE）的資料庫包含《瀕臨絕種野生動植物國際貿易公約》的數據，報告指出已有超過七千物種在違法買賣。總抄沒物當中，沒有任何物種占抄獲量的百分之七以上，反映出這門非法勾當的影響既多元又乖謬。[108]《瀕臨絕種野生動植物國際貿易公約》一九九九到二〇一五年間蒐集的數據顯示，一百二十國執行十六萬四千起抄沒行動，各大洲都有。哺乳類及爬蟲類約占抄沒物種的六成。然而，問題比這些數字暗示的更大：這些數據只反映跨國貿易，沒有國內貿易，國內貿易不受《瀕臨絕種野生動植物國際貿易公約》管轄。

想拿動物來炫耀有錢有權，助長這種貿易的成長。商人可以從他們販賣的動物部位賺到可觀利潤。[109]亞洲想買的不僅象牙及犀角，還有西藏羚羊、熊及熊膽、穿山甲、老虎、爬蟲類、鮑魚、海龜、魚翅、海馬、珊瑚及水族箱魚類。[110]穿山甲買賣的規模甚至比老虎及犀牛來得大，不法交易超過合法交易達七十倍以上。[111]熊膽甚至從美國的國家公園弄出來。[112]大猩猩、紅毛猩猩等大猿類大量賣到非洲以外，很多動物被賣給亞洲的動物園及私人飼主。[113]

網路銷售不僅讓象牙取得管道增加，很多保育類動、植物及鳥類亦然。[114]由國際愛護動物基金會（International Fund for Animal Welfare, IFAW）對網路進行的交易做初步研究，在二〇〇八出版《點擊即殺戮》（Killing with Keystrokes），揭露出即便 eBay 把跨境象牙交易列為非法一年之後，檢方查出八成三的象牙仍與該網路平臺有關。[115]幾年後在歐洲做的後續研究指出，在歐洲網路上兜售的野生生物，符合法規的僅有百分之二。販售仍在諸如 eBay 的網站進行，話雖如此，eBay的支配地位已然式微，而轉移到很多設在歐洲各地的網站。賣家得以不透露姓名，讓這門生意茁壯。這項研究再度揭露，新科技在這種非法勾當的成長，扮演助惡的角色。[116]

十年前，一部獲獎的奧地利紀錄片提到，當今在坦尚尼亞的局面是「達爾文的夢魘」，那麼多生存長久的物種，正遭快速消滅。第四章談論犀角時，我提出「失能的天擇」這個概念。當代野生生物的不法交易，意味著這個概念不僅適用於犀牛，還有很多種別的動物。

破壞土壤的人

現今陸地遭受破壞的現象，不限於非法砍伐林木。生產違法農藥、贗品種子的人，還有違法處理垃圾、毒素及有害廢棄物的人，都對陸地與人類性命造成長期破壞。這些有毒製品以工業規模在生產，讓傷害更為惡化。

假農藥及假種子

要開發合法農藥很昂貴。[117]因此便出現誘因，生產較便宜的替代品。過去十年間，仿造農藥及假貨種子已變得規模可觀，唾手可得。只是眾人對此並無知覺，已危害到地球的存續能力，因為這些產品對土壤及使用者傷害力很大。[118]低劣的仿造農藥正在販售，更令人擔憂的是有害假農藥含有禁用的化學物質及混合物，對人類、昆蟲及植物都有劇毒，正假裝以正牌農藥賣給容易上當的顧客。

出貨給農人或消費者的假農藥產品經常已準備好包裝，因此合法廠商想分辨是否為自家產品及包裝，都頭疼得很。假農藥在市場、街上、住區商店及網路違法銷售。[119]再一次，網路的供應力，讓這種不法又經常很危險的製品能夠散布開來。

印度現在是世上第四大農藥生產國兼第六大出口國，但贗品市場的成長速度遠超過正牌貨。印度假農藥產業每年以百分之二十成長，而正牌農藥銷售成長率，僅為百分之十二。贗品偷偷生產，行銷時以酷似正牌貨的名稱來賣。現今他們在總值四十億美元的印度農藥市場占約二成五到三成，讓政府很多部門極其關切，原因在這些假農藥傷害土壤的富力、水源供給，還殺死維持健康農業必須的昆蟲。[120]

某次我參加斯里蘭卡在華府辦的茶葉促銷會，茶商展出衛生茶園的照片，並指出他們的茶在種植時，沒使用會害人的農藥。但大多數聽眾都不在乎這個賣點的含意，他們甚至不知道有害農藥存在的問題。

交易並出口假農藥這個問題，並不局限於印度。在中國，土壤因工業汙染及劇毒農藥而遭汙染的問題也很嚴重。要矯治這種傷害，就算動用世上的金融資源，成本也還不夠。[121]中國大量生產近二十種農藥，大多數都有劇毒，且為聯合國糧農組織（Food and Agriculture Organization, FAO）限用或禁用。[122]儘管政府禁止，這些違反安全標準、毒性很強的農藥，繼續廣泛運用於農業。[123]二〇一三年，中國公安部報告提到，抄沒三千一百噸假農藥、肥料及農業種子。[124]

中國生產的危險農藥曾出口到西伯利亞，離位在與蒙古邊界的生產區不遠。[125]只是，俄羅斯也生產自己的違法農藥。二〇〇八年六月，一家設在庫爾斯克（Kursk）的設施經發現生產一百噸違法假農藥。[126]這麼大規模生產反映出有生意人參與，而違法農藥得以出口，意味著貪腐的邊界官員可能一直在疏通其運輸。

危險農藥曾出口到歐洲，占歐洲市場約一成，但是，在犯罪網絡鎖定的歐洲東北部某些地點，假貨占流通中的農藥超過兩成五。[127]歐洲刑警組織二〇一六年執行代號「銀斧」（Siver Axe）的大規模行動，期間搜檢三百五十只貨櫃。比利時、法國、德國、義大利、斯洛維尼亞、西班牙及荷蘭執法單位行動期間起獲一百九十噸非法或贗品農藥。[128]據歐盟智慧財產財產局（Intellectual Property Office）表示，賣這些假農藥讓歐盟每年付出約十四億美元的代價。這種損失，意味著歐洲合法農藥廠收入受損，合法生產的就業職缺減少近二千六百個。[129]

假農藥的問題，在美國比歐洲輕微，控制供應鏈顯然更有效。只是假農藥也開始打進美國市場，威脅到消費者生命及農人生計。假貨比真品價格低一到兩成，但是買這些假農藥的農民目睹收成大減，原因在假農藥的化學成分不合法規。[130]

假種子的問題比假農藥來得輕，但引發的麻煩與關切也在增加。二〇一一年，「估計在中國營運的種子公司有八千七百家，其中三成，也就是二千六百一十家，據信參與到生產及銷售假種子給農民。」[131]

在非洲，農人的市場遭假農藥假種子滲透得很厲害，已成為大問題。農民在非正規市場取得這些贗品，原因在於他們比市價要低兩成。農人努力想省錢，這很合理。但很多人一時想省錢，卻換得整季作物顆粒無收，讓一家人陷於一貧如洗。

根據一份提供給比爾與梅琳達．蓋茲基金會（Bill and Melinda Gates Foundation）的報告指出，烏干達廠商因為有人賣假玉米、農藥及無機肥，每年損失在一百零七億到二千二百四十萬美元之間。考量到二〇一二年時烏干達農人人均收入僅五百零六美元，這樣的損失對貧農真是極為沉重，而且破壞農村生活的永續能力，也對全國產生漣漪效應。[132]非洲賣造假農業商品的人，對假貨的流通至關重要，然而他們或許不知自己行動的後果會這麼嚴重。

農人得悉市面所售種子、農藥會導致慘重損失，於是用上一季省下來的種子，於來年播種。然而這種做法比起使用合法取得的第一代種子，收成減少九成。[133]所以，他們的生計也因謹慎小心而受損。

廢棄物處理者

十五年前，克莫拉家族在故鄉那不勒斯附近區域處理危險廢棄物，導致癌症罹患率劇烈上升。有組織犯罪分子在這一項結果中起了重要作用。[134]那不勒斯惡名昭彰的卡薩萊西（Casalesi）氏族本隸屬克莫拉，其領袖之一的斯基亞沃內（Carmine Schiavone）棄暗投明，一九九七年在國會閉門聽證會上說明這種危險傾倒廢棄物。但組織犯罪要有很多共犯才辦得到。「他在委員會前描述，傾倒作業在暗夜死寂中進行，有人穿軍裝看守，還有高階警官、政客及生意人默許，燒掉好多噸有毒廢棄物。」[135]一年之間，該區發生六千三百起縱火，接下來當地便被稱為「火災之地」。[136]然而，就算多次揭發這種荼毒環境，縱火仍未消失。二〇一四年，消防隊撲滅二千四百處火場，歐洲法院（European Court of Justice）亦向義大利開罰二千萬歐元，原因在該國未能根絕亂倒有毒廢棄物。[137]

在克莫拉盤踞的義大利南部區域，以及坎帕尼亞（Campania）大區、卡塞塔（Caserta）市，有些小區的土壤遭違法傾倒的廢棄物汙染，毒性如此之強，以至於孕婦會自發性流產，兒童罹患癌症的比例更明顯較高（甚至查出達一歲的嬰兒都罹癌），問題十分嚴重。[138]這不僅是當地問題。義大利刑事偵辦指出，克莫拉還出口毒廢棄物。義大利的前殖民地索馬利亞就是海外重大受害者——這件事再度佐證，歷史可以形塑現在。[139]

其他國家也以不合宜方式處理危險廢棄物。很難得會發布壞消息的俄國總統普丁便曾說過，俄國有三百億噸的廢棄物堆放在未經授權的垃圾場，這種局面唯有發生高階貪腐才會出現。普丁說：「人們瞧著地方合宜、倒的方式合適，就丟棄垃圾，如此（未經授權）的垃圾場占據四萬八千公頃的全國陸地」，代表俄羅斯GDP損失百分之六。[140]

電子廢棄物

科技運用發展迅速蓬勃，又快速淘汰，已造成另一個危險問題：處理不同種類的電子垃圾（從電腦到小型家用品等各種丟棄的電動及電子設備），對大眾健康造成嚴重威脅，原因在於鉛會由電池和其他組件沖積到土壤裡，而塑膠焚化時，則釋放有害毒素到自然環境中。[141]

每年產出的電子廢棄物達四千兩百萬噸，已開發國家要為此負絕大多數責任；這些垃圾中，只有一成到四成獲得合宜處理。電子垃圾經常被轉到黑市，再運往中國、印尼、泰國及越南，這些國家的法規沒那麼嚴，藉此躲避與正當回收相關的成本。[142]非洲很多的電子垃圾送到迦納首都阿克拉（Accra）市郊的阿博布羅西（Agbogbloshie）處理，住在那裡的都是阿克拉市最窮苦的居民，他們「長年累月由廢棄的設備、堆積如山的電子垃圾中，拆解、回收、秤重及轉售從中取得的金屬及零件」。[143]

收垃圾造成的傷害顯而易見。中國科學研究揭露，住在電子垃圾處理場附近的孩子，苦於血液裡含鉛量比建議值高三倍。迦納年輕人以回收電子組件中的貴金屬來賺錢，但通常環境並不健全，因此他們為尿液和血液裡達危險量的鉛所苦。[144]

買賣核物質的人

買賣核物質會對陸地及生靈造成巨大傷害。這種活動由很多或可稱為白領罪犯的人來進行——銀行家、運輸業者及後勤專家。受僱於國際商業信貸銀行（BCCI）、義大利國家勞工銀行（Banco Nazionale de Lavoro）及匯豐銀行的人，幫忙核子擴散計畫的資金周轉。[145]哈珊（Saddam Hussein）治下的伊拉克「與義大利國家勞工銀行建立特殊關係」，該行為義大利的國營全球性銀行，處理了幾十億美元伊拉克款項，其中有些用來進行非法採購。[146]國際商業信貸銀行名聲很壞，是參議院詳細調查的對象，曾用以轉送資金給巴基斯坦「核彈之父」卡迪爾汗（A. Q. Khan）的網絡。[147]較晚近的類似事態，可見諸荷蘭國際集團（ING）、巴克萊（Barclays）銀行、荷蘭銀行（ABN Amro）、瑞士信貸及匯豐銀行之舉止。[148]匯豐這家英國大銀行協助伊朗的核子計畫，經披露不僅無視其客戶的不法活動，還故意蔑視自己有守法義務，在知情之下幫忙客戶躲避母國法律制裁，而且有好幾個案例，還主動參與客戶的不法活動。[149]

結論

這世上不法之徒為數眾多，彈性十足，散居各地。歐洲最新的研究認為，不法之徒數量大為成長。歐洲偵辦中的犯罪組織有五千個，相形二〇一三年的三千四百個，增加不少。[150]只是，雖說犯罪組織數目成長，但光是他們並不足以導致本章之中所述，地球上的空氣、海洋、陸地及居民受害這麼廣。犯罪組織總要靠做官的人保護才能存活，而國家官僚體系很多層級都有貪腐官員存在，有助於解釋非法勾當的快速成長。

有人認為，我們身處「貪腐橫行」的年代，這種看法可以由《巴拿馬文件》揪出大量高級官員擁有離岸戶頭取得佐證。但是，就算犯罪組織及他們的共犯貪腐官員合力，依然不足以解釋真實與虛擬兩個世界裡，非法勾當的崛起與擴散。相形之下，非法勾當要想如此猖獗，必須有多得多的社會要素加進來——形形色色的生意，銀行、國貿、網路及法律專門人士，還有消費者也提供便利的市場，讓很多不法交易的貨物得以販售。政府裡有人疏通很重要，不管他們是軍人、邊界衛兵，還是海關官員。只是民間部門助紂為虐的人更為多元。他們的範圍很廣，從德意志銀行行員參與販售碳信用的陰謀，到人力仲介師替漁船找工人，從事非法捕魚。

恐怖分子及反抗軍也出力摧毀地球，他們在非洲獵大象牟利，砍伐阿富汗及巴基斯坦的森林，劫掠世上古蹟來販售。[151]但由非法勾當獲利的不止非國家行動者。很多部門的企業也在不法的自然環境生意裡，扮演重大的助惡者及兇手。如前文所提，福斯便欺騙超過一千一百萬名購車人，傷害了地球。福斯車賣最多的歐洲地區，死亡率最有可能上升。[152]大型企業化捕魚公司擁有的船隻能長期待在海上，對魚群的傷害雪上加霜。大企業既可有意也可無意間成為助惡者，原因在於他們運輸不法商品，比如假貨、大自然資源及有害農藥。

網路世界著眼在增加銷售量，而不看銷售者的人品，已成為不法商業損害地球的主要推手。危險農藥全網路都找得到，不法砍伐林木製成的家具及木料也一樣。網路安全機制不足，讓駭客闖進碳信用登記局、偷竊碳信用得以稱心如意。

政治領袖及金融機構長久以來都逍遙法外。藉著提供開發貸款，他們躲在幕後，掠奪世上的森林。這些貸款有時用在興建道路，方便大規模伐林作業。此外，隨著不少密集偵辦導致官方祭出數十億美元罰鍰可以得知：國際性大銀行替毒販洗錢，還打點必要的資金轉帳，以便購買核原料。

消費者購買商品時不考慮其來源，等同幫忙摧毀地球。非洲及印度貧苦又大多不識字的農人購買次級農藥，傷害到地球也害到自己，他們經常是被騙的，不曉得自己買那些農藥的後果。全球中產階級正在崛起，培養出對魚肉及加劇的需求，但依目前的供應方式，不論是魚還是木材，都無法永續。

不法生意的成長，大規模傷害空氣、海洋、陸地以及水源，不僅侵犯全球準則，參與這一行的各色人等，也侵害我們與地球的約定。假如非法勾當繼續以這種規模進行下去，現今人類身為地球豐富資源的賣家兼消費者，會讓未來地球幾十億居民生活無法維持。在結論那一章，我會檢驗目前許多部門反制那些由摧毀地球獲利之人的舉措。

第八章
彙總

很多人認為，非法勾當的核心就是貪婪；他們以為人性本貪，足以解釋追逐不法之利。其他人則怪罪於愈來愈多的法規崛起。但本書則暗示，實情要複雜得多。多重力量助長非法勾當的興起及驟然轉型，究其成因，乃是世上有很多極嚴重、難駕馭的問題。科技是非法勾當的推手，而非成因。很多國家必須藉由非法勾當之存在取得政治優勢，所以一直那麼做。[1]

現今時代，全球人口增加，天然資源日減，新科技之成長堪稱奇觀，此時非法勾當不僅維持下來，還在升級之中。冷戰結束，美、蘇兩大超級強國、甚至一般國家的角色都式微，讓非國家行動者（不法之徒、恐怖分子、反抗軍）的力量大為提升，而他們當中，很多是靠著五花八門又經常合流的非法勾當來撐持自己。網路及社群媒體賦予的連結力、暗網提供的匿名性，為他們提供極其巨量的好處。這些新科技對從事不法生意的人實為恩物。[2]科技不當使用的時候，還提供不對稱優勢給某些國家，以及與那些國家掛鉤的非國家行動者。

想克服非法勾當複雜的源頭，要有更好的公共政策，而這些政策要立足在更充分地了解經濟成長有其限制、了解氣候變化的衝擊，並了解國內與各國之間，經濟貧富差異擴大會有什麼惡果。[3] 光是以國為單位，還無法有效控制嚴重的非法勾當；其穿透多條國界，更營運於無國界的網路世界。[4]

非法勾當為何持久不消失？

本書在概述過去四千年非法勾當時，已指出它隨著時間有強烈一致性——歷史上，不法生意無時無刻都是頭痛問題。此外，非法勾當也不是單單出現於某一特定地區，常隨著與其他文明接觸才擴散到其他地方。相形之下，獨立出現在美索不達米亞的非法勾當，早在西班牙征服之前，也於美洲阿茲特克人之間行之已久。這種問題無所不在，意味著其源自人性。只是這種行當很多共同特點，比如造假、偷竊財產及剽竊，千百年間在世上那麼多地區都存在，表示市場和貿易的條件，以及國家政策，都是引發這些特定不法反應的助力。此外，不法貿易及走私經常助長國族形成，可是一如提利（Charles Tilly）的著作所述，也助長國族「消亡」，本書很多例子可以證明。[5]

存活

自歷史發軔以來，人想活下去經常不太容易。碰到旱災及戰爭，整個社區都要咬牙忍受。隨著人民走私食物，藏匿自己的莊稼不讓想徵用的政府官員發現，接下來再吃掉、賣掉他們之所藏，不法交易就變成求生的工具。我們在第一章碰過的古代銷贓人，便經常替職業罪犯服務；職業罪犯活在社會邊陲，在身分、階級森嚴的古代社會，缺乏走向正當職業的管道。

非法勾當也不盡然跟職業罪犯連在一起。有些人盜獵皇家林園的動物，有時是為了活下去，即便橫跨歐亞大陸以及歐洲，這種活動遭遇的懲罰總是很嚴峻。[6]歐洲列強在非洲、亞洲設下殖民統治，取走被占領國人民的傳統土地，讓他們無法再踏上世代賴以維生、找食物的地盤，只好盜獵動物。[7]

如今人類存活遭遇的威脅，與驅使以前人類進行不法生意的某些困厄並無二致——極端的氣候條件、戰禍和找不到工作。但當代人類要想存活，雪上加霜的困厄還有世界人口快速成長到七十四億，以及地球資源快速減少，包括海裡的魚、可耕土地、森林，再加上流離失所的人日益增加。

據估計，現今流離失所的人數達六千八百五十萬，原因為戰亂、天災、沙漠化及洪澇，讓他們的傳統家園和故鄉變得無法居住。難民及流離失所的人，今天占約全世界人口的百分之一，是有紀錄以來最高的數值。[8]很不幸，世人流浪前往的地區，幾乎沒機會讓他們找到合法工作，或者融入他們搬去住的社會。給世上這百分之一流離失所人口的援助並不夠，他們勉強苟活，肯定有些人為了生存什麼都得做。

不幸的是，非法勾當牽連到的不只是流離失所的人，還有弱勢者。二〇一七年十月，摩洛哥北部城市胡塞馬（Hoceima）有位柏柏族（Berber）魚販慘死，導致大規模抗議。這位漁夫未經批准捕獲的劍魚遭沒收並丟進垃圾車，因為魚貨是在禁漁期內捕獲的。身兼魚販的他跳進卡車想取回他的魚，結果被垃圾壓縮機絞碎。[9]

與二〇一一年阿拉伯之春起義不同，這次魚貨被抄沒，沒有明顯跡象指出貪腐。然而，本來是北非最穩定國家的摩洛哥，其鄉下地區還是因漁民之死爆發多起強烈抗議，持續好一陣子。很多人抗議，貪腐讓窮人如該漁民得靠販賣被禁貨物來謀生，是因為國家沒提供讓人民正當地討生活的機會。[10]一個窮人夾處於自己得活下去以及國家想維持魚源之間而悲慘死亡，反映出當代非法勾當的諸多挑戰。

這位漁民的處境在當代世界太常見了。目前沒有足夠的正當工作，尤其對年輕人更是如此。既沒有可行的經濟替代方案，眼見貪腐橫行，世人於是加入平行市場經濟，賣起走私菸、贗品及其他違禁品。很多人參與灰色地帶的市場，買賣這些產品，原因在這些物品查禁不像毒品、軍火那麼嚴，也沒被視為傷害那麼大。[11]

生活窘迫會逼人做平常想都沒想過的事，甚至是有違他們道德的事。他們會徑直去賣違禁品，或者幫忙做違禁生意，擔當錢騾或毒品跑腿，然後陷自己於險境。有人甚至明知自己可能因為不法行為被迫面臨嚴重後果還選擇這麼做，讓原已困苦的生活招來更多禍事。有些印度或其他地方的窮苦人家碰到得緊急送醫事件，會約定為期數年賣掉自己的小孩以取得資金，讓家裡其他人能活下去。[12]這種人口買賣不合法，但是沒有替代方案，家人的奉獻取得比法律還高的優先權。有些敘利亞來的難民，會賣腎來支付一家老小偷渡到歐洲的費用，希望他們在歐洲能有機會過得更好，也是出於奉獻。

讓人鋌而走險的原因，不光是貧窮及極端狀況。人染上毒癮又沒有就醫治療管道，或是有人也會退出健保，經常做非法勾當以取得自己上癮的毒品。女人會賣身，男女成癮者會販毒給他人，以確保自己能賺錢來支撐自己的吸毒嗜好。過去三十五年間，美國吸毒而死的件數大為成長，二〇一六年來到六萬四千件，部分原因是愈來愈多人吸食更強毒品，尤其是鴉片類毒品。[13]

錢、權及非法勾當

非法勾當能持久，原因在於國家、公司及有權勢之輩靠此獲利。不法生意曾協助建國、毀國。

在一個愈發全球化、競爭激烈的世界，在不法經濟裡進行交易，可提供錢財方面的優勢。這種行當的利益還不只財物方面。國家可由不法生意取得政治優勢，此現象之古老，可追溯自劫掠絲路車馬商隊、古代海盜船，而像偷竊珍貴染料、製作昂貴貿易布匹，也一樣悠久。

今日國家一如既往，都是非法勾當的關鍵行動者。古時候，國家組織攻擊車馬隊，批准海盜行為，甚至在戰時僱用私掠船襲擊敵國的貨船。結果是當國家根本就同謀合夥時，想對付非法勾當的必備政治決心便告闕如。

對過去兩百年的研究指出，非法勾當就反映國家政策及協助落實政策而言，都有重大政治後果。舉個例子，大英帝國在全球實力高峰期，用走私毒品到中國，削弱另一個國家的權力結構——先用商業打擊，繼之以軍事打擊。十九世紀中葉第二次鴉片戰爭時，美國及法國部隊助拳英國，在中國人的政治、社會意識裡留下傷疤，久久未癒。我們目睹中國大量出口非法生產的芬太尼到美國，對美國消費者造成致命的影響，難不成是對兩次鴉片戰爭的復仇？

問題持續著——國家動用非法勾當維持經濟、取得未發展出來的先進科技，以及獲得政治優勢。這一點對遭制裁國家尤其如此。現在名聲最臭的例子大概就屬北韓，他應該是世上最依賴非法生意的國家。由於缺乏能使用的正派經濟，便用這種勾當來產出歲入。姑舉一些北韓的不法產品，如毒品、野生動物肢體及香菸的買賣、流通偽鈔，讓北韓取得生產核武的竅門及設備，以獲取必要資金來恫嚇遠較其強大、經濟先進的國家。[14]最令人憂心的是北韓可能正在加強參與害人的合成毒品貿易，尤其是賣給美國，進行「一舉兩得的犯罪」，既賺到錢財利潤，又取得政治優勢。

其他遭制裁國家也慣常投入不法生意，耍花招搬錢。伊朗遭逢制裁便偷賣石油，美國法院判定伊朗透過一家土耳其國營銀行來搬運售油所得。[15]俄羅斯入侵之後，克里米亞經濟已變成非法勾當的樞紐；受制裁的蘇丹靠走私金礦活下去。[16]施加制裁的國家很少考慮到，必須多花心血反制實施制裁之後免不了要增長的非法勾當。

國家級政府及國營公司的身影出現在網路世界（本章接下來會談到），呈急遽上升之勢，只是這個問題也存在真實世界。[17]在世界工廠的中國，贗品生產成長及出口量一直很龐大，誠如世界貿易組織抄沒數據便可得知。已討論過的贗品包括食品、嬰兒配方奶粉、飲料、農藥、醫藥、女用皮包、衣飾及電子產品，凡此種種只是犖犖大者。[18]這些贗品不僅侵犯智慧財產權，還害死很多人，比如有人攝食強力鴉片類藥品而死、瑕疵汽車零件讓很多中東駕駛人車禍喪命，還有劇毒農藥永久傷害了地球土壤。這些贗品生意中，很多要素都損害人類生命及地球福祉。

很多國家領袖及其家人是不法生意的主要受益人，經常披著國家權力的外袍以躲避制裁。我們已由蒙地內哥羅前總統兼總理查出這種問題，他用自己的官方地位，來對抗想遏止他大規模走私香菸的義大利檢方。其他時候，多國政府經常出於政治權宜考量，會以「國家安全」之名對某國領袖做的不法生意裝作沒看見。美國及其盟友因更大的政治目標而容忍阿富汗卡札家族的毒品勾當就是如此。這樣故意裝聾作啞的惡果，便是眼見好不容易趕走了塔利班，卻得容忍阿富汗高層的不法及貪腐。據聯合國毒品和犯罪問題辦公室指出，二〇一六年阿富汗海洛因生意比起前一年成長一倍，目前達每年三十億美元，約折合該國國內生產毛額的一成六。[19]這種交易的惡果全球都有感受。

我們倒不必非得找到國家元首，才能發現不法活動的濟惡者。若沒有高階、低階兩種貪腐，非法勾當是做不下去的。跨國貪腐助長其在全球的成長。

貪腐推動的非法勾當削弱政府治理、經濟、衛生、社會秩序，以及全球各地區的永續能力。不法之徒蓄意侵入國家，經常進入立法機構，塑造有利於他們的法律。他們加入維安機構、各級法務局署、司法轄區、執法單位——特別是海關及邊境巡邏——以確保執法無法貫徹。法律條款讓立法委員及當國高官免遭起訴，適足以提供額外誘因去「從事公職」。有人把這種現象描述為「俘獲國家」(state capture)。在過去，國王一旦被敵人俘獲還可以贖回，但在當代遇上國家被俘，釋放的機會很渺茫。一旦不法網絡纏進政府結構，沒幾個國家能成功把他們趕出去。[20]

恐懼如同貪腐，是驅使人行動的有效動機。非法勾當經常伴隨暴力，不管是，伊莉莎白與狄更斯時代的英格蘭駭人的海盜，還是較近代復仇手段殘忍的毒梟。不法生意的幕後網絡財大勢壯，讓他們能直通高官。不法販子向政府部長、公職人員及其家人祭出威脅，結果經常便是屈膝合作、死亡，不然就是流亡他鄉。大多數選擇第一項而捨後兩項的人便與其合謀，不僅掏空國家，還讓公權力投降。

國家政策與非法勾當

很多生意人賣的貨品，是消費者垂涎但課重稅的東西，逃稅對這些生意人向來是重大誘惑。研究違禁品及偷渡的歷史成為顯學，對此記載甚詳。過去跟現在一樣，被公民認定為不公平、無法接受的貿易法規，就變成走私及不法商業的大推手。隨著世上國家數目增加，每個主權國自有其稅率及政策，如今官僚對貿易設下的障礙空前巨大。規管政策，再加上隨之增加的國界，為走私創造更大誘因。因此，逃稅依然是不法生意得以持續的推手，特別是在酒精、香菸及奢侈品這類一向被課以高稅率的產品。

信任與市場

信任對過往市場極為重要，世人在那些市場交易實體貨物。鑑諸歷史，當對大環境缺乏信任時，會發展出多種機制確保產品銷售的品質。一份以西西里島黑手黨崛起為主題、廣受推崇的研究論文中解釋，黑手黨是靠著提供服務而成長的，比如在出了名不受信任的西西里市場認證馬匹等欲銷售的貴重商品。[21]時至今日，不管在全球資訊網還是暗網上銷售的商品都有評級系統，但沒人認證評級的可信度或客觀性，或是產品造成的風險。[22]適用於真實市場及網路空間的法規，在虛擬世界並不管用。「買方小心」才管用，只是大多數民眾不曉得網路平臺賣的東西並不受監督。隨著虛擬市集一直成長，提供愈來愈多可能置買家於險境的產品，公民的風險知識必須加強、加廣才行。[23]

非國家行動者及非法勾當

非法勾當不僅在國家等級的權力和經濟等式中扮演吃重角色，對非國家行動者也一樣。反抗軍、革命分子、叛軍、恐怖分子及不法之徒都了解非法勾當的用途，不僅是生財之道，還是獲取社會影響力的手段。在某些時候，走私象徵愛國，伸張國家利益要高於外國的權益。碰到這種狀況，走私讓人自豪。而在別種場合，走私僅僅是餬口的手段。

戰亂與非法勾當

與集權統治者及殖民強權對抗的革命分子，很仰賴用非法勾當找資金及武器。北美洲墨西哥及美國獨立革命是如此，後來非洲及亞洲爆發反殖民抗爭也一樣。自從冷戰結束，還有二〇一一年阿拉伯之春以來，世人碰到的戰亂次數愈來愈多，性命摧折於這些戰禍的人數也持續增加。非法勾當對巴爾幹戰爭、剛果民主共和國內戰，以及持續的敘利亞及伊拉克戰爭，其挹注不容小覷。這些戰亂，每一起都導致動盪及殘破，只是方式不同而已。[24]巴爾幹戰爭期間有一項不法生意遺留至今，便是出現長期屹立的犯罪組織網絡。他們在當代毒品、軍火及販賣人口，以及將人口偷渡於歐洲內部及進入歐洲，都扮演重大角色。

剛果民主共和國內戰導致大象、長頸鹿等野生動物遭大規模盜獵，賣到非洲以外。[25]剛果境內及該區域內出現的龐大軍火生意，助長屠殺動物乃至謀殺想保護野生動物的巡警。兵家必爭的礦物鈳鉭鐵礦是製造手機等電子產品的重要元素，剛果民主共和國境內負責開採的勞工及童工處於奴隸般的工作條件，這件事清晰揭露戰亂、非法勾當，以及全球人類都在消費來源不法產品，種種現象之間都有所牽連。

伊斯蘭國、其他恐怖集團，以及阿塞德總統手下的官員，從販賣石油賺到龐大不法收入，助長敘利亞戰爭持久進行。敘利亞總人口一度達到兩千兩百萬，到了二〇一六年，每十個人當中有六人已選擇離鄉背井，比例之高為有紀錄以來單一國家之最。[26]其中很多人因為基礎設施受到龐大破壞，無法返歸故里。既沒有活得下去又正當的經濟，根深蒂固的不法網絡更推動暴力及破壞。誠如早先的戰亂研究已指出，敘利亞戰亂持久不散的中心原因，其實是貪婪而非不滿。[27]

恐怖活動與非法勾當

一九九一年，冷戰超級強國對峙結束以後，一度受到國家大力支持的恐怖分子，多轉進毒品生意，當成收入來源。時光來到更晚近，恐怖分子已把買賣的商品多元化，伊斯蘭國的原油貿易便可印證。二〇一四年末到二〇一五年初，聯合國安理會在決議案第二一九五及二一九九號察覺這種轉型，明白講出跨國犯罪、各色商品不法交易，與恐怖活動的資金周轉有所牽連。[28]聯合國領導機構難得有此共識，適足以反映這個問題已普及到全球。

不法生意注資的恐怖活動，不僅發生在戰亂中心地區如伊拉克、敘利亞、阿富汗、利比亞及西非地區，連已開發國家都出現規模較小的恐怖攻擊，比如在法國、比利時及西班牙發生的事件。近年來在歐洲大陸，小規模的毒品、贗品、香菸等其他貨物的不法貿易，幫助很多這類型的恐怖分子籌到資金。此外愈來愈常見到雜牌的罪犯兼恐怖分子：現在歐洲的恐怖分子絕大多數都有犯罪前科，經常是做小規模不法生意留下的案底。[29]別的地方顯然也看到同樣模式，但以歐洲紀錄最完善；歐洲對犯人的過往及人脈網檢查得最細密。

崇法守法與非法勾當

恐怖活動是對國家威信既暴烈又露骨的抵抗方式，然而有些非法勾當沒跟恐怖活動如此明顯的抵抗行為掛鉤，政治面向也就沒那麼醒目。回到犀角的個案研究，南非參與這一行的人接受詳細訪談，其中有住在國家公園附近的非洲黑人，以及飼養犀牛的白人農場主，他們都不認同相關法律的約束力。[30]對南非黑人來說，能設立那些國家公園，靠的是殖民者沒收他們的祖傳土地；對白人農場主而言，賣犀角這一行被安上罪責，等於剝奪他們收入來源且沒給補償。

犀角的例子清楚證明了一個更全面的問題。個人參與非法勾當的原因，在於他們不承認不論是國內法還是跨國法規的約束力。本書談論「鬼見愁海賊羅伯茲」時揭露，這位虛擬暗網絲路市集的經營者是個自由派，不承認禁毒法律的合法性。[31]其他場合裡，有些人不承認國家的壟斷權，不管是現代以前法國賦予國王的那些權力，還是今天獨裁者取得的權力。因此，走私有時是一種非暴力的個人抵抗。

投機與想創業

不法生意跟其對應的合法生意一樣，很多動因是利之所在，而非政治考量。不法集團金字塔頂端的人，獲得的利潤更是龐大。不法創業的人生產或運送非法及存心害人的產品，比如傳統及新式的麻藥及上癮類毒品、不法農藥，以及勒索或綁架別人電腦的程式產品。有些大毒梟（不光是賣古柯鹼，還有止痛藥）甚至成為億萬富豪。[32]只是，五花八門的受益者還更多。

十分不幸，人類的創業精神經常走向複製競爭對手成功的商品，而非研發獨有的新產品上市販售，導致近些日子以來，全球社會遭逢造假行為大規模出現。造假不僅是侵犯商標而已，有時候還含括生產不法商品，而這些商品很可能傷害購買者。二〇一六年底，一百萬粒仿冒的贊安諾（Xanax）錠止痛藥在暗網購買後，於紐約市布朗克斯區被抄沒，他們可能致人於死。[33]智慧財及未來產品的非法買賣也在進行之中。

企業靠著參與不法生意，確保自己在日益全球化的市場仍有競爭力。福斯公司在全球賣了一千一百萬輛汽車，上頭加裝的軟體會將車子行進時的廢氣控制關閉。少了這套軟體，福斯生產的車子就因不符合廢氣排放標準而無法銷售。美、歐展開偵辦，福斯被定罪時付了二十八億美元的罰金。[34]未上市公司普度製藥販售疼始康定這種鴉片類製劑泛濫的關鍵藥品，替謝克勒（Sackler）家族及公司創造十億到三十億美元的年產值；該公司高層因不實陳報此鴉片類藥物的影響而遭起訴，成功定罪。[35]Backpage 的股東與菲律賓網路外包公司 Avion 合謀，掩飾他們在美國、英國及澳洲的網站上行銷未成年人供性剝削，違反美國人口販運諸法。[36]上述這些只是因參與不法商業而遭偵辦或制裁的一部分企業而已。

官方提起民事訴訟，指大銀行替毒品生意洗錢，以及控告優必速違法運送香菸，反映出企業濟助不法生意的範圍有多廣。這些案子發生在美國及西歐，兩地都有健全又資金充沛的調查機關及司法體系亦然。在世上其他地方，捕魚企業及中國國營船隊從事非法漁撈；有些公司運售有害農藥，但各國只能查扣船隻或抄沒貨品，無法找上公司負責。因此，各國未能落實一條基本的嚇阻原則，貝卡里亞（Cesare Beccaria）在兩百多年前就已講明：一定會受罰，比刑罰的嚴厲度更重要。[37]這些國家未能遵守此項原則，導致那些有害行為永無休止。

高官經常因參與非法勾當而獲利極大。第七章〈破壞地球的人〉便揭露，東南亞官員插手非法林木生意，賺到龐大利潤。販運毒品讓拉丁美洲、非洲及亞洲的貪腐國家元首及其家族取得龐大收入。貪腐高官庇護非法生意，可以收到數千萬美元的賄款及保護費。他們還買賣影響力，這種貪腐的形式日益普遍，並未涉及有形貨物或金錢的轉移，但確實為掌權做好準備，隨之而來的經常還有金融優勢及某種形式的財富。

不管是個人還是大企業，都在長久存在這種不法活動，因為他們很少為此聲譽受損。有時還恰好相反。誠如我們在歷史研究時指出，過去美國要角及其家族從事走私，並未受到責難。其他地方亦然。著名小說義大利小說《浩氣蓋山河》（The Leopard）講述一名黑手黨頭目的女兒嫁進西西里島貴族圈子，寫實地描繪出十九世紀中葉的西西里社會。[38]近年類似的婚姻發生在哥倫比亞及墨西哥。這些不法經濟頭目的世家通婚，生下來的後代如今居於這類階級森嚴社會的最高層。

今天，靠著非法勾當或疏通非法勾當賺錢的人，其名聲可以靠慈善事業而顯得光彩耀人。美國很多大型基金會的創辦人都是所謂的強盜大亨。今天大城市裡很多博物館的長廂房或者大樓，都以藉暗黑經濟賺錢的人命名。[39]名聲亦黑亦白的企業金主支持個別展覽；很多金主過去都因參與非法勾當及伴隨而起的瀆職行為而受到制裁。各大學對金主捐款的來源經常較為小心謹慎，但也有疏漏的時候。舉個例子，菲爾塔什（Dmitry Firtash）就捐了六百萬美元給劍橋大學，自二〇一〇年起創設烏克蘭研究課程。長久以來，菲爾塔什遊走黑白兩道，他來自高層的保護在政府改朝換代之後消失。失寵之後，他在二〇一七年於奧地利被捕，這是美國、西班牙對他涉及多起國際組織犯罪的偵辦成果。[40]

文化

非法勾當屹立不搖的另一個理由，在於犯人經常受平民文化推崇。第一章談到大革命以前的法蘭西，走私販曼德蘭經常在當時傳唱的歌曲中受人歌頌。[41]時間稍近，拉丁美洲出現以西班牙語吟唱的「麻藥民謠」（narcocorrido），藉此頌揚毒販。史達林時期在集中營文化中流傳的「香頌」（chanson）曲調傳統，在最近的俄羅斯歌曲裡沿襲，讚美高層犯人的不法活動。[42]美國音樂及電影美化皮條客文化，而且變得極為盛行，以至於上網查閱排行榜時會發現前二十名都在讚美人口販運，歌名諸如〈P.I.M.P.〉（皮條客）、〈Bad Girls〉（壞女孩）。[43]只要用Google搜尋「電影裡的皮條客」（pimps in films），就會出現很多網站讓瀏覽者觀看謳歌人口販子的影片，年代可回溯至五十年前。[44]美化黑道，還有他在走私、毒品貿易、買賣人口的角色，不論是俄國、拉丁美洲及古時候的法國，在在顯示流行文化助長對這種活動的容忍。相形之下，美國對於美化黑道倒是自成一格，透過權勢大、資金足的影音產業進行。

接下來還有什麼？

當前問題夠嚴重了，但我們可以料想到未來將會有更嚴重的挑戰，加劇對地球居民而言本已嚴重的問題。除了氟氯碳化合物的不法交易以外，沒有半門非法勾當出現顯著減少的跡象。被違法交易的生物物種數目日益擴大，原因是瀕危及保育物種的販售市場，就地理而言變得更分散，地球重大資源的違法交易也正在擴大當中。

走私古文物已然劇烈升級，標的物不光來自西方文明知名的發源地，如昔日的美索不達米亞，還包括現在的敘利亞、伊拉克，以及哥倫布以前的新大陸文明所留文物。人類因為遇上暴力、內戰、氣候變化以及欠缺就業而正在搬遷。大批人流離失所，數量已來到史上新高，還有隨之而起的不法偷渡及人口買賣等元素。驅動不法移民的力量並未消散，反而逐漸增強，愈來愈多人與蛇頭簽約，把他們帶出邊境，各國的領土完整依然受到挑戰。

新科技，以及它讓非法勾當快速擴張的能耐，尤其透過虛擬市場及暗網，將繼續以重大方式挑戰國家權力。社群媒體及線上平臺為民間所有，於是對法規管理造成新的挑戰。這些提升連結力的新企業更有興趣於創造利潤，而非花錢確保自家使用者的安全，也不想濾除惡意的商販及濫用的人。直到最近，大家才注意到假新聞大量繁殖，還有恐怖分子透過那些媒體招兵買馬，但是對社群媒體讓邪惡不法生意透過這些平臺在虛擬世界得以擴張的注意力還是不夠。加密貨幣，有些就是專門設計以逃避政府規管、疏通非法勾當，不法非國家行動者將其擴大使用，進行不法生意。這類方便易得的貨幣可以疏通全球金融流動，使用者是那些無法輕易或根本無法使用傳統銀行服務的人，但這些貨幣擴張，無法規可管，提供很多讓不法之徒在未來更加以妄用的機會。

隨著未來幾十年間，「物聯網」愈加流行，人們連得更緊，各社會將變得更脆弱，因為有些不法商人會盜賣基於演算法的產品，來駭竊密碼、傳播惡意軟體，以及偷竊身分。這些網路犯罪工具很容易買賣，已造成數十億美元的損失，個人、機構及公司都是受害者。隨著網上歹徒及國家撐腰的駭客侵入電腦，偷走並交易未來的新發明及產品，智慧財失竊將告擴大。這種不法活動會強烈影響到全球經濟競爭。

韋伯「暴力由國家壟斷」的概念，正遭遇不法軍火交易擴張所挑戰，這個問題隨著3D列印的進展更形惡化；3D列印可以幫忙取得、交易武器，不受任何控制。北韓對全球造成威脅的核子計畫有部分是由非法生意注資的。流氓國家想在國際秩序存活下去，可以把北韓視為前兆和先驅。

毒品販子產製出愈來愈琳瑯滿目的新產品販賣，正發展出新客戶。這些新毒品很多不是由農耕作物萃取，而是化學合成，透過技藝高超人士的創新得以問世，毒品是非法勾當裡最有油水可撈的部門之一。這種轉變讓種植毒品株的人喪失收入，減低供毒鏈的複雜性，讓製造者更接近消費者。未來濫用醫療製品、客製化毒品以及芬太尼類毒品可能加劇。儘管這一行移動到網路世界，伴隨這些毒品的暴力、貪腐及健康風險未來亦不可能消退。太多沒得就業、不滿的年輕人心甘情願替這些產品提供市場。隨著每日生活日益機械化，比如自動駕駛車輛，經濟流離失所的人可能會很多，尤其在已開發國家，他們也開始吸食毒品。毒品政策焦點放在逮捕，而非預防、醫治及開發經濟，意味著國際間廣泛濫用毒品的現象不會減輕。

氣候變化的衝擊惡化，特別是在撒哈拉以南的非洲、中東、巴基斯坦、孟加拉灣所見，將創造出催生移民潮的條件。很少國家情願接納流離失所又窘迫的人。所以這些脆弱地區的居民，為了尋找水可以喝、地可以住及生活穩定的地方，將更加尋求蛇頭之助，疏通他們的遷徙。但是他們搬去的地方若是沒為這些新住民做好準備，可能因大批移民進入而動盪。販運人口及偷渡將成為二十一世紀的決定性事項。[45]

非法勾當對地球永續能力的衝擊，還因人口增長、伐林及氣候變化導致的其他環境挑戰而加劇。很不幸，不法生意人已展示他們有能耐從資源稀缺獲利，方法是試著利用全球社會想減緩氣候變化衝擊的心血。要肆應這些挑戰，得用上戰略及大規模金融兩種資源。可惜必須用以帶來有意義改變的幾兆美元資金，被搬去離岸地點；那些資金的持有人用地利來逃稅，而未貢獻亟需的資源，未能在地球的關鍵時刻，落實有意義的改變。

彙總至此，看來很慘。在最後一章，我將提出多元的方式，試圖扭轉多種非法勾當的悲劇軌跡。新科技讓貿易劇烈轉型，能不能加以羈扼以限制他們在不法方面的爆炸式成長？要對付那麼多種非法勾當的加快升級，需要政治意志及不同社會的公民都用心投入，這兩者我們能否取得？

結論

反制非法勾當造成的威脅

要對抗非法勾當的爆炸式成長，必須有形形色色、時而非傳統的手法，超越以往採用的招數。很多步驟要在全球、國家甚至社區的層級來採用。[1]巴黎氣候協定係由世上一百九十五個國家（雖說川普總統已經撤出），各國一致同意限制碳排放，藉此減緩氣候變化的程度。全球社會也準備妥當，要合作解決暗黑商業以及助長他的諸多因素了嗎？反制非法勾當或許不必仰賴諸如巴黎協議般的全球公約，但絕對要用到認真、協調好的行動，以解決大規模環境及天然資源犯罪，這類犯罪正傷害永續生存，驅動特別是在暗網上的交易爆炸般成長，透過社群媒體亦然。

在真實及虛擬世界，對貿易的管制不夠用心用力，致使供應鏈缺乏透明。這已導致外包給使用遭販運勞工的廠商，容許虛擬世界的平臺銷售害人、非真品或未經許可銷售的物件。法規闕如，使得如古董、贗品、芬太尼等有害合成毒品，還有瀕危動物的肢體，在網路都能輕易購入。

網路平臺及加密貨幣促使不法生意在虛擬世界爆炸般成長，對他們加強管制有其必要。當前而言，七國集團及二十國集團裡，經濟實力最強的國家還沒把這些課題當成要務。不法商業必須成為這些重大政策集團更關切的事項。

二十年前，史翠菊（Susan Strange）指出，市場成長已超出政府的；非法勾當及創業具證這個問題。[2]此外，單是國家及跨國機構無法因應不法經濟造成的挑戰，原因在做惡的非國家行動者跨越駁雜的司法轄區彼此互動合作。商業界很多部門對付非法勾當時，必須回應一致且有意義，只是很不幸，有些部門甘心或者無意地充當這種惡劣生意的助惡者。透過地方社區及跨國非政府組織而行動的公民社會，必須在遏止害人不法生意上擔當重要行動者。專案記者就揭露暗黑商業、其不法分子及管道，實為關鍵。

沒有宏大策略

沒有任何宏大策略足可遏抑非法勾當，也沒有單一手段就能減緩其當前的迅速演化。非法勾當包含的活動遠不只軍火、毒品及販賣人口，未能認清這個問題，也讓我們拙於有效因應。我們的反應不能再故步自封：只有受害方才會將非法勾當分門別類，加害方並不會。除非國際社會全方面肆應不法生意，不然非法勾當的做惡者及助紂為虐者，評估進入新型不法生意的風險、報酬之後，只會轉移去做不同商品。

過去國家領袖、軍方強人碰到自己社會面臨威脅，便使用大小通包的策略加以解決；要對付今天的非法勾當則辦不到。傳統手法是駕馭國家還有多國組織的恫嚇式安全機器——也就是動武或派軍警來克服問題。調查、處罰犯法者還不夠。非法勾當對環境及人類安全造成傷害，要想緩解，必須先行防範、社會彈性強，以及根除不法商品供應及配銷的種種策略。此外還要讓人民有誘因留在自己的母國。舉個例子，可能要發動現代版的「馬歇爾計畫」（Marshall Plan，又稱歐洲復興計畫，為二戰後美國對受戰爭破壞的西歐各國進行經濟援助，並協助重建的計劃），才能確保人人在祖國都有正當就業的機會。懲罰犯人或許能嚇阻其他人，但無法扭轉一些永恆傷害，那些傷害迫使很多人必須逃離自己的家園；多種非法勾當損害世上生靈，處罰也無法彌補。

經過十一年磋商，《跨太平洋夥伴協定》（Trans-Pacific Partnership, TPP）二〇一六年獲得採納。協定試著增加透明度，確保供應鏈健全，並減少數十個簽約國的貪腐；簽約國的總人口近八億人。川普總統的第一批法令之一，便是撤出本夥伴協定，足證在現今時代，要仰賴政府間通力合作有多困難。[3]近幾十年來，貿易協定及法規獲採納的步調很慢，本質又惹爭議，所以容許非法勾當得以膨脹。[4]

要發展出策略反制不法生意造成的挑戰，我們必須做的不僅是克服當前難題，還要預料到未來的負面發展；不管這時代非法商業迅速轉型，事態有多艱鉅，就網路世界及不法商人的商品兩方面，都要做到。要迎擊這種挑戰的關鍵，便是發展出政治意願，確保必要的策略能獲採用及落實。改變經濟上的誘因以及反誘因，才能鼓勵人的行為往好的方向走，這一點也很重要。[5]

某些現實限制住我們的能力，無法採取這些行動，未來幾十年不可能改變。比如全球人口日增；司法體制及治理都以國家而非國際法為本位；新科技對生活的衝擊與撕裂日益增加；社會各層級都有貪腐；國內、國際間的貧富不均一直沒變；性別不平等；區域戰火持續不斷；非法國家行動者，包括跨國大企業，其重要性增加；資源稀缺愈形嚴重；還有氣候變化的衝擊力一直在增加。[6]

要反擊非法勾當，必須有犯罪學專家的投入，但還需要更加廣大的社區投入，有所行動。[7]必須做的事，遠不只控制世上人口，還有全球人類對地球資源的需索。想遏制非法勾當的成長，必須反思重新設計金融系統，提供更大透明性；強大的反貪腐舉措；鎖定五花八門、替不法生意助紂為虐的人。此外還需要一種企業文化，尤其是演化快速的科技界，更應投入於遏止違法商品的交易，確保供應鏈的透明性。

我們必須更著眼於人類的安全及社區的韌性，以及不法人口販賣受害比例最大的婦孺、流離失所者，讓未來吃苦的人不再這麼多。貪腐是非法勾當能逞凶的重中之重，於是必須把控制貪腐列居一切對抗販賣人口策略的核心。全球活躍於反貪腐運動的女性，將在打擊暗黑商業中扮演重大角色。

政治決策者有心解決這些更廣大的挑戰，就必須了解並吸收非法勾當的現象到他們的分析當中。我們該從何處入手，保護地球及居住其上的生靈？過往有什麼方法曾經奏效？哪些可供未來借鑑？生意取向或社區取向的手法，而非國家為本的方法，有可能幫忙解決非法勾當嗎？

法律及法規政策

自從二〇〇〇年底，《聯合國打擊跨國有組織犯罪公約》及其相關議定書施行以來，對付幾種最嚴重非法勾當的頭號手法，就是加強動用刑法及偵辦。在這種氛圍裡，成功的指標便是抓到多少歹徒、起訴及定刑。然而，這應該不是衡量成功與否最合適的方法。起訴件數有限，且經證實幾乎是無效的嚇阻手法。

舉個例子，採納公約近二十年，人口販賣已由人權課題變成犯法行為，幾乎世上所有國家都予以制裁。但法律未能協調助長了這種勾當，很多人口販子在不同司法轄區內分頭進行其活動，心知肚明缺乏一致的法律，要起訴他們非常困難。

此狀況可以由歐盟兩個高收入國家對人口販運法律極不一致的反應得到證明。瑞典已把買春列為刑事罪，相形之下，荷蘭則讓妓院合法存在，只要妓女有工作許可就行。[8]兩種政策都無法根除人口販賣。此外，最近抵達瑞典的偷渡移民已然破壞執法行動的績效，因為這些力量單薄的人，容易受各色人等剝削。[9]

主要靠威嚇來因應非法勾當，另有其他限制。犯罪網絡以及不法產品供應鏈屬全球性質，但目前並不存在國際警力。執法靠的是國家為本的體系，而犯罪分子則多國運作。這一點以網路世界最能證明。在這個匿名化世界裡，歹徒身處的地點沒人知道，有時候還無法知道。

很多法律對非法勾當的回應還立足在過時的觀念，比如要是有歹徒當上階層森嚴犯罪組織的頭目，就抓起來。然而，隨著犯罪組織已然演化，我們更常見到的是網絡狀的結構，而非由上到下的組織。現今的犯罪網絡更肖似科技界那種新而分散式的企業結構，而非老式的階級結構如福特或全錄（Xerox）之流。故此，美國一九九九年《外國毒梟認定法案》（Foreign Narcotics Kingpin Designation Act）立法點名大毒梟，將焦點放在除掉傳統犯罪組織的老大，但在拉丁美洲落實該法時卻告失敗，原因在於除掉「毒梟頭子」只提供其手下難能可貴的晉升機會。[10]此外，這種執法的手法，有時反而導致有害組織繁殖擴散，而未鏟除那些已成形的組織。法律對非法勾當的回應，必須反應出對問題的本質有所了解，而想了解，經常只有靠做研究才辦得到。當前的研究協助我們了解有必要把焦點放在不法及助惡網絡，作為對抗非法勾當的手段。[11]

國家與多國機構經常由於邪惡的非國家行動者與貪腐官員互動勾結，而無法有效地與不法經濟對抗。對偷渡的研究指出，國家軍警單位占居這一行的重心，[12]很多國家機構遭內外夾攻而削弱。執法單位、司法體系、邊界巡警、海關及軍方裡的貪腐，都削弱有效對付不法商業的可能性。所以，在目前缺乏內部行為人或者機構能遏止國家貪腐的狀態下，設立專注於反貪的國際刑事法庭，應有助於制止暗黑商業。[13]

軍事任務團及維和部隊獲授權進入交戰區域，但他們往往缺乏訓練或打擊非法勾當的能力，有時候狀況更糟糕：他們也湊上一腳。舉個例子，參與巴爾幹維和任務的人員竟買賣當地婦女。[14]聽令行事的軍官可能還會購買走私的石油，以便完成戰鬥任務。貪腐官員及維和部隊絕不容擁有豁免權。無論執法部門或是軍方，反貪策略必須位居打擊非法勾當的核心。

廣泛動用刑法來打擊五花八門的非法勾當，只是最近的事。在過去，用來遏止非法勾當的主要機制是行政法規。有些學者相信，動用查禁以及高昂稅率反而會助長非法勾當；他們主張，加強監管造就了非法貿易，原因在於個人和團體被視為試圖將自己的道德強加於他人。[15]就這些批判人士看來，非法勾當純粹只是對政府規管的回應而已。[16]本書則提供相對觀點——有些法規，尤其是在想要保護天然資源的環境領域，並非源自道德，而是來自科學研究，認為這些舉措有其必要，讓地球生命得以維繫。

國家很少放心思在讓稅率極佳化上頭。香菸是最常消費的不法大宗物資，但目前不管是國家機關還是超然學者，針對如何斷定怎樣的稅率會驅使人民到管制以外的市場買菸品所做的學術研究，為數極其有限。美國的不同州和歐洲的不同國之間菸稅差異很大，導致香菸走私。舉個例子，香菸由稅率很低的北卡羅萊納州走私出來，送到稅很高的密西根州，就為不法分子及恐怖分子提供一種籌錢機制。[17]法國是歐洲走私菸中心，部分原因在他的菸稅相形鄰近國家要來得高。

研究與分析，可對我們制定明智政策多所助益。但是對貪腐及不法市場的分析，二十五年前在經濟文獻裡幾乎付之闕如，此後狀況也未明顯改善。[18]

美國法規保護製藥業，再加上廣泛缺乏醫療保險，驅使某些公民轉向非法市場以取得必須的處方箋藥，情況跟開發中國家一樣。要解決這種藥物非法交易成長，靠的不只是改善法規政策，也不只是掃盪網路賣藥的不法藥劑商，還要改善取得健保的管道，讓藥物更容易取得。這種因果討論會不時指出：想有效解決非法勾當，答案不光是被動因應某些特定行為，還經常要找出策略，用完全不同的方法來處理問題。

有所知覺及教育

至今大家對過去三十年不法商業的成長與劇烈轉型導致的一切惡果，理解仍嚴重不足，一如沒幾個人了解其轉移到網路及社群媒體平臺、鎖定地球資源，影響有多重大。公民必須要求更多的消費者保護，並對網路平臺提高戒心，確保他們對自己販售的東西負起責任。就達成這個結果而言，公私合作至為重要。

鴉片類藥物在美國泛濫成災、爆炸般成長的原因是，很少有年輕人了解自己服食的藥品對性命危害有多大。教育及資訊宣傳向來不足，無法反制這種由跨國罪犯經營、危險、有油水可撈的非法勾當。美國倒不是唯一未能強力告知國民鴉片類製劑害處的國家，但因為這個國家攝食非法毒品的致死率獨一無二，顯得其失敗格外突出。

參與並且受害於非法勾當的幾十億人，必須接受教育、並對非法勾當之猖獗與代價有所警醒——不光是毒品及鴉片類處方製劑，還有未受管制的藥劑。社群和網路媒體既能夠也應該扮演重大角色。若是假新聞可以觸及數億讀者，那麼我們也能設計出資訊警示，點明非法勾當的危害。藉由名流進行公共服務宣傳以阻止消費犀角，就這項命題而言只是第一步，他們似乎取得一定的成功，提升亞洲對這種貿易的意識、引起羞愧感，羞愧感在亞洲文化背景裡對控制不法商業至關重要。[19]

諸如國際勞工組織、國際移民組織（International Organization for Migration, IOM）、經合組織、歐洲安全與合作組織、聯合國毒品和犯罪問題辦公室（United Nations Office on Drugs and Crime, UNODC）等多國組織，都利用記者會、虛擬與社群媒體以及眾多會議，使世人提升對非法勾當導致個人、社會及經濟付出成本的意識。這些組織裡，有些走專精路線：國際移民組織處理人口偷渡，國際勞工組織專注勞工議題。其他組織，比如經合組織，採取較全面的步驟，針對非法勾當設立重要的工作小組，其成員來自政府、公民社會、學界、商界及多國性質組織。[20]不幸的是其他多國組織如世貿組織，專注於貿易自由化，對不法商業並未付出足夠的注意力。[21]

流行文化不僅該質疑自己美化黑道，還得提升有關黑道傷害的意識。一九三〇年代，好萊塢透過自己的幫派電影，揭露組織犯罪對社區暴力及城市腐化的惡劣影響。今天，各種娛樂媒體必須起而因應此一挑戰，幫忙解決，而非單單指出問題而已。

幸運的是，最近一些談人口販賣的電影，已提升大家意識到這個問題多麼猖獗、造成多少傷害。世界各地都有人製作這類電影播映給當地及國際觀眾看，揭露販賣人口的殘忍，在很多地區嚴重剝削勞工。[22]這些電影經常顯示，受苦的人不光是受害者，還有他們的家人，甚至其整個社區。讓更多人看到這些電影，同時電視影集如《黑錢勝地》（Ozark）、《絕命毒師》（Breaking

Bad）以毒品生意及相關暴力為主題，也有助於提升意識。

世上很多地區的宗教機構也協助傳播毒品、人口等商品不法交易造成的傷害。很多宗教界領袖已對不法商業傷害更廣大的社群發表談話，有些領袖曾動員他們的信眾成員，致力於打擊這種傷天害理的現象。二十年前，西西里島及哥倫比亞的宗教領袖還跟很多專案合作，讓信眾脫離毒品勾當、擺脫毒癮；這兩地販毒都很猖獗。[23]宗教領袖甚至因反毒而受威脅。西西里島二十多名神父承認他們遭到恫嚇，而墨西哥瓜達拉哈拉（Guadalajala）大主教一九九五年在毒品相關的槍擊事件中身亡。[24]

各種公民社會團體，就預防乃至與五花八門非法勾當戰鬥，都扮演重大角色。二〇一四年獲得諾貝爾和平獎的沙提雅提（Kailash Satyarthi），為了讓印度兒童從奴隸般的工作條件中解放，發動大規模遊行反制這種形式的人口販賣，不僅他本人碰到很大危險，他的家人亦然。[25]

有些團體，比如世界自然基金會（World Wildlife Fund）所轄的「特拉菲克」（TRAFFIC）和其他反人口販運團體，專注於對抗一種非法勾當。相形之下，其他很多反非法勾當團體所採取的行動，則是參與更大型的任務。較大型保育組織、想幫忙戰亂被害人的團體，還有想援助難民移民的人道組織，都有這種特性。術有專精的團體焦點放在供應鏈及人類消費這個課題上，宣傳以反對銷售由遭販運的苦力生產的貨物、無法永續又有絕種之虞的魚，或者剝削兒童來生產巧克力的原料可可豆。[26]很多非政府組織都擁有強力傳播策略，清楚說明走私人口、軍火交易及盜獵的規模及嚴重性——上述只是他們主要的幾項傳遞主題。由公民團體發動的宣傳，要大家買可永續產品、公平交易物件，不僅提升了消費者意識，還確保企業對自己的供應鏈要更為精挑細選。

反非法勾當的強力行動，在社區這個層級運作沒那麼明顯，但對發展出堅韌社區、確保生命的永續，實為關鍵。舉個例子，農人合作社之類的地方組織，教育社員了解不法交易的產品如贗品農藥，會造成特定傷害。在印度，有些社區團體獲得授權，替會員設立購買專案，以確保買到、送到的是優質產品。[27]累積起來，這些地方組織觸及數千萬農民。誠如下文會討論的是，類似的社區努力正獲推動，以保育海中的魚及土壤品質。有效的創新做法也在非洲落實，例如使用手機向可能受害的人示警，說明贗品藥物的危害；非洲很多國家劣級醫藥猖獗，是重大問題。[28]

在已開發國家，擴大宣傳可以透過舉辦展覽做到，而且是強大的傳訊策略：調查顯示，博物館名列最受信賴機構之一。舉個例子，倫敦市內的維多利亞與亞伯特博物館（Victoria and Albert Museum, V&A）就有一個常設展區，內容包含關於史上走私昂貴紡織品的敘述及實例。V&A 近期一檔關於三合板的展覽，有一整區是盜伐林木供應鏈，指出保育樹種的木材如何被轉化為三合板，使用他的消費者並不知情，而砍樹人蓄意掩飾木材的非法來源。[29]

專注當代主題的現代美術館辦很多展覽，證明非法勾當占居當代生活重心。巴黎市路易威登基金會（Louis Vuitton Foundation）最近一次辦非洲藝術展，就有一整間展覽室，裡頭彩繪的塑膠桶以往是來走私石油的。[30]

專案採訪記者站在對抗非法勾當的前線，經常得冒很大生命危險。馬爾他記者加利齊亞（Daphne Caruana Galizia）是《巴拿馬文件》專案團隊成員，還參與調查石油走私團隊，二〇一七年十月中旬開車時被炸彈炸死。[31]由於她的工作地點在歐盟成員國，這起謀殺案顯得很不尋常。保護記者委員會（Committee to Protect Journalists）報告提到，相當遺憾的是，二〇一七年有四十六名記者殉職，其中很多人住在開發中國家；那些地方，貪腐官員及犯罪組織可以除掉揭露他們活動的記者還逍遙法外。[32]這個問題不是最近才出現。二〇〇六到二〇一六年間，全世界有九百三十名記者遇害，也就大約每四天一人。[33]

儘管冒著巨大的性命危險，記者結合愈發緊密，分享資訊，另訓練同仁如何成群調查犯罪及非法勾當會更好，比如國際調查記者同盟（International Consortium of Investigative Journalists, ICIJ）、全球深度報導網（Global Investigative Journalism Network, GIJN）、組織犯罪與貪腐舉報計畫。[34]不過十五年前，這些團體沒半個以現在的型態存在，但是他們的成員總數及全球地理範圍日漸增加，透露出他們有生命力，大家也理解必須要有強力的新聞業，來挖出貪腐、犯罪及違法商業。

非法勾當已對很多企業產生負面影響，尤其是透過走私及仿冒他們的產品。大多數大型公司因應這個問題時，選擇純粹考量自己組織的需求。他們創立重要部門，聘請人手，就不法業者生產的產品而與其廝殺。只是沒幾家大公司把更廣大的非法勾當問題看待成企業要務。有個例外是菲利普莫里斯國際公司（Philip Morris International, PMI）。該公司透過舉辦大會、支持學術研究、創辦一億美元的基金，來跟非法勾當及相關犯罪戰鬥。[35]雖說成立數十年之久的藥品安全研究院（Pharmaceutical Security Institute）試圖增益大家對假藥猖獗、代價高昂的理解，但製藥界各巨擘動作較不明顯。[36]國際商會（International Chamber of Commerce）及美國商會都提升造假問題的重要性，但還沒成為這些商業機構的當務之急。企業正透過經合組織的打擊不法貿易專案小組（Task Force on Countering Illicit Trade），而與政府及非政府組織合作。[37]更多同時在現實及虛擬世界銷售產品的公司，必須變得主動，致力於對付非法勾當，不光為了個別的企業利益，也參與企業社會責任此一更宏大的戰略。

改變疏通非法勾當的大環境及心態

社區既可以也應該創造環境，別讓傷天害理的生意橫行。英格蘭南部港市布里斯托（Bristol）

便提供絕佳範例。在奴隸貿易變成非法之前，布里斯托本是奴隸買賣的重心。一〇六六年諾曼征服英倫以前，很多英格蘭鄉下婦女就被載往愛爾蘭為奴。諾曼征服之後，這一行當便遭教會高層及王上禁止了，但耍耍花招，生意又做了好長一段時間。布里斯托持續作為販奴樞紐，而該城的高層接下來在非洲奴隸貿易扮演關鍵角色。[38]事實上布里斯托大教堂今日有一告示牌，帶著羞愧提到，其最大金主之一當初靠販奴發大財。城市內很多紀念碑、壁畫及告示牌，讓人回想起這座城市商業中的黑暗元素。伴同奴隸生意，其他非法勾當也很興旺；史蒂文生（Robert Louis Stevenson）的著名小說《金銀島》（Treasure Island）場景便設定在布里斯托的碼頭。但布里斯托已改頭換貌，如今是繁榮城市，立足於正當經濟。他不僅揮別自己漫長的奴隸業及海盜過往，更有一家米其林星級餐廳就在史蒂文生著名的小說場景附近為顧客提供服務。

環境轉型不限於已開發國家。新加坡一度是東南亞著名的非法勾當中心。分隔新加坡、馬來西亞與印尼的麻六甲海峽，便是大量走私人、貨的地點，殖民當局企圖予以遏止。[39]走私以反抗殖民統治的形式猖獗，並抗拒外來統治者強加的疆界。[40]但現今新加坡以貪腐率低、誠實貿易而聞名。只有新加坡的自由貿易區，還令人回想起這個經濟力強大正直的島嶼也有走私的過往，而本區域的周圍國家在透明國際組織的清廉印象指數得分都很差。但自由貿易區依然是貨物轉運的一大難題，不光是造假的消費者商品，還有供大規模毀滅性武器擴散所需的戰略物資，由北韓一例便可得知。[41]

布里斯托及新加坡由非法勾當的中心，轉型為繁榮立足於正當經濟的城市，能有如此局面，靠的不光是政府及經濟狀況改變，公民的心態也要有所轉變。

遭點名及羞辱，能夠對改變舉止扮演重要角色。美國國務院每年發布《人口販運報告》（Trafficking in Persons Report）每年依各國政府販運列出排名，表現差勁排名便會遭降，此做法已取得一定成功。哥倫比亞人發現自己無法旅遊，或者出遊海外時在邊界管制站處境尷尬，最後向政府施壓，要求政府採取更多反毒行動。美國工藝品連鎖企業「好必來」（Hobby Lobby）替自己新的聖經博物館（Bible Museum）購買古董，當公司因違法買賣古董受到制裁，聲譽受損。博物館在華府開幕的同時，大家多在談論本案。[42]

誠如二〇一七年諾貝爾經濟學獎得主塞勒（Richard Thaler）研究所示，行為改變是辦得到的。塞勒以「推力理論」（Nudge Theory）聞名，他相信人可以受推促而改變行為。假如人可以受鼓勵而繳稅、死後捐器官、更加意識到自身健康，那麼也可以藉由推力解決世上的一些問題。[43]推力理論尚未廣泛用在反制非法勾當。真能藉由推力促使世人不買犀角或象牙嗎？既為人類也為了地球，研究如何將消費者、生產商和非法勾當的濟惡者推向更有益的行為，這個目標肯定值得一試。

國家與非法勾當

當國家及國家元首不管是為了國家利益還是個人好處而涉足非法勾當，此時推力不會管用。當非法勾當符合戰爭目的，或者可以當成武器、戰爭工具，想改變人類行為往更善的結果發展，也不可能辦到。外交對邦國行為轉變至關重要；許多國家以雙邊、多邊的形式，耗費多時磋商，想迫使一些國家克制毒品生產、製造假貨，或者走私以協助未經批准的核子計畫，比如伊朗、巴基斯坦及北韓所為。

已有各式各樣的工具用以反制害人的非法勾當，包括動武、制裁、貿易封鎖及禁運，但這些工具與戰爭的關係比商業更密切。國家戰力及政策在這個網路世代已然改變，助長了網路衝突或網路戰爭的興起。或許今日可與過去私掠船及十九世紀中葉鴉片戰爭相類比的便是網路戰爭；非法勾當在網路相當於武器之用。察覺出這個問題有其歷史前例，應該有助於發展出強力的反制戰略。

特定戰略

進行學術研究及分析、遏止貪腐、推動明智的法律及經濟政策，倡導個人、社區及企業改變行為、發展出有韌力的社區，凡此種種，都可以削弱非法勾當。然而更特定因應非法勾當的建議，就扭轉非法勾當當今的軌道而言，應能取得可觀的成績。以下的建議把焦點特別放在兩項最該改變的領域，也就是環境及網路相關的非法勾當。

對抗環境犯罪

花心血對抗環境犯罪，成功的案例並不多。其中最著稱的便是根絕氟氯碳化合物的交易。執行《蒙特婁破壞臭氧層物質管制議定書》——其條款禁止生產氟氯碳化合物及其交易，已容許臭氧層得以自行修補。[44]科學家、決策者及執法官員必須合作上幾十年才能達成具體結果，但這項心血能成功，顯見並非事不可為。

由林木、野生生物及漁撈部門還傳來別的例子。雖尚無任何一種像氟氯碳化合物達成可觀的逆轉，但是都有不小的影響力，至少減少非法勾當，有助地球永續。

巴西自二〇〇五年起，因採取幾項重大措施得以劇烈扭轉雨林遭伐的現象。該計畫面要求政府之間更通力合作，但也提供誘因，供可永續的經濟活動之用。執法、介入大豆及牛肉供應鏈、限制取得信用貸款的管道，以及擴大保護區，顯然有所貢獻，讓伐林活動減少七成。[45]按巴西政府落實的計畫，國家不再讓農場主從種大豆和養牛中有利可圖。而對供應鏈及市場機制有所理解，導致盜伐林木大幅下降，至少短期如此。

印尼試過不同手法。該國的反貪官署「肅貪委員會」獲強大授權，是世上最有威力的反貪機構之一。他鎖定大規模盜林的濟惡者，那些人在二〇〇三到二〇一四年間，讓印尼政府損失數十億美元的歲入。[46]印尼的手法佐證以下原則：對症下藥可以成功削弱非法勾當。

非洲公園基金會（African Parks）保護野生生物傳出正面成績。這個組織為八個非洲國家共十處國家公園週遭的社區提供服務，建立起保育野生動物的支持群。該基金會試著改變公園附近居民的經濟誘因，讓維持公園取得的好處大於盜獵動物。提供醫療及教育給住在公園附近的人，居民的小孩可以免費到公園玩。公園左近直接獲基金會僱用的居民超過四千五百人，但受益於公園的人數遠遠更多：非洲公園基金會「估計，住公園周遭及該地區的人，受益於公園的存在及有效管理，為數多達二百一十萬人」。[47]

非洲公園基金會推動保育帶頭的經濟，就遏止盜獵取得可觀的成功，唯一例外是極其暴力的的剛果民主共和國。該基金會的觀點與南非大不相同；南非對提升公園周遭當地社區的存續力沒有什麼作為。

目前觀光占非洲的GDP約百分之七。假如這筆收入不光流入旅行社及上流飯店，而惠及社區，是能夠改變野生保育的動機結構的。[48]當地社區成員會了解到，他們由保育動物取得的好處，要多於盜獵。

諾貝爾經濟獎得主歐玲（Elinor Ostrom）的研究指出，非洲、亞洲、歐洲及美國的當地社區，若是能分享並遵守一套管理系統，就不會毀掉共同持有的資源。我造訪緬因州豐富的外海時，當地漁民可抓的龍蝦供應源很充沛，因而回想起歐玲分析當地法規如何確保龍蝦的供應源能更多。龍蝦漁夫已發展出規則，言明龍蝦要長到多大才能抓，較小的必須丟回海中等待長大，讓他們繁殖。歐玲提出見解，解釋何以這套體制管用：

> 有人把捕蝦籠丟到他們的地盤，緬因州龍蝦漁民就動用這套體制。那是向盜捕者發出警告，說他已經被發現了。假如他仍我行我素，肯定有人找上門來。如果那樣還無法讓他改變做事方式，可想而知他會碰到各種其他制裁，甚至毀了他的漁船。[49]

在這個案例中，制裁不是留給國家去做，而且由當地社區控制有助於確保珍貴的社區資源能取得保育。這一點只有在犯規者是社區成員，而且無法從當地準則的執行中逃避時才辦得到。

因為外國人對魚群的傷害光靠社區管制不夠，此時需要其他策略。世上漁撈最過度的地方之一，是非洲的西海岸，船主經常是中國國營公司的大型拖網漁船，抓走很多當地社區需要的海洋魚類，這些魚既供食用也是收入來源，人命及國家安全隨之碰到挑戰。[50]來自非洲大型非政府組織天然資源守護委員會（Natural Resources Defense Council, NRDC）對此做出回應。這個委員會設立中國專案，試圖改善中國漁獲的存量。假如中國人能增加國內的漁源，就比較不會前往世上其他地區找魚。[51]

經過多年延宕及磋商之後，聯合國二〇〇九年終於有所行動，採納新法以解決過漁的問題，名為《港口國預防、制止和消除非法、未報告和不受規範捕撈措施國際協議》（Agreement on Port State Measures, PSMA）。[52]這項條約致力於反制年產值達二百三十億美元的不法漁撈，「限制未能遵循整套法規的漁船入港，這些法規包括證明他們擁有合宜的作業執照、透明呈報抓到的魚種及數量。」[53]條約也加大對工業級拖網漁船的監檢，那些讓海中魚類大減的船隻是非法捕魚的主要犯人，可能使得亞洲國家蒙羞。誠如前文提及，羞恥感經證實有助於減少環境產品的不法交易。

除了聯合國的行動，歐盟最近也制定新法條，專注於漁業的永續。[54]為確保海洋資源能永續，歐洲決策者打算落實管理體制，除了歐洲船隻，來歐洲水域作業的外國船隻也要一體奉行。[55]新的官方、民間合夥計畫名為《漁業透明性倡議》（Fisheries Transparency Initiative），二○一五年開始，與國家、漁業公司、公民社會、漁工及消費者合作，確保水族能永續下去。對保護自家海岸外的魚群能力有限之國家，經由這個非政府組織監看漁業作業，可以強化政府能力。這項倡議建立在採集產業部門提供的模型之上，起初焦點就大力放在西非，當地濫漁問題格外嚴重。[56]

影響力不小的天然資源守護委員會，在美國透過漁會、法院及國會，把焦點放在發展法條以及執法機制，以對某些魚類設定撈捕限制，「重建耗竭的魚群，強化維安，反對破壞性質的漁撈舉措。」[57]該委員會的心血，獲得眾多其他非政府組織唱和，比如「大洋洲」（Oceana）、綠色和平，以及提供消費者採買永續魚種指引的蒙特利灣海鮮觀察（Monterey Bay Seafood Watch）。目前用來反制過漁威脅的科技，將在本章稍後討論。[58]

控制科技，駕馭他行善

全球資訊網、暗網及社群媒體一直推動合法及不法生意。誠如前文提及，網路最早由軍方研發，但目前是由大公司如Google、亞馬遜及臉書來主宰。新的社群媒體，比如推特、Snapchat

及Reddit，也都由民間部門擁有及維持。然而這些新型科技販賣不法產品，提供管道幫產品流動，還幫忙將他們的銷售所得洗錢。藉由提升連結力，他們可以行善，但也加劇最壞的那些非法勾當。

由於網路媒體、網路服務供應商還有社群媒體公司為民間所有，無法單由政府規管，必須有民間部門的合作，然而民間部門本質上對逐利的興趣大於善良管理。故此，除非政府與民間能形成成效良好的合作關係，不然將很難減少非法勾當；另得採行措施以保護公民及人類的安全，不要光想著科技公司大老闆、新媒體提供者的錢財利益。這種挑戰在美國壓力格外沉重；大型商業平臺及社群媒體的老闆都住在美國，中國大型網路賣家阿里巴巴則在紐約證交所掛牌。阿里巴巴的確聘有前中國執法官員以過濾其賣家與銷售，但該網站必須做得更多，因為他已面臨在網路上賣太多贗品的壓力。[59]

有條看似晦澀的法律，也就是一九九六年的《傳播淨化法案》（Communications Decency Act）第二百三十條，限制政府對互動媒體的干預。此法規讓網路平臺得以對他們提供的資訊、販售的產品豁免責任，害人的政府及非國家行動者，得以取得媒體方面的不對稱優勢，而媒體對公民購物及新聞日益重要。正是這則條文助長了假新聞的散播。對這本書尤其有關的，乃是該法條容許科技助長的人口販運熱絡起來，以及惡性的產品如有害藥物透過網路販售。[60]面對民主及人類性命都受到威脅，未來可能會從公民社會或是政府湧現更大壓力，要求將科技巨頭也當成公用事業及報紙來規範。[61]

威權國家對包括網路平臺及社群媒體等科技公司老闆的控制，倒不是為了因應人類的安全。舉個例子，中國的控制為的是壓迫人權及言論自由，而非限制不法買賣。

接下來幾年，必須更加注意全球資訊網、社群媒體、數位貨幣及加密貨幣，原因在於他們愈來愈被用於虛擬空間進行不法採購。現有提供更強匿名能力的貨幣諸如Monero、Dash及Zcash，還有中國的支付寶、俄國的WebMoney、肯亞的M-Pesa，比起比特幣更容易遭濫用。[62] 政府與民間合夥，對有效管制這些貨幣和箝制惡用網路平臺至為重要。企業主必須更積極控制他們的產品內容。

科技提升了連結力，以及取得市場、產品、被害人的管道，只是它也可成為一股力量，協助反制非法勾當。誠如美國前總統歐巴馬二〇一二年在柯林頓全球倡議（Clinton Global Initiative）所說：「吾人必扭轉人口販賣的局面。誠如人口販子目前使用科技及網路來剝削被害人，我們則駕馭科技來阻止他們……發展出工具讓我們年輕世代可以使用，上網安全，用智慧手機也安全。」[63]

與非法勾當戰鬥的工具無法獨力建造，必須跟懂得不法交易、跨國犯罪及洗錢動態的人密切合作。唯有實質的知識與科技能耐結合，對抗非法勾當才能取得進展。

電腦專家正讓自己取得新設備，比如前文提過，國防先進研究計畫署使用的 Memex 數據地圖，以對抗在虛擬空間參與非法勾當的要角。進行大規模的網絡研究，讓檢方得以評估參與者在網絡裡有多吃重，並可以把焦點放在關鍵人等，而非小角色。

應用程式在蛇頭引導他們的客人時提供匿名性。「他們不啻數位時代的基礎設施，堪比難民旅途上的道路及火車。」[64]帶著錢，路上容易被偷被搶，難民可以使用應用程式，轉移資金更安全。

手機上簡便可得的應用程式也用以揭發販賣人口。[65]一家私人會議管理公司二〇一五年開發的應用「TraffickCam」，讓個人能上傳飯店房間內部照片，以確認是否與色情服務廣告吻合。[66]「勞工之聲」（LaborVoices）這支應用程式容許即時由工廠廠址做群眾外包（crowdsourcing），報導非法移民事故和童工剝削。他提供監看的方式較不顯眼，更勝過現場觀察員，觀察員經常被岔開心思，無法縱觀勞動條件全局。[67]從開發中國家進口產品的公司，可以更輕易查知供應商是否有遭詬病的行為。

另一個例子指出，某些大企業正多管齊下，動用科技來反制一種嚴重的非法勾當，便是用來解決濫漁行為。二〇一六年末，大洋洲、Google 及 SkyTruth 推動「全球漁業觀測站」（Global Fishing Watch）這項大數據科技平臺，運用人造衛星資料，創造第一個商業捕魚全球觀察。六萬艘商業漁船裝備自動辨識系統（AIS）科技，接受追蹤。[68]全球漁業觀測站畫出的地圖，容許使用者「把全世界熱點視覺化，看哪兒發生非法捕魚跟過漁。細到顯示一艘船的船名、型號及船籍國，還追蹤他的動向」。[69]

科技也用在追溯林木供應鏈的透明性。有些公司按規矩做生意，提供工具，能監測林木由產地直到出口地點。這一點有助於確保林木砍伐時合法，樹林能永續長存。[70]

官方與民間合夥

商界、官方執法人員及公民社會的合夥，對克服非法勾當至關重要——網路興起參與濟惡之後，這個問題特別嚴重。現今很多犯罪是走民間擁有的管道。所以，以國家為本的體制——一六四八年簽署《西伐利亞條約》（Treaty of Westphalia），結束三十年戰爭（Thirty Years' War）以來的安全基礎，如今重要性縮小。大家正千方百計開疆拓土，不光想納入有形的各國邊界，還包括可供發貨的地點。[71]

時至今日，供應鏈遍及全球、人口移動龐大，國家及多國組織必須找到與民間部門合作乃至共事的新方法。公部門與私部門之間的資訊分享太少，因而雖然在民間管道流動的通訊、商業及金錢日漸增多，但其中很多是執法單位看不見或接觸不到的。軍警活動經常只能立足在執法單位觀察到的行動，以及政府管制的邊界線；相形之下，現在的非法勾當及其相關不法金流，若沒有民間部門合作，是很難查到，甚或無從知悉的。

對新科技遭濫用情況的回應既破碎又緩慢，而且一直跟不上邪惡行動者的步調，他們創意十足地玩弄新科技。過去二十年間，政府、民間合夥也發展出一些新戰略，想解決這些新挑戰。舉個例子，網路問世，與他一起成長的第一批不法活動之一，便是流通販賣兒童色情影片。自二〇〇六年起，美國打擊兒童色情金融聯盟（US Financial Coalition Against Child Pornography, FCACP）便找上全美金融機構，制止購買這種違禁品。該聯盟的會員包括全國的大銀行、信用卡公司、電子支付網、第三方支付公司，以及網路服務公司，在全美支付業的市占達九成。[72]這個組織一直對近來的發展提高警覺，更與使用數位貨幣購買兒童色情影片的做法戰鬥。這種做法擴大到亞太地區及歐洲。[73]歐洲金融聯盟（European Financial Coalition, EFC）也糾集大型信用卡公司、Google、微軟及歐洲刑警組織，對抗網路販售的兒童色情影片。[74]

非政府科技組織「索恩」（Thorn）正結合二十多個非政府組織、四十多家科技夥伴，以及全美五十州和十八個國家共五千多位執法官員的努力。他們在美國與海外進行嚇阻方案。如果有人搜尋兒童性愛素材，索恩的合夥單位將直接與他們溝通，打破他們神不知鬼不覺的感受，還鼓勵他們尋求必要協助。他們透過這些努力，「目標想改變行為，增加究責性。」[75]這種努力試圖反制網路空間助長的匿名濫用，但類似心血在其他很多國家，因為隱私法律限制的關係，恐怕做不到。

金融機構聯盟從紐約開始，接著到美國其他地區，依據人口販運留下的足跡進行信用卡及其他財務數據的探勘，比如半夜向美甲沙龍收取費用，而當時那些店都打烊好幾個小時了。[76]近年這種手法用在二〇一八年的超級盃週末找人口販賣主，而且很成功：那場比賽前後幾天，色情服務廣告增加了五到十倍。[77]

科技公司已注資給學術研究，另提供軟體、專業及協助在執行網絡分析，以對抗買賣人口。[78]用演算法挖掘大數據，起初是用在打擊人口販運，現也用在對抗不法野生買賣了。

《加州供應鏈透明度法》（California Transparency in Supply Chain Act）二〇一二年生效，幫助店家預防賣到那些由遭販運勞工所生產的貨品。法條要求所有全球年收入超過一億美元的企業「在其網站上申報資訊，談及他們對意圖鏟除其供應鏈裡人口販運及奴隸現象所付出的努力；若一家公司沒有網站，則透過書面陳述。」[79]雖說立法的只是單一個州，但加州居民近四千萬，其市場規模最有分量，企業無法忽視。所以本法之通過，是一州影響一國，甚至其他國家。他要求買家更負責任，強迫公司必須更透徹了解自家供應鏈。很不幸，沒有執法單位，這條法令沒實現其應有的威力。

早在二〇〇五年就可見政府、民間合夥大破全球網路犯罪的例子。當時微軟揭露有些人以摩洛哥、土耳其為基地，放出電腦蠕蟲「狙擊波蠕蟲」（Zotob），破壞一百多家美國公司的電腦系統。微軟、聯邦調查局、土耳其與摩洛哥執法單位通力合作，讓逮捕犯人及後續判刑十分順利，若沒有企業界的合作，本不可能做到。[80]

「雪崩」這個犯罪網絡協助散播各種惡意軟體，打垮他（見第五章）時，曾獲賽門鐵克和七她安全軟體公司及科技公司之助。賽門鐵克對勒索軟體的研究，讓他有能力反向加工那種軟體，准許檢方了解這種害人產品的散播者之間的關係，故此便於標認、逮捕這個網絡裡經營重大節點的歹徒。[81]

很多科技創新者正研發應用程式及其他工具，以增加對不法活動的監視，提醒各公司他們的供應鏈出了問題。區塊鏈（Blockchain）科技也稱為「分散式帳本」（distributed ledger）科技，是包含比特幣在內一切加密貨幣的奠基科技。這種科技能夠用來認可一項產品由生產商到消費者整個供應鏈中所有的重要步驟，尤其對製藥業特別有益。[82]運用區塊鏈科技，真的可以「對全供應鏈商品、原料的流動，造出無法動手腳、去中央干預的紀錄；運用信得過的利害相關人士，認證其流動及移動」。[83]

其他人正試著建造供應鏈管理系統，使用區域鏈來造出無法動手腳的供應鏈紀錄，證明所交易商品的所有權及其出處。如此一套體制，可以讓信任不再跟個人有關，而信任是合法交易行之數千年的核心。一家設在倫敦、名為「Everledger」的公司想為鑽石業創設這樣的系統；其他公司亦然，諸如針對藝術品、藥物和其他頻繁交易商品的相關系統。[84]區塊鏈有潛力保證供應鏈及金錢交易，已令投資人、世界銀行及科技界趨之若鶩。[85]

更大型的科技公司也在解決科技助惡，尤其是有關剝削人類的罪行。不幸的是，網路平臺及比如臉書與推特等社群媒體，目前還是主要助紂為虐者，而且既經證明，他們不願或無法投資在一些能控制他們幫忙造就之惡行的行動上。公民向政府施壓，要求規管得更嚴格；股東為勞動權請命，比如針對蘋果發生的事件，想鼓勵他別在剝削勞工的工廠生產其產品，再加上媒體揭露惡行及其解決之道，凡此種種皆有必要，打造新的網路平臺，不僅讓他們不再幫助非法勾當，還更積極參與其預防及毀滅。

遏止貪腐與犯罪，跟著錢走

聯合國及其會員國對付非法勾當，向來把執法及嚇阻列為首要手段，高於其他策略。更強力壓制、更集權控制，經常是首選措施，杜特蒂治下的菲律賓堪稱典型。杜氏治下發動反毒戰爭，殺死許多人。只是，一如革命前的法國和蘇聯時期所見，對不法販子施加嚴刑酷罰無法消除問題，特別當非法勾當是體制產物、高層濟惡者還是毫髮無傷時尤然。

以國家為本的法律系統，其配置本來就不在解決日益全球化的非法勾當；非法勾當的運作跨越多國，實體世界如此，虛擬世界亦然。所以，誠如擊潰雪崩等其他跨國網路犯罪時所見，國際通力合作乃是關鍵。由於很多國家的執法單位學會合作，法律典章的差異已經克服。跨國執法機制已然演化出來打擊全球野生動物交易——比如聯合國所轄的《瀕臨絕種野生動植物國際貿易公約》。只是這條公約並非明確創設用以解決犯罪，而且他呼籲執法單位對付「違禁」而非「不法」交易，如此對很多國家而言便不是當務之急。[86]

雖說合作增加，但貪腐橫行及收入不均，卻讓非法勾當的犯人不必然會受罰。嚴刑峻罰專治沒權勢的人，相形之下，頂尖公司、政府官員或有錢人中，受制裁者很罕見。墨西哥關了幾個國內大毒梟，國際法院也制裁過該為非法勾當負責的幾個國家領袖，但這些案例既稀少又相隔甚久。

必須動用刑事手段來打擊非法勾當——打斷他的管道、主要濟惡者、其活動幕後的大型網絡。新發展出來的分析工具可以幫忙鎖定這些重要關節點。但是也要花同樣甚至更大的心力，鎖定疏通不法商業的貪腐，還有讓非法勾當得逞的貪腐官員。為達成這個目標，有必要限縮境外逃稅天堂，並杜絕不法所得洗入房地產；非法勾當的要角經常將錢存在這兩個地方而逃過處罰。

每年有巨額金錢利用無名空殼公司從開發中國家流失，資金所有人的身分隱身其後。很多國家不要求那些公司登記其受益所有人，導致不可能知道真正擁有該戶頭的人是誰。全球金融誠信估計，二〇〇五到二〇一四年間，在開發中國家出入的不法金流「平均每年總值至少占開發中國家貿易額的百分之十四點一到百分之二十四」。[87]

離岸中心對不法商業的重要性，直到最近還只能用推測的。近幾年大量流出的檔案已顯示，那些地點不僅幫巨富逃漏數十億美元的稅款，還充當貪腐及參與非法勾當所得的黑心錢貯存所。[88]《巴拿馬文件》及《天堂文件》踢爆，設在巴哈馬群島的離岸戶頭，標明了非法勾當的受益人——跨國罪犯、恐怖分子、昔日及現今的很多高官。[89]事實上，歐洲刑警組織將自家資料庫連結到那些檔案後，找到大約三千五百名刑事嫌犯、蛇頭及恐怖分子。哥倫比亞及他國人士所做的分析已指出，以貿易為本的洗錢，對於把錢搬到這些地點極為重要。[90]因此，不法生意在這些逃稅天堂扮演雙重角色，既是錢的來源，也是用來轉移不法所得的手段。

顯然，要控制非法勾當及貪腐，重大策略之一便是除掉離岸逃稅天堂；那些地點目前是世上為數可觀的財富貯放所，然而不僅未投入生產，更經常奪走資源，使世上最窮困的國家無法創造可永續的社區。

從法律、金融及運輸濟惡的人也獲利，原因在於使用非法勾當賺到的錢不光停留在黑道經濟：幾十億款項透過成立已久的銀行洗錢，再進入很多大型金融中心的高檔房地產——倫敦、紐約、邁阿密及杜拜。[91]投資在這些部門的金額如此龐大，提示我們必須把不法金流列為首要之務，加強金融執法。必須將「跟著錢走」奉為圭臬，打擊非法勾當及其獲利。世上可觀的資源遭到打劫，休想讓地球得以永續發展。

結論

本章點明，面對非法勾當成長，有各種創造力十足的回應之道，顯示人類才智可付諸行動，對抗暗黑不法。國家圖書獎（National Book Award）頒獎典禮上，得主安妮．普露（Annie Proulx）致詞，將暗黑不法形容為「加速摧毀自然界，並且是個駭人的信仰，認為只有人類擁有……從自然界予取予求的特權，不管是山頂、溼地還是石油」。[92]

反制非法勾當的策略，必須能教育世人，還得援用人類心理學、經濟學、法律規範運用等洞見。非比尋常的人，如有志之士及調查記者，為這個目標冒著生命危險，反制並記錄人口販運、毒品交易、盜林及不法金流。每一年，很多廉潔的執法官員及公園巡警，為了救人性命及保護物種，在對抗非法勾當的最前線工作，不幸死於崗位之上。政府及民間部門正開發新科技及數據分析工具，來反制不法生意的成長，尤其是在網路世界。很多人在地方層級、在自己社區奉獻投入，預防非法勾當傷及各種生命。但是，為何這些回應作為不能集合、協調起來？現在我們應改變自己打量這個主題的方式，把「不法」這個詞丟到一旁嗎？「不法」的負面涵義、言外之意，導致我們對其有所誤解嗎？我們需要全新規範，來解決危及人類未來的問題嗎？

挑戰很艱鉅，想扭轉地球當前悲劇軌道的機會之窗也有限。且讓我們盼望，尋常公民平凡但重要的行動，加上少數人的不凡舉動，有助於扭轉當前暗黑商業的成長軌道。我們不想要一個什麼交易都沒有的未來，也不要「工作於已死星球」。[93]

※編按：本書註釋及參考書目請掃描四維條碼，即可下載參考。

Big Ideas

暗黑經濟：不法交易如何威脅我們的未來

2023年2月初版 定價：新臺幣480元

著者	Louise Shelley
譯者	潘勛
叢書編輯	連玉佳
校對	沈如瑩
	胡君安
內文排版	林佳玉
封面設計	兒日

出版者	聯經出版事業股份有限公司
地址	新北市汐止區大同路一段369號1樓
叢書編輯電話	(02)86925588轉5315
台北聯經書房	台北市新生南路三段94號
電話	(02)23620308
郵政劃撥帳戶第0100559-3號	
郵撥電話	(02)23620308
印刷者	文聯彩色製版印刷有限公司
總經銷	聯合發行股份有限公司
發行所	新北市新店區寶橋路235巷6弄6號2樓
電話	(02)29178022

副總編輯	陳逸華
總編輯	涂豐恩
總經理	陳芝宇
社長	羅國俊
發行人	林載爵

行政院新聞局出版事業登記證局版臺業字第0130號

本書如有缺頁，破損，倒裝請寄回台北聯經書房更換。 ISBN 978-957-08-6693-3 (平裝)

聯經網址：www.linkingbooks.com.tw

電子信箱：linking@udngroup.com

國家圖書館出版品預行編目資料

暗黑經濟：不法交易如何威脅我們的未來/ Louise Shelley著．潘勛譯．
初版．新北市．聯經．2023年2月．328面．14.8×21公分（Big Ideas）
譯自：DARK COMMERCE: How a New Illicit Economy Is Threatening Our Future
ISBN 978-957-08-6693-3（平裝）

1.CST：地下經濟 2.CST：犯罪 3. CST：全球化

558.164 111020881